《广州大典》普及书系

主编　陈建华

大清探花的诗文人生

李文田作品选读

王川　编著

广州新华出版发行集团
广州出版社

图书在版编目（CIP）数据

大清探花的诗文人生：李文田作品选读 / 王川编著. —广州：广州出版社，2020.12（2022.4重印）
（《广州大典》普及书系 / 陈建华主编）
ISBN 978-7-5462-2935-5

Ⅰ. ①大… Ⅱ. ①王… Ⅲ. ①李文田（1834—1895）—文集 Ⅳ. ①C53

中国版本图书馆CIP数据核字（2020）第113078号

书　　名　大清探花的诗文人生：李文田作品选读
　　　　　Daqing Tanhua De Shiwen Rensheng：Li Wentian Zuopin Xuandu
出版发行　广州出版社
　　　　　（地址：广州市天河区天润路87号9、10楼　邮政编码：510635
　　　　　网址：www.gzcbs.com.cn）
出 品 人　柳宗慧
责任编辑　潘孟良
责任校对　朱梦竹　刘紫娟　张　舸
装帧设计　肖晓文
印刷单位　佛山市浩文彩色印刷有限公司
　　　　　（地址：佛山市南海区狮山科技工业园A区　电话：0757-88368558
　　　　　邮编：528225）
规　　格　787 mm × 1092 mm　1/16
印　　张　19.5
字　　数　258千
版　　次　2020年12月第1版
印　　次　2022年4月第2次
书　　号　ISBN 978-7-5462-2935-5
定　　价　59.00元

《广州大典》普及书系编辑委员会

关于“广府名人读本”系列编选出版的几点说明

一、本书属于《广州大典》普及书系“广府名人读本”系列；

二、“广府名人读本”系列作为《广州大典》普及书系的开篇，将分为若干辑出版，成熟一辑，出版一辑；

三、因书系以《广州大典》所收文献为编选基础，故个人著述不存世或存世稀少者不纳入“广府名人读本”系列；

四、考虑到《广州大典》（民国篇）正在编纂和不少近代广府名人著述活动时段跨越清末民初的实际情况，“广府名人读本”系列会适当拓宽选录范围。

《广州大典》普及书系
出版前言

广州自古以来就是岭南地区的政治、经济、文化中心，是首批国家历史文化名城。自秦始皇三十三年（前214年）广州建城，至今已有2200余年，大量珍贵的地方文献翔实地反映了广州文化不断发展、不断繁荣的悠久历程。

《广州大典》是由中共广州市委宣传部、广东省文化厅策划并组织研究编纂，旨在系统搜集整理和抢救保护广州文献典籍、传播广州历史文化的大型地方文献丛书，是千年羊城的“根”和“魂”。《广州大典》收录文献的时间范围截至1911年（个别门类的时限延至民国），地域范围包括清代中期广州府所辖南海、番禺、顺德、东莞、从化、龙门、增城、新会、香山、三水、新宁、新安、清远、花县以及香港、澳门、佛冈、赤溪，内容范围包括广州人士（含寓贤）著述、有关广州历史文化的著述及广州版丛书，依经、史、子、集、丛五部分类，共计收录文献4064种，编成520册，于2015年出版。2019年，《广州大典·曲类》专辑单行出版，共计收录文献1589种，编成43册。

为贯彻落实习近平总书记关于让书写在古籍里的文字活起来、推动优秀传统文化的创造性转化和创新性发展，以及要把优秀传统文化的精神标识提炼出来、展示出来，把优秀传统文化中具有当代价值、世界意义的文化精髓提炼出来、展示出来等指示精神，开发利用《广州大典》这一广州历史文献宝库，广州大典研究中心、广州出版社有限公司决定联合编纂出版《广州大典》普及书系，努力将书系打造成集学术性、知识性和可读性于一体的优秀出版物。

书系以《广州大典》为文献基础（可根据实际情况，适当拓宽选录范围），组织一批专家学者从《广州大典》中精选最具代表性、最具可读性、对当代读者有一定借鉴价值的文献，进行普及性的内容整理、发掘，形成《广州大典》普及书系。书系按年分辑来出版，拟分为广府名人读本系列、地方风物读本系列、地方游记读本系列、西学东渐读本系列、小说读本系列、戏曲曲艺读本系列等。书系每种读本均将尽量吸收、反映学术界最新研究成果。每种读本均包括导读、代表性作品选编（含注释、翻译、评析或解题、延伸阅读等）和相关资料附录，作者均为学有专长、研究有素的专家学者。每种读本均力求做到图文并茂、雅俗共赏。因此，《广州大典》普及书系可视作《广州大典》的延伸，且与《岭南文库》的延伸《岭南文化知识书系》《广东历史文化名人丛书》等普及性读物，既桴鼓相应，又各具匠心，可谓和而不同、美美与共。

民族复兴，以文化传承、文化创新为重，既需要薪火相传、代代守护，又要与时俱进、推陈出新。《广州大典》普及书系既是一项重要的文化普及工程，又是一项推动城市文化综合实力出新出彩的切实举措。

食髓知味，小书不小。我们相信，书系的陆续出版，将充分展示广州深厚的历史文化底蕴，擦亮广州历史文化品牌，并有助于中华优秀文化的传承和发展。

《广州大典》普及书系编辑委员会

目录

导读

引言

岭南先贤李文田（1834年9月22日—1895年12月6日），广东顺德人，近代中国杰出的历史人物。

李文田像

李文田字畲光，一字仲约、仲若，号芍农、若农、药农、约农、一痴道人等，室名泰华楼、五千卷室、赐书楼、泰华山堂、壁书楼等。清道光十四年（1834）出生于岭南寻常之家，自幼聪慧，勤奋好学。咸丰元年（1851）18岁时在南海县县学考试中获第一，咸丰五年（1855）考中举人；咸丰九年（1859）26岁时中进士，名列第一甲第三名，俗称“探花”，授翰林院编修，举业一帆风顺，可谓年轻得志。同治三年（1864）由翰林院入直南书房。此后除回乡养亲，任江西、四川、浙江等地乡试主考官，以及江西学政、顺天学政之外，一直在朝中任职，历任五品侍读学士、詹事府少詹事、内阁学士、礼部右侍郎、工部右侍郎等职，仕途较为顺坦。李文田一生，跨越了晚清三分之二时段，历道光、咸丰、同治、光绪四朝。尤其是慈禧太后时期，李文田地位、学识名赫朝野，成为晚清政坛上颇有影响力的重臣，谥号“文诚”。无论在政坛，还是在文坛、学术界、书学圈等诸多社会领域，李文田均有很高声望。他是晚清著名的政治家，声绩卓著，名重神州；也是颇具影响力的教育家，执掌文衡，爱才若渴；还是中国近代的学术大家（尤其是西北史地之学）、书法家，赓续清代学术与文脉，开创岭南书法新阶段。

李文田居官清廉，勤勉不懈，曾在停修圆明园、万寿景点和弹劾同治末年相国瑞麟、启用恭亲王等事上，敢于刚正直言，抗颜谏上，“上为动容”[①]，声闻朝野，成为晚清政局中“清流派”的早期代表。

作为精通传统文化的学者，李文田学识渊博，文通诗工，不仅精通经史子集，纵涉金石、舆地、目录、版本，还深谙佛道、风水、相面等众多领域，具备丰富的金石、书法、绘画等学养与实践。他一生著述颇丰，如《元秘史注》《〈朔方备乘〉札记》《和林金石录》《元史地名考》《耶律楚才西游录注》等，皆能穷极隐微，有所阐发，受到学林高度重视，推动了西北史地之学的发展，更是晚清西北史地研究鼎盛的重要表现。赵尔巽在《清史稿》中一再赞赏，“文田学识淹雅，以通博称”，“学识淹通，述作有体，尤谙究西北舆地”[②]，询为不刊之论。

作为翰林级学林人物的代表性士人，李文田擅诗词文赋、书法绘画，在碑刻、金石鉴赏等方面的造诣也闻名遐迩，享誉一时。其咏史诗、咏物诗、叙事诗等，既传承了边塞诗人之慷慨雄浑，又有文人思古之幽情，还充满学人探究之意味，今有《李文诚公遗诗》等传世。其书法，更是高古拙朴，晚清书法家、金石学家叶昌炽推崇李文田书法为“书法唐贤，精严似信本（欧阳询），遒丽似登善（褚遂良）”。由帖入碑，开辟了岭南书法之风气，为广东书坛“碑派”书风的勃兴奠定基础。时人惊叹“一时丰碑巨制，皆出其手”[③]，称其为“北派正传”。

---

① 赵尔巽等：《清史稿》卷441《列传第二二八·李文田传》，中华书局，1977年12月，第12417、12423页。

② 赵尔巽等：《清史稿》卷441《列传第二二八·李文田传》，中华书局，1977年12月，第12417页。

③ 叶昌炽：《藏书纪事诗》之《李文田仲约》（斯语又见叶昌炽《李文田仲约事实》等文），北京燕山出版社，2008年5月，第540页。

李文田提倡风雅，交游广泛，表彰贤哲；又接引后学，奖掖后进。他多次出任全国各省的乡试主考官等职务，常年担任多个省份的学政等高级学官，桃李门生，遍及天下。其在广东活动期间，曾在凤山书院、应元书院等地讲学，培养了不少学林后劲。门下弟子，如缪荃孙、叶昌炽、梁鼎芬、沈曾植、汪兆镛、蔡元培等，在学术界影响深远。而与之交往过从者，如陈澧、赵之谦、潘祖荫、翁同龢、李慈铭、张之洞、张荫桓等，均是名重一世之人物。作为晚清时期的政学精英，李文田与同时代政学人物往来密切，对于后辈学者大力提携，对当时中国社会的发展、学术文化的进步等，发挥了重要的作用。

徐世昌在《晚清簃诗汇》中归纳了李文田不平凡的一生："仲约直南斋时，恒疏陈时政，典试视学，务得真才，故取录文字，类不中绳墨。著有《元史西北地理附录考》《元秘史注》，旁及相人、葬地诸书，靡不精晓。书宗北碑，后生效之，几成风气。存诗无多，略见其概。"[①]这一评语，从政治、学术、书法、文学等方面，评论了李文田的一生。有鉴于此，兹以"克勤厥职"的著名政治家、"谙究西北舆地"的学术大家、"奉为正宗"的碑派书法名家、"士皆称之""奖掖后进"的教育家四个部分，归纳总结李文田的政治经历、学术造诣、书法成就、学术影响，力求让读者全面地了解这位岭南先贤的贡献与地位。

"克勤厥职"的著名政治家

道光十四年（1834），李文田出生于广东省顺德县均安上村的一户寻常之家。曾祖父社书、祖父伟行、父亲吉和，皆友善本分。吉和乃当地一名工匠，育有文田、文熙、文冏三子，文田居长。李文田自幼好学，读书勤奋，有神童之称，并以孝行闻名乡里。10岁时因家贫曾在佛山"梁

---

① 徐世昌编、闻石点校：《晚清簃诗汇》，中华书局，1990年10月，第6808页。

园”做杂工。梁园主人乃当地望族梁九图，因文田聪明伶俐而甚喜，故安排文田陪伴家中子嗣梁僧宝读书。

李文田像

李文田14岁时，父李吉和病逝，生母徐夫人含辛茹苦，供其读书。文田因家贫一度欲弃文从商，为梁园私塾老师何铁桥极力挽留。何先生感叹文田“天才英绝，必早达，奈何辍学”，解囊相助。文田遂得以继续读书。其间，文田还曾师从当地名士吴鞠通，学习岐黄、堪舆之术。在自家艰苦、陪伴名门公子读书的环境下，文田“既练达人情世故，亦怀有名士风度”[①]，性情得到了历练。

咸丰元年（1851），李文田参加南海县县学考试，县令郭汝成赞赏其才学，定为第一名，并入官学读书，亲自授课。郭汝成为清名臣、三代帝师祁寯（jùn）藻之门生。李文田得到了郭汝成的格外关照，接受了更正统的儒学训练，学业进一步提升，并中咸丰五年（1855）乡试举人。郭汝成更加器重，并安排李文田在乡间办理团练，保卫一地的治安，同时增加其社会阅历。

① 王川、谢国升：《李文田与晚清西北史地学研究》，《史学史研究》，2015年第1期，第30-39页。

咸丰九年（1859），李文田参加会试，为第三十四名贡士。在随后的殿试中，考官协办大学士周祖培、吏部尚书贾桢，均赏识李文田之才华，推荐并呈送其试卷予咸丰帝御览。小传胪日（殿试后宣读皇帝诏书和登第进士名次的日子），咸丰帝御笔钦定“已未科殿试金榜”（上榜名单），一甲第一名（俗称“状元”）为安徽孙家鼐，一甲第二名（俗称“榜眼”）为浙江孙念祖，一甲第三名（俗称“探花”）为广东李文田。其时，李文田26岁，被授予翰林院编修，青年得志。

就任翰林院编修不久，李文田思念岭南家乡的生母徐氏，遂以回乡新修祖墓为由，请假回粤省亲。李文田衣锦还乡，四处来迎。念及当年家徒四壁，李文田百感交集之际，挥赋对联一副：上联“忆昔当年贫穷，柴米全无，赊不得，借不来，廿余年中，天眼未开人眼闭”，下联“幸蒙今日宝贵，钱银两便，亲也临，疏也临，九个月内，蓝袍换转锦袍归”[①]。世态炎凉，跃然纸上。

同治年间，李文田先后入直南书房，以编修衔加起居住官，在京官员的“京察”考核中获得一等，担任四川乡试考官、提督江西学政等职，又升任翰林院侍讲等，仕途较为顺利。仕途的顺畅与李文田自身博学多才密不可分，也与郭汝成、龙元僖等粤籍官员在学业上的引导有关。此外，他的伉（kàng）直敢言、恭慎赤诚，兼擅长金石、爱好书画、专研岐黄、能相面术，也是他得到朝中官员敬重的原因。李文田在京城政坛与大批官员缔交，朝野交游更趋广泛。

同治十三年（1874），李文田任江苏学政回京不久，得知朝廷将要动工修复圆明园，遂上书劝谏。李文田陈述了彗星出现的天文现象，指出这是警示，并表达了其工程浩大、耗费颇巨，如今国库空虚，修复圆明园，

---

① 潘广庆：《李文田故居》，载广州市政协学习和文史资料委员会编《广州文史（第六十八辑）：名人故居专辑》，广州出版社，2008年8月，第59页。

必将民怨沸腾、危及社稷的忧虑，表现了一位正直士大夫的忧国忧民的情怀。递上奏折后，李文田以奉养母亲为名，辞官回乡。慈禧太后阅折震怒之余，看到李文田借星变陈言后，朝臣纷纷上奏，获得了朝野的称誉，最终不得已下令停止修复圆明园。这是《清史稿·李文田传》中收录的唯一奏折，而且收录了原文200余字，可见这一奏折内容之重要，以及当时影响之广泛。

辞官回到广东后，李文田在广州西城外的多宝河畔修建了新宅。他关心家乡事务，帮助乡人解决困难。光绪三年（1877），清远北江石角围因大水而损坏，可能危及下游花县、南海等地，情势危急。主持修堤的官员拟重新修建这一重要堤坝，而李文田在实地探勘后认为最好的办法是在旧堤的基础上维修。双方一时争论不下。李文田遂致函两江总督刘坤一，陈述其中利害，指出维修方案得到当地百姓的支持。刘坤一采纳了李文田的建议，并请李文田协调修堤。李文田修复石角围后，又主持修复三水莘田。《李文诚公行状》记载，李文田于光绪五年（1879）夏“筑三水大路围缺口，士人感戴，馨香奉祀，至今不衰”[①]。当地民众至今仍称这段堤坝为“探花围”，以纪念李文田修堤的功绩。

光绪六年（1880），朝廷整饬边防，两广总督刘坤一因仓库并无足够银两，故邀请李文田出面办理团练防务。李文田遂组建团练局，向广东的士绅筹集资金，因李文田在广东的声望高，经费得以迅速筹集完毕。在防务事宜解决后，李文田还将剩余资金退还给士绅。这一颇为得体的处理方式，赢得了赞誉。

光绪八年（1882），生母徐氏逝世，李文田念亲恩，虽张之洞等朝中旧友一再保荐复出，但他仍遵循礼法，为母亲守孝三年。直到光绪十一年

---

① 中国国家图书馆分馆：《中华历史人物别传集》第60册，线装书局，2003年10月，第109页。

（1885）服阕后，重入京城。其间，李文田于光绪十年（1884）曾入兵部尚书彭玉麟幕，主广东边防军务粮饷。他力荐冯子材主持广西军务，冯子材在中法战争中重创法军，大获全胜；刘永福在镇南关外，面对法军入侵缺乏粮饷之际，李文田积极筹款支持以抗击法军侵略。中法战争期间，李文田督办广东团练捐输事宜，筹款备战，参与谋划，积极发表正见，[①]发挥了积极作用。

回到京城后，年过五十的李文田再次入直南书房。朝廷颇重视李文田，派遣典试江南、浙江，选拔了一批真才实学之士，如光绪十八年（1892）榜眼吴士鉴、举人汪康年等。

此后的十年时间内，李文田升任詹事府少詹事、内阁学士、礼部右侍郎、工部右侍郎、提督顺天学政等职，继续直言敢谏，闻名朝野。光绪二十年（1894），“明治维新”后强盛起来的日本入侵中国，逼近奉天（今沈阳）。此时朝中掌权的是礼亲王世铎、直隶总督兼北洋大臣李鸿章。国家正处于危难之时，李文田上奏慈禧太后《请起用恭亲王折》，说：

> 奏为时艰日亟，倭寇方张，拟请特旨起用亲旧公忠，以际阽危，而支大局……夫倭患之贻误于前日者，不足言矣。此际前茅失利，藩篱全溃，疆臣无囊底之智，当轴穷发踪之方。上无以酬浩荡之施，外无以塞舌谏之劾。推原其故，毋亦当国者处疏远之地，而怀疑畏之罪也夫！同一李鸿章，何以前时所向有功，今日一筹莫展？同一倭国，何以往时犯台湾而不利，今日窥朝鲜而有功？外朝诸臣，皆病政府非才，不知以今日事势揆之，固然其

① 李志著：《李文田未刊信札》，载李志著《幕僚与世变：〈赵凤昌藏札〉整理研究初编》，上海人民出版社，2017年9月，第367页。

> 无足怪也。夫以礼亲王世铎之才思平庸，其不足以驱驾李鸿章亦明矣。领袖如此，余人之退听者可知。政府之执政权者如此，总署之禀承政府者又可知……夫恭亲王之过失，自在皇太后皇上洞鉴之中，臣等亦无劳多渎也。特念咸丰末年，时事之难，有逾今日，计其才具……[①]

恭亲王奕䜣是咸丰之弟，曾与慈禧太后发动“辛酉政变”，除掉咸丰皇帝任命的“顾命八大臣”，助力慈禧太后把持朝政。从咸丰十一年（1861）奕䜣任领班军机大臣与领班总理衙门大臣，到光绪十年（1884，甲申）因中法战争失利，以奕䜣为首的军机处大臣全班被慈禧太后罢免（史称“甲申易枢”）。奕䜣长时间是晚清政治的权力中心，但从“甲申易枢”到甲午战争失败，奕䜣赋闲在家超过了十年。李文田指出礼亲王才学平庸，不能把持大局，请求起用恭亲王。李文田常年跟随慈禧太后，了解其性格，也深知这份奏折的严重性。但他敢于直言，直率地指出国家面临的严重危险，将矛头直指权力中枢礼亲王、李鸿章。

在李文田的感召与影响下，支持上奏的朝中大小官员达百余人。广东籍官员戴鸿慈（清代唯一粤籍军机大臣，晚清重臣，时论誉为“敢言”之官）、陈伯陶（晚清广东省教育界名士）等及京中言官，纷纷联名上奏。是年十月，慈禧太后任命奕䜣为军机大臣，总理海军衙门事务。这一人事任命，正是李文田首倡。

光绪二十年（1894），甲午战事吃紧，又恰逢慈禧太后60岁大寿，军费与庆典开支巨大。慈禧太后要求庆典仿照康乾旧制，除了在皇宫和颐和园等地精心筹办外，还要在京城的西华门至颐和园的道路旁打造“点景”

① 吴道镕辑录、张学华补编：《广东文征》第6册，广东文征编印委员会，1973年10月，第28页。

工程，并组织戏班与僧道举办庆祝活动。李文田见此立即上奏《请停点景折》，请求减少类似的铺张浪费之举。李文田指出，甲午开战以来，京津城乡社会治安不稳，庆典无益于营造稳定的社会氛围，反而会劳民伤财，甚至会有发生混乱的危险，应该“防患未然”。慈禧太后鉴于国家处于战争期间，不敢过度铺张浪费，遂下诏在宫中举行寿宴，其余活动亦全部暂停。

次年，中日议和，李鸿章前往日本签订了《马关条约》，赔款两亿两白银。高昂的赔款使得清政府难以筹措。时朝臣孙毓汶就采纳海关总税务司、英人赫德的建议，以四万万中国人民，每人一两，便有四亿两白银，欲增加百姓赋税以渡过财政危机。李文田得知后认为荒谬至极，他在《请免偿倭款折》中痛斥此举“丧心昧良，胆大妄为”[①]。李文田用历史上各朝代增加农民赋税的例子指出这种计谋只着眼于当前，对百姓的剥削更是难以控制。由此可以看出李文田敢于直谏、心系百姓的为政之道。

李文田晚年，在政治上被划归为“帝党”。但是，他对于变法之事，亦表赞成。他在临死之前所呈《遗折》中希望“皇上励精图治，力戒因循”。学者指出，“对于朝廷变法更张，李氏自内心深表赞同”[②]，“并不迂腐保守，而是关心时事，善于变通，十分开明”[③]。

经过了甲午、乙未两年的政局动荡，李文田愈发感觉晚清政治的腐朽，加之身体每况愈下，遂生官场退意。光绪二十一年（1895）十月，李文田在户部任职期间感染风寒，病重不愈，竟病逝于寓所。

噩耗传来，士林、学术界、师友为之震动、纷纷追悼。好友们推崇

① 吴道镕辑录、张学华补编：《广东文征》第6册，广东文征编印委员会，1973年10月，第30页。

② 李文田：临终《遗折》，中国第一历史档案馆藏，转引自孔祥吉《康有为变法奏议研究》，辽宁教育出版社，1988年7月，第116页。

③ 李志茗：《李文田未刊信札》，载李志茗《幕僚与世变：〈赵凤昌藏札〉整理研究初编》，上海人民出版社，2017年9月，第367页。

"李侍郎"这位学术知己，誉其为朝中"端人"、士林"师范"。如，翁同龢闻讯，发出了"哭若农为之摧绝"之感叹。张之洞撰写挽联："士林奉公为师范，朝列推公为端人，独忧四海多艰，屡上青蒲陈谏疏。词馆与我相切磋，粤疆与我商战守，深痛十年不见，徒悬朱鸟耿文章。"[①]学生辈受到老师"志节精诚""文章志节"的感召，怀念"绝学""多才"的"老名士"师长，深情回忆这位"顺德先生"[②]。如，孙雄《挽李文田》："使车驰万里，历吴越豫章巴江畿辅，朗照文星，刘蕡下第，心感试官，悔当年勒帛无心，方叔未登科，恨失孙洪老名士。方技通九流，合医卜占候命相堪舆，都成绝学，供奉多才，声蜚禁近，痛此日焚琴息响，钟期悲永逝，谁工燕许大文章。"文廷式《挽李仲约侍郎师》："鲁连蹈海，杞妇崩城，其志节精诚，当世殆无与匹；任昉美名，谢安高韵，即文章志节，后人犹或知归。"[③]

李文田一生，其作为朝臣敢于谏言，虽触怒皇廷亦毫不畏惧，恪守了自己的职守。数次被李文田弹劾的李鸿章，评价李文田"学识兼长，坚韧诚悫（què），熟谙洋情"[④]。慈禧太后虽对李文田的冒犯数有不满，但是仍然欣赏其才学、识见，故同意光绪帝在李文田去世后的第二天，便下圣旨，以侍郎例赐恤，以"学问渊通，克勤厥职"八字，总结其兼跨政学两

① 陈建华主编：《广州市文物普查汇编·白云山卷》，广州出版社，2008年3月，第208页。

② 沈惟贤、孙雄及汪大燮、汪康年兄弟等，均称老师为"顺德先生"。参见《续修四库全书》编纂委员会编《续修四库全书》第312册（上海古籍出版社，2002年4月，第504页），钱基博《现代中国文学史（外一种：明代文学）》（商务印书馆，2017年12月，第165页），李吉奎《戴鸿慈的京官生活》（载《步云轩史学集录》上册，广东人民出版社，2018年7月，第124页）等书。

③ 龚联寿：《中华对联大典》，复旦大学出版社，1998年3月，第681页。

④ 李志茗：《李文田未刊信札》，载李志茗《幕僚与世变：〈赵凤昌藏札〉整理研究初编》，上海人民出版社，2017年9月，第367页。

界的不平凡一生。其后，《清史列传》将李文田列入《新办大臣传》[①]，《清史稿》亦有《李文田传》，强调了李文田晚清重臣的地位。

“谙究西北舆地”的学术大家

晚清学术界认为，李文田之学，“自经史、诸子、小学、金石、舆地、历算及诸艺术，旁逮西人政学诸籍，博涉潜研，咸洞指要，翕然称一代通儒”[②]。后世也有“清代朴学大师”等多种称谓。在边疆问题凸显的晚清，李文田的学术带有强烈的经世致用色彩，他也正是近代西北史地学蓬勃发展的典型例证，更是这一潮流中涌现出来的佼佼者。

现代学者李思纯论述清代西北史地学发展大势时指出：“盖斯学自康乾以来，如果树放花，初作蓓蕾。道咸之间，则嫩芽渐吐，新萼已成。至同光之间，千红万紫，烂漫盈目……而后繁华刊落，果实满枝矣。”[③]道光、咸丰以降，边患危机严重，边疆的战略地位和重要性受到学林的关注，兴起了以探究边陲历史地理谋求保土固国的西北史地学派。

李文田所处时代，国势愈加衰微，边疆危机日趋严重，尤其是北部边疆，沙俄、英国觊觎，阴谋不断。有识之士倡言边疆的重要性，纷纷四处呼吁，著书立说。他们迫于认识世界的需要，或将外国史地著作译成汉文，或专研边疆史地典籍，使中国学者了解前人未详之元代西北各藩国历史，知晓域外尚有众多边疆史料可补国史之缺，于是西北史地之学进入一个蓬勃发展阶段。[④]

---

① 不著撰稿人姓氏：《清史列传》卷58《新办大臣传·李文田》，王钟翰点校，中华书局，1987年11月，第4598-4599页。

② 吴道镕《礼部右侍郎李公神道碑铭》和汪兆镛《李文诚公遗书记略》，均载汪兆镛《碑传集三编》（影印本）卷5，上海书店出版社，1988年4月，第3969-3973页。

③ 李思纯：《元史学》，上海中华书店，1940年1月，第76页。

④ 毛庆耆主编：《岭南学术百家》，广东人民出版社，2004年12月，第671页。

《元朝秘史》

李文田就是这一时代的弄潮儿。他素怀爱国之心，痛恨外国的侵略。他的同乡后生吴道镕、汪兆镛等人都清楚指出：文田“志在经世，尤究朔方地形”“讲求西北舆地，盖有感于中俄议界纠纷，发愤著书，非徒为矜奇炫博也”①。李文田在西北史地之学领域的研究，注重西北边疆民族、历史、地理、文化等，尤精于蒙元史（指1206年成吉思汗统一蒙古各部，到1388年北元朝廷灭亡），完成了大量的研究论著。

在李文田之前，国内学术界对于蒙元史研究，一直重视不够，记载史籍不多，关注学者有限，仅有祁韵士、魏源、张穆、何秋涛数人。康熙

① 吴道镕《礼部右侍郎李公神道碑铭》和汪兆镛《李文诚公遗书记略》，均载汪兆镛《碑传集二编》（影印本）卷3，上海书店出版社，1988年4月。

年间，学者邵远平撰写《元史类编》一书，以本纪、列传等传统史学体裁记述蒙元的历史。乾嘉时期，钱大昕拟重纂《元史》，惜未果，其代表作《廿二史考异》100卷使用了15卷的篇幅来研究元史，比例甚重。史地名家祁韵士所撰《蒙古回部王公表传》一书，被称为西北边疆史地研究的发轫。而真正意义上具有一定规模的蒙元史著作，则推魏源《元史新编》。早在撰写《圣武记》期间，魏源就重视对新疆、蒙古等地的史料的归纳总结，其《元史新编》一书是最早利用境外资料研究蒙古历史的著作。魏源采撷《四库全书》中元代各家的著述百余种，旁征《元秘史》《元典章》《元文类》等书，著成《元史新编》95卷，为晚清西北史地之学的勃兴奠定基础。[①]

张穆、何秋涛是早期西北史地研究的著名学者。张穆撰写了《皇朝藩部要略》《蒙古游牧记》《俄罗斯补辑》《魏延昌地形志》等著作，史料丰富、考证严谨，关注北方各少数民族间的交往，受到学林推重。何秋涛则分类排列了官私著述中北部边境的史料，提出了自己的论点，初名《北徼汇编》，后经人推荐进呈咸丰帝，咸丰帝览后赐名《朔方备乘》。《朔方备乘》不仅将前人有关东北、蒙古、新疆史地的研究成果汇集为一书，而且将研究范围扩大到俄国，是中国近代第一部论述中俄关系的巨著。

李文田继祁韵士、魏源、龚自珍、张穆、何秋涛等学者之后，与沈曾植、柯劭忞（mín）、文廷式、洪钧、丁谦等人研究蒙元史，关注西北史地，为西北边疆的研究重新焕发生机发挥了重要作用，并成为当时学术研究的主流。

李文田西北史地学的著作首推《元秘史注》。这是一本关于蒙元历史典籍《元秘史》（又名《元朝秘史》《蒙古秘史》）的注释本。李文田西北史地之学精心研究之作，还有《〈朔方备乘〉札记》、《〈圣武亲征录〉注》（与他人合作）、《和林金石录》、《元史地名考》、《耶律楚

---

① 白寿彝主编、陈其泰著：《中国史学史》第6卷，上海人民出版社，2006年12月，第93页。

《元朝秘史》

才西游录注》等。

李文田《〈圣武亲征录〉注》一书大致与《元秘史注》在同一时期完成，是其西北史地之学的重要著作。《圣武亲征录》也作《皇元圣武亲征录》，作者不详，记载了元太祖成吉思汗统一蒙古各部及其西征历史。该书长期以来未受重视，清初修《四库全书》甚至将其归入史部杂史。钱大昕首次指出了此书的价值。咸丰、道光年间，张穆、何秋涛获得此书抄本，但因传抄多误，地名、人名、时间等错漏甚多。李文田、文廷式等人获抄本后另加校注，完成了《〈圣武亲征录〉注》。李文田在《〈圣武亲征录〉注》中所着笔墨不多，不少内容亦见于《元秘史注》。后来，沈曾植在其注释的基础上加以补充，收录于由顺德龙氏刊行于光绪十八年（1892）的《知服斋丛书》。《知服斋丛书》中，还收录了李文田的《双溪醉隐集笺》。《双溪醉隐集》是元代政治家耶律铸创作的诗集，因其号“双溪醉隐”故名。耶律铸是元初名臣耶律楚材之子，世祖忽必烈中统二年（1261）任中书省左丞相，后应诏监修国史。该书共有5卷，光绪十六年（1890）李文田弟子缪荃孙从《永乐大典》中誊抄出来，以抄本赠予老师。李文田认为此抄本对研究元朝历史极为重要，于是对其中人名、地名、风物进行细致考订。

李文田上述研究成果，多集中于西北史地学方面，且大多为注释和考证。这是他继承乾嘉考据学风，以博通的视角进行的文献典籍的考辨。但西北史地涉及的民族众多，其语言文字、风俗习惯在不同时期多有不同，加之清朝修《四库全书》时，人为地将涉及辽、宋、夏、金等少数民族的词汇改作汉语，因此校勘难度大大增加。但李文田在考证中将古人遗留下的多种史料进行整合，通过对各种史料的爬梳努力探寻少数民族风俗习惯、制度设计的演变脉络，得出了许多有价值的结论。1940年，香港举办“广东文物展览会”，展出李文田手批书籍，有41种之多，其中30余种为边疆史地著作，如《万里行程记》《汉书西域本补注》《俄国路程》《宁古塔纪略》等[①]，充分体现了李文田对西北史地学的精深研究。

当时的西北史地研究者多不通域外语言，如李文田虽然谙熟蒙元历史，但其治西北史地仍是“由通变假借以考见名物度数”[②]。兼之当时不少重要的西方学术著作尚未被翻译成中文，这使得研究缺乏必要的参考。故西北史地之学的研究虽然取得了巨大的成就，但是讹误之处在所难免，整体研究水平亦受限。只是在晚清强烈的“经世致用”的学术背景下，以李文田为代表的西北史地学研究者，希望典籍研究服务于现实，不仅体现了严谨的学风，展现了“经世”的传统、拳拳报国之情怀，而且取得了举世瞩目的学术成就。这对推动后世的中国学术界学者积极从事“塞外之文，殊族之史”的研究，产生了深远而重要的影响。论者有“此后数十年间，广东在目录学、西北史地、元史等方面学者辈出，可谓彬彬南学，称美中原，与李文田的倡导有相当关系”[③]之誉。

进入20世纪以后，“志在经世”的传统舆地学，在近代历史地理学的冲击下完成了艰难的转型。后世学者如王国维、陈垣、陈寅恪、岑仲勉、顾颉刚、冯承钧、向达、方豪等在继承乾嘉朴学、西北史地之学的基础

① 王川、谢国升：《李文田与晚清西北史地学研究》，《史学史研究》，2015年第1期，第30-39页。

② 支伟成：《清代朴学大师列传》，岳麓书社，1998年8月，第253页。

③ 罗韬：《半半集》，广东人民出版社，2016年8月，第245页。

上，吸收西方学术的理论与方法，将西北史地学推向了更为广阔的舞台。所以，近代学者支伟成在撰写《清代朴学大师列传》时曾请教其师——大学者章太炎，询问李文田应该归入哪家哪派。章太炎答道：“李文田虽兼治诸学，然其所长在西北地理，宜入‘地理学家’，与徐松、张穆相次。”此语可谓一语中的。实际上，纵观李文田的一生，其在为官上敢于直言，与清流派往来甚密，但更大的成就在于对西北史地学的贡献。李文田是继张穆、何秋涛之后，同光之世卓有贡献的西北史地大家。

“奉为正宗”的碑派书法名家

李文田博学多才，四库杂书、诗词字画，无一不精，尤工书法。[①]除在政治、学术领域的成就之外，李文田书法学（书学）的贡献亦引人瞩目。蒙元史学者周清澍曾比较了张穆、李文田两位清代学术大家的治学成就，指出两人具有三个方面的“完全相同”，除了“致力于蒙古史、元史的研究”“同是博学通儒”两点

李文田扇面书法

① 李文田的博学多才，使他以学术界泰斗、儒林领袖的形象，入列晚清著名小说《孽海花》，被谐音、颠倒姓名为“黎学士”黎殷文（黎，即李；殷文，乃文田的颠倒），号“石农”（文田号芍农、若农）。小说中如此描述这一学术界领袖，“姓黎号石农，名殷文，词章考据，色色精通，写得一手好北魏版的字体”（见第11回）。

外，两人“都是书法大家”。[①]

李文田的书法学造诣，体现在他对书法学理论的探索以及书法学实践两方面。这两方面均得到了当时及后世的高度评价。

李文田对书法学理论的探索，最著名的是对《兰亭序》作者的质疑。《兰亭序》是东晋书法家王羲之的代表作品，被后世誉为“天下第一行书”，长期受到各界推崇。光绪十五年（1889），李文田为端方收藏的定武本《兰亭序》题跋时，对《兰亭序》的作者提出质疑。其跋文如下：

> 鄙意以为，定武石刻未必晋人书。以今所见晋碑，皆未能有此一种笔意。此南朝梁、陈以后之迹也……古称右军善书曰“龙跳天门、虎跃凤阙”，曰“铁画银钩”，故世无右军书则已，苟或有之，必其与《爨（cuàn）宝子》《爨龙颜》相近而后可。以东晋前书与汉魏隶书相似，时代为之，不得作梁以后体也。[②]

长期以来，人们认为《兰亭序》的作者为王羲之当是不争之论。但李文田对于历代书体演变，尤其是东晋、魏碑书体，有过深入研究。他认为，东晋的书法风格应与云南境内出土的《爨宝子》《爨龙颜》这样的碑刻类似。但是，定武本《兰亭序》不具备这类特点。因此，可以断定其是后人所作。这一论断，可谓石破天惊。李文田是一千多年来第一个对《兰亭序》作者提出质疑的人，他被誉为千百年来“质疑《兰亭序》第一人”。[③]

---

① 周清澍：《张穆、李文田手迹考释》，《内蒙古大学学报》（哲学社会科学版），1997年第2期，第25页。

② 黎向群：《精严遒丽　雍容大方——李文田的书学思想及其书法艺术》，《书法》，2011年第11期，第95页。

③ 张仁地：《〈兰亭序〉一千六百六十年（你所不知道的〈兰亭〉故事）》，辽宁人民出版社，2014年7月，第217页。

李文田针对《兰亭序》，还提出了许多疑问。第一，《世说新语》中曾批注此文为《临河序》，今日流传下来的版本并无此标题。第二，《世说新语》谓人以《兰亭序》与石崇《金谷序》相比拟，王羲之甚有欣色。但《金谷序》甚短，“夫人之相与”一段似后人妄加。第三，《世说新语》注引文比右军文集多42字，注家无增添右军文集之理。李文田在东湖所藏的明官本《兰亭序》后题绝句四首，进一步阐明了自己对《兰亭序》作者的质疑。[①]

李文田的质疑，立足于书学的考察，发千年之覆，在书学界掀起了轩然大波，但是在当时未得到足够的重视与认同。76年后，隔代知音郭沫若，推出了《由王谢墓志的出土论到〈兰亭序〉的真伪》一文[②]，不仅赞同李文田的说法，而且根据南京、新疆出土的晋人墓志铭及《三国志》残本，进一步论证了《兰亭序》为后人伪造。此后，周绍良等多位学者参与了这场讨论。可见，李文田对《兰亭序》作者的质疑在书坛产生了深远影响。

除了书法学理论之外，李文田在书法学实践上也勤于学习，善于融合众家之长。

清代前期书法以帖学为主，书法主要受到赵孟頫、董其昌书风的影响，“馆阁体”盛行。作为书法的一种风格，“馆阁体”流行于明清官方文书，因多由馆员、阁臣撰写而得名，字体不激不厉、志气平和，能体现出儒家的中庸之道；并广泛用于清朝前中期科举考试中，成为科举考试书写唯一的标准。由于“馆阁体”片面追求字形的“乌（黑）、光（洁）、方（正）”，世人将其书写得拘谨呆板、千篇一律，书法的艺术性大受影

① 黎向群：《精严遒丽　雍容大方——李文田的书学思想及其书法艺术》，《书法》，2011年第11期，第95页。

② 郭沫若：《由王谢墓志的出土论到〈兰亭序〉的真伪》，《文物》，1965年第6期，第1-25页。

响。碑派书法之所以能在清代发展起来，是基于乾嘉学派对金石学、文字学的精深研究。[1]乾嘉时期，碑刻被大量发现，兼之政治局势较严峻，大批文人为逃避现实转向古代典籍、碑板书刻的研究。这使得考据、金石学大兴。邓石如、尹秉绶等杰出的书法家应运而生。与传统帖学相比，他们的书法特色鲜明。加之阮元、包世臣等人著书立说，从学理上对碑派书法做了系统阐述，使碑学理论得以确立，碑学书法得以广泛传播。到了晚清时期，清朝政治上尽显没落景象，书法艺术却呈现百花齐放、人才辈出的特点，碑派书法发展进入繁荣时期。[2]

李文田早年，临摹学习帖学“馆阁体”，受到了扎实的书法训练，且科考进士出身，早年书法风格近似“柳体”“颜体”，讲究字形的法度。目前所知李文田最早的墨迹是咸丰十一年（1861）28岁时所撰《大松冈祖茔记》。此时，李文田正科场得意，任武英殿纂修，他是家乡第一位探花，请假回乡重修祖坟，心情喜悦、舒展。因此，他用端庄平整的笔法记录了祖先事迹，署名“赐进士及第翰林院编修兼国史馆协修武英殿纂修”等，光耀门楣的喜悦之情一览无遗。

“李仲约读碑记”（篆刻）

踏上仕途之后，李文田仍然继续在书学园地耕耘，不断学习历代书法精华。他勤奋地进行书法实践，不断创新。接触碑刻后，他有意识地克服自己帖学书法的痕迹，尝试着改变书风。他将北碑写得温润，并将隋、唐碑刻结合起来，在临写唐碑时亦带有明显的北碑意味与隋碑笔调。

① 路云亭主编：《书法鉴赏》，上海教育出版社，2011年7月，第106页。

② 刘朋乐：《晚清四川碑派书家包弼臣书法艺术特色及其影响》，《蜀学》，2017年第1期，第202-211页。

但无论写唐碑或北碑，李文田并没有全盘接受，而是吸收适合自己的书法风格，力求达到多元共生的境界。中年后，李文田书法风格开始形成，并逐渐走向成熟。同治年间，李文田购买了不少碑板石刻，尤其以汉隶与魏碑居多。经过十几年的探索，加之与同行金石学家赵之谦、王懿荣、陈澧等人的交游，李文田眼界大开，已不再局限于某碑某帖，而是寻求融合诸家。

同治年间，李文田在江西、浙江一带担任学政。在江南为官期间，结交了赵之谦、胡菊邻等篆刻大家、金石学家。李文田购到宋拓本《泰山石刻》和《华山庙碑》，并请赵之谦依旧拓本补摹缺页。此二拓本世所罕见，李文田将其视如珍宝，遂将自己的藏书楼改名为“泰华楼”。在这些金石学家的影响下，李文田的书法风格逐渐摆脱了“馆阁体”的束缚，愈发高古朴拙、灵动活泼，实践了由帖入碑的书法理路，最终形成了自己独特的碑派书法风格。

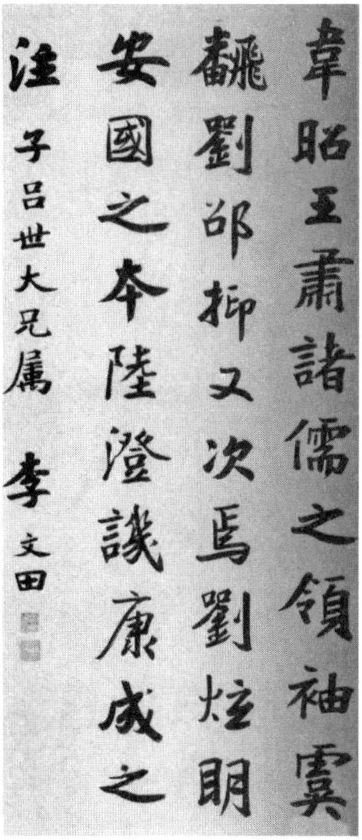

李文田书法作品

李文田的书法艺术，得到了当时及后世的一致赞许。李文田弟子陈伯陶曾如此评价老师的书法学造诣：“其书由唐碑入北魏，自成一家。同时南斋中称硕学者，推潘祖荫与先生，而先生书法过之。”[①]近现代书法家麦华三以“书家奉为正宗”评价李文田之书法：

① 陈伯陶：《李文诚公传》，载吴道镕辑录、张学华补编《广东文征》第6册，广东文征编印委员会，1973年10月，第257页。

> 若农乃以从容自在之笔调一写高古拙朴之北碑，一时书家奉为正宗。清末写碑，陶睿宣近于呆板，赵之谦过于轻佻，惟若农老成持重，雍容大方，为北派正传。[①]

现存李文田的书法作品以楷书、行书对联居多。隶书作为李文田较有代表性的书体虽传世作品不多，但最为精绝。李文田的隶书风格，体现出晚清书法发展的特点，即讲究“篆隶之气”和“北碑之势”。在他以前，无论是以草法、篆籀抑或魏碑入隶，都有人实践过，并且取得较大的成就。“篆隶之气”取法秦汉篆隶，追求篆籀气，集大成者当数何绍基。“北碑之势”则取法北朝魏体书，追求形神相似，并将其融入其他书体，赵之谦无疑是成就最高的一位。在购得《华山庙碑》以后，李文田不仅校订勘误、临摹学习其笔意，而且善于从其他书体中汲取营养，赋予书法更丰富的时代内涵。

除了学习《泰山石刻》《华山庙碑》两碑的精华外，李文田还认真研究了三国时期东吴刻石《天发神谶碑》（又名《天玺纪功碑》）。东吴末

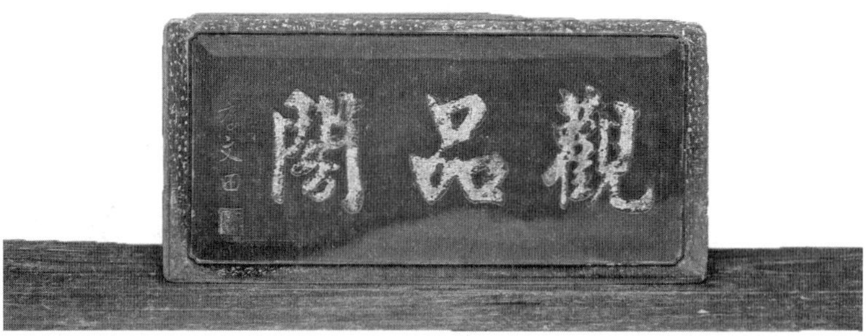

“观品阁”牌匾（李文田题写）

① 麦华三：《岭南书法丛谈》，载广东省书法家协会主编《岭南书论》上册，黑龙江人民出版社，2003年11月，第166页。

帝孙皓为维护统治，制造“天命永归大吴”的舆论，伪称此碑乃天降神谶而刻。清人所见的碑文多为明代拓本，一直认为《天发神谶碑》是东吴书圣皇象所书。李文田根据自己“由史入碑”的考证，认为皇象生活的时代与建安时期曹不兴、宋寿等人大致一致，但若《天玺纪功碑》果为皇象所书，那么皇象一定生活在东吴天玺年间前后，碑刻、史籍记载相互矛盾。李文田考证碑刻的严谨由此可见。

李文田书法端庄老成，笔酣墨畅。故慈禧太后作画后，数次令文田等人为之题志。李文田的行楷对联，尤为世所称颂，粤、港、闽、浙等地的博物馆均有收藏。他擅长草书，沈曾植评价他为尽得草书肌理之美的代表性人物：“从肌理辨之。肌理之美，得之天赋，在宋惟东坡，元代为吴兴，明代为京兆，本朝惟李顺德侍郎耳。”[①]

清代广东大儒陈澧在谈论碑派书法时指出，“真书有篆隶笔气则高古，篆隶有真书笔气则庸近”“隶书所以难好者，以向来熟习真书，虽作隶书终不能脱真书蹊径也”[②]。由此可见，陈澧提倡的是一种高古朴拙的书法风格。相比于陈澧，李文田没有留下直接谈论书法创作风格的文字，

“琴书情”牌匾（李文田题写）

① 沈曾植：《海日楼札丛》附《海日楼题跋》卷3，上海中华书局，1962年7月，第441页。

② 黄国声、李福标：《陈澧先生年谱》，广东人民出版社，2014年7月，第253页。

但他对碑学的研究更多是从史料价值方面进行考证。比如前文提到的对《天发神谶碑》作者的考证，以及收录在《和林金石录》中对蒙元时期碑刻的考证。李文田的碑学研究，受其自身史学功底影响甚大，以至于将其谙熟的蒙元史运用到碑刻的校勘梳理中，取得了较大成功。这在晚清碑派书法界应当算是独树一帜的成就。

中国书法家协会原副主席陈永正在《岭南书法史》一书中高度赞扬了李文田的书法艺术，指出“直到李文田出，广东的碑派才正式形成”[①]。实际上，李文田开创了一种新的碑派书风，对岭南书坛贡献突出。李文田的弟子中，受他书风影响的人物，主要有陈伯陶、苏若瑚、李宗颢等晚清、民国书法界执牛耳者。可见，李文田的书法风格，不仅在晚清称誉书坛，而且对民国时期的广东书坛产生了影响。

“士皆称之”“奖掖后进”的教育家

李文田一生，得前辈学者提携、指点甚多，治学领域广博，著述宏富，且主持四川、浙江（两次）、江南乡试，提督江西、顺天学政。回乡侍奉母亲时，就聘并主持应元书院。多次担任全国各地的高级学官，“屡典试事，类能识拔绩学，士皆称之”[②]。因此，时论以为，“甄拔才俊，名流宿学，多出门下”[③]，李文田培养了大批在近现代史上有着重要影响力的人物。他为师以身执教，育人救世，桃李满天下；既缔造了“师徒两探花、联姻二状元”的传奇，也是清末、民国时期缪荃孙、陈伯陶、蔡元培等大学者的恩师。如蔡元培撰写有《先师李文田传》，以纪念老师。兼

① 陈永正：《岭南书法史》，广东人民出版社，1994年8月，第151页。

② 赵尔巽等：《清史稿》卷441《列传第二二八 · 李文田传》，中华书局，1977年12月，第12417页。

③ 吴道镕《礼部右侍郎李公神道碑铭》和汪兆镛《李文诚公遗书记略》，均载汪兆镛《碑传集三编》（影印本）卷5，上海书店出版社，1988年4月，第3969-3973页。

之，李文田随到各处，皆注意发现人才，时论认为他是“所见京朝士大夫，耄而好学，奖掖后进”的“乐善”长者[①]。李文田作为一位杰出教育家的形象，在当时已经得到了公认。

李文田笃实诚恳，缔交四方名士甚多，尤其是到京城后，与名士巨公常相过从，或相与议论为义理考据，或宴饮雅集为诗文歌赋，其学术交游，颇引人注目。这些人中，既有他学术根源之所自（前辈学者），亦有其学术思想创新、发展的同道（同辈学者），还有他学术思想的传人（晚辈学生）。笔者在此略陈某些近现代学术史上较著名的人物，以勾勒李文田学术交游之基本面貌，窥其治学领域之一斑。

李文田与父子帝师翁心存、翁同龢过从甚密，与翁同龢友情甚笃。翁同龢，字叔平，号松禅，晚号瓶庵居士，江苏常熟人，是近代著名政治家、书法艺术家。翁同龢系咸丰六年（1856）状元，历任翰林院修撰，户部、工部尚书，军机大臣兼总理各国事务衙门大臣等要职，以及同治、光绪两代帝师，时人有“一门四进士”“一门三巡抚”“父子大学士”“父子帝师”之誉。1894年中日战争前夕，坚决主张抵抗日本侵略的言官和名士，纷纷投靠时任户部尚书的翁同龢门下，形成“后清流派”。李文田、文廷式、志锐、张謇（jiǎn）、盛昱、沈曾植等均为其中健将。

李文田与翁同龢，两人年龄相仿，政见相近，人生履历相似，学术爱好相同。尤其是两人“举业”相似：两人年龄相差4岁，中进士的时间只相差3年；两人均在二十几岁成为进士，均青年才俊。翁同龢年长4岁，咸丰六年（1856）名列第一甲第一名，俗称“状元”；文田晚一班，于咸丰九年（1859）名列第一甲第三名，俗称“探花”，均授翰林院编修，均年轻得志，均历任全国各地的乡试主考官、各省的学政，以及中央各部的侍郎等要职。两人均是历经了道光、咸丰、同治、光绪四朝的朝臣，学识、

① 叶昌炽：《藏书纪事诗》，上海古籍出版社，1989年9月，第708页。

地位均名重朝野，为全国性知名政治人物。两人均对学术、金石书法有着极大的兴趣，两人常相互借阅典籍、鱼雁往来不断，惺惺相惜，时常密友雅集，吟诗作画。

维新派代表性人物之一张荫桓，是李文田的亲家、好友，也是同操广州话的乡人，两人在政学之间交游甚密。虽然两人私交甚深，但政见不尽相同。

张荫桓，广东省南海县人，光绪十年（1884）为慈禧太后赏识，授三品卿衔，命入总理各国事务衙门行走等要职。次年被任命为特派大臣，出使美国、秘鲁、西班牙三国。张荫桓多次出使外洋，每次归来都向光绪帝讲述外洋见闻，光绪帝受益良多，经常召见他。在晚清外交史上，张荫桓是颇有建树的外交官，中日甲午战争中曾与邵友濂为全权大臣赴日谈判。1898年，协助李鸿章与俄国签订《中俄旅大租地条约》。在戊戌变法时也积极参与变法活动，管理京师矿务、铁路总局，极力支持戊戌变法。变法失败后，张荫桓被流放新疆，后被杀害。

与李文田一同研究西北史地之学的最为著名的学者，当属沈曾植。沈曾植，字子培，别号乙盦（ān），浙江嘉兴人，是近代著名学者、诗人、书法家。他博古通今，学贯中西，以“硕学通儒”蜚振中外，被后世誉为“中国大儒”。年轻时，沈氏尝与李文田探讨蒙元史，并一起校注《圣武亲征录》，后收录于龙氏刊印的《知服斋丛书》。除此之外，沈氏还著有《元秘史笺注》《皇元圣武亲征录校注》《蒙古源流笺证》等与西北史地相关的作品十余部。《清史稿》评价其“为学兼综汉宋，而尤深于史学掌故”。王国维更是钦佩这位“乙老”，评价其学术成就足可与顾炎武等大儒相俦（chóu）。

另一位与李文田交游甚密的官员李慈铭，年龄与翁同龢相当，长李文田4岁，与李文田是“风谊平生兼师友”。李慈铭，字式侯，号莼客，晚年自署“越缦老人”，浙江绍兴人。其所著《越缦堂日记》多达数百万字，内容涉及经史、诗文、读书笔记等方面，与叶昌炽的《缘督庐日记》、翁同龢的《翁同龢日记》、王闿运的《湘绮楼日记》并称“晚清四大日记”。李慈铭与李文田属于年龄相仿的学友，两人常相讨论学术，时有过从。《越缦堂日记》也多次记载了李慈铭与李文田的学术往来，有“颇受教益”的类似记载。

李文田的莫逆之交王懿荣，字正儒，“笃好旧椠本书、古彝器、碑版图画之属”，尤潜心于金石之学，足迹遍及国内各地，搜求文物古籍，“凡书籍字画、三代以来之铜器印章、泉货残石片瓦，无不珍藏而秘玩之”[①]。其曾访学当时著名的收藏家、金石学者潘祖荫等人，中进士之前就是名闻京城的金石学家，撰有《汉石存目》《古泉选》《南北朝存石目》《福山金石志》等书。王懿荣在光绪二十五年（1899）发现甲骨文，震惊中外学术界。这成为甲骨学崛起的开端，他本人也成为“甲骨文之父”。李文田与王懿荣，两人同在南斋入职，且喜好金石书法。在京师为官时，王懿荣与翁同龢、罗振玉、刘鹗等鉴藏家和学者也交游密切。庚子年（1900）八国联军侵华，王懿荣被任命为京师团练大臣，负责京畿治安。八国联军侵占北京城后，王氏举家殉国，后被追谥为“文敏”。

晚清著名金石学家、文献学家、收藏家叶昌炽与李文田的交游，主要在版本目录学、藏书等方面。叶昌炽，字兰裳，浙江绍兴人，光绪年间进士，历任翰林院庶吉士、国史馆协修、总纂官、甘肃学政等官职。光绪三十二年（1906）退居故里，以读书、著述、藏书终老。叶氏一生遍访大江南北各地藏书家，饱读历代藏书，历时7年撰成《藏书纪事诗》7卷。该书记载从五代到清末的藏书家400余人，被称为“中国藏书史诗”，亦为书林之掌故。由于他多次造访李文田，进入李文田书房，与其切磋书艺，

① 王汉章编纂：《王文敏公年谱》，载王懿荣著、吕伟达主编《王懿荣集》，齐鲁书社，1999年3月，第486页。

因此他的书中对李文田多有记载。

李文田任礼部侍郎，多次主持会试。按清朝惯例，因在其主考会试时，许多考生都受到其栽培和提携，李文田可视为新科进士的“座师”。李文田后在各地担任学官，包括广东粤海书院主讲等，培养了缪荃孙、吴道镕、陈伯陶、梁鼎芬、张其淦、汪兆镛、桂坫、蔡元培等大批后学门生。

近代学者缪荃孙曾跟随李文田学习版本目录和金石之学。缪荃孙，字炎之，又字筱珊，晚号艺风老人，21岁举家迁居成都，24岁应四川乡试中举，33岁时会试中进士，选翰林院庶吉士，后编撰校勘十余年。缪荃孙多次担任著名书院的山长（校长）。1902年负责筹建江南最高学府三江师范学堂，并与柳诒徵等赴东洋考察学务，仿日本东京大学，在南京国子监旧址筑校，此为南京大学近代校史之开端。1909年受聘创办京师图书馆（现国家图书馆），任正监督。1914年任清史总纂。缪荃孙受“座师”赏识，在版本目录学等方面受老师影响至深，与李文田在金石、版本、目录上的交流甚多[①]。李文田《双溪醉隐集笺》就是由缪氏提供抄本。

得到“顺德先生”李文田指点的同乡后生也很多，其中不少成长为近代学术界、政界、教育界、书法界等社会领域的知名人物。

吴道镕，广东番禺人，名国镇，字玉臣，号澹庵。少时在广州就读，入应元书院学习，得书院主讲李文田的悉心指点，学业大有长进。光绪元年（1875）中举，光绪六年（1880）中进士，授翰林院庶吉士，后授翰林院编修。时李文田被召进京，入直南书房，以吴道镕为记室。师生两人共事多年，吴道镕得李文田指点，造诣日深。但其厌倦仕途，后辞官回故里，以讲学、治学终其身。他回广州任学海堂山长，四方学子纷纷前来求学，成为士林景仰的宗师。他先后主讲广东各书院，如三水肄江书院、惠

① 缪荃孙：《藏书记缘起》，载《艺风藏书记》，上海古籍出版社，2007年6月，第3页。

州丰湖书院、潮州金山书院及韩山书院。光绪二十年（1894），粤督岑春煊改两广大学堂为广东高等学堂，聘吴氏主持学政、担任总理（校长），为广东造就不少人才。辛亥革命后，吴氏闭门著述，以遗老自居。曾主修《番禺县续志》，编著《澹庵诗存》《澹庵文存》《明史乐府》等书。①

乡人弟子陈伯陶则延续了老师的光荣，荣列光绪十八年（1892）殿试“探花”，缔造了与李文田“师徒两探花”的传奇。陈伯陶，广东东莞中堂凤涌人，号象华，10岁通读五经，光绪元年（1875）中秀才，光绪五年（1879）中乡试获第一名“解元”，随即上京准备参加会试，因奔丧回乡而止。光绪十八年（1892）中进士，殿试获一甲第三名（“探花”），授翰林院编修、文渊阁校理、武英殿协修、国史馆协修、总纂等，著有《瓜庐文乘》《瓜庐诗乘》《明朝广东遗民录》《明东莞三忠传》等。李文田、陈伯陶师徒两人均中探花，成为近代科举史佳话之一，陈伯陶为李文田撰写了传记。②

乡人弟子梁鼎芬亦为李文田赏识。梁鼎芬，广东番禺（今广州市）人，光绪六年（1880）进士，授编修，在书法等领域深受老师的影响。历任知府、按察使、布政使，曾因弹劾李鸿章，名震朝野。实际上，梁氏弹劾李鸿章系受业师李文田的影响。其时，李文田拟弹劾李鸿章，故借梁鼎芬之手鼓励其递交奏折。后来，梁鼎芬念及师恩，在被授予“毓庆宫行走”、任溥仪的老师时上疏，最终追赠李文田“文诚”谥号。清朝末年，梁氏应张之洞聘，主讲于广东广雅书院和江苏钟山书院，梁氏诗词多慷慨愤世之作，与罗惇曧（róng）等人并称“岭南近代四家”。梁鼎芬擅长书法诗文，与张之洞、陈三立等人常有诗书往来。

---

① 广州市地方志编纂委员会：《广州市志》卷十九《人物志》，广州出版社，1996年12月，第181页。

② 陈伯陶：《李文诚公传》，载吴道镕辑录、张学华补编《广东文征》第6册，广东文征编印委员会，1973年10月，第255-257页。

乡人弟子张其淦亦为李文田赏识。张其淦，广东东莞人，光绪二十年（1894）甲午恩科进士，后官至安徽提学使。辛亥革命后隐居上海，专心著述。1915年袁世凯酝酿称帝，拟封他官爵，他力却之，终日撰述著作。张其淦治学严谨，勤于著述，著作有《邵村学易》《梦痕仙馆诗钞》《五代咏史诗钞》《明代千遗民诗咏》等20多种。

汪兆镛、桂坫，也是李文田门下乡人弟子中的佼佼者。汪兆镛字伯序，号憬吾，生于广东番禺，少从叔父汪瑔（quáu）读书于随山馆。青年时入广州学海堂，得山长陈澧教导，为陈门高足之一。在学海堂时与梁鼎芬等人过从甚密，后来在纂修《番禺县续志》中结下亲密友谊。光绪十五年（1889）中举之后，曾赴京两次会试受选为誊录，然后南归辗转于广东各州、县为幕府。他矢志于钻研经史、金石和诗文，以著书撰文自乐。著有《元广东遗民录》《三续碑传集》《岭南画征略》等书。他特撰有《李文诚公遗书记略》，记述老师李文田的遗稿及其内容。清朝广东籍学者桂文灿之子桂坫，早年入读广雅书院和学海堂，1891年中举人，1894年举进士，曾任翰林院检讨、国史馆撰修官、浙江严州知府等职。1915年任广东通志馆总纂，先后参加纂修《南海县志》《恩平县志》《广东通志》《广州人物志》等地方志书，并著有《晋砖宋瓦实类稿》《说文简易释例》等。

在李文田的门生中，蔡元培最为著名。

蔡元培字鹤卿，又字仲申、孑民，浙江绍兴人。蔡元培于光绪十五年（1889）乡试中举，22岁成为举人。在这年，蔡元培遇到了他人生的第一位恩师李文田。李文田酷爱书法，对这位年轻人的奇古博雅极为赏识，故决意录取蔡元培为举人。次年，蔡元培进京会试，中为贡士。光绪十八年（1892），经殿试中进士，被点为翰林院庶吉士，时年25岁[①]。殿试策

① 周棉：《从翰林到博士——蔡元培的求学历程》，《民国春秋》，2000年第5期，第46-49页。

李文田之读书楼“泰华楼”

论成绩为二甲三十四名（等于全国统考第三十七名），题目是“西藏的地理位置”。这恰是西北史地之学的内容之一。1916年至1927年，蔡元培任北京大学校长。北伐时期，国民政府定都南京后，蔡元培主持教育行政委员会、筹设中华民国大学院及中央研究院，主导教育及学术体制改革，对中国近代教育的发展，发挥了重要作用。蔡元培曾撰有《先师李文田传》，纪念李文田的学术引导。1929年，蔡元培南下广州讲学，专门到广州西关寻访李文田故居“泰华楼”。他见到李文田之孙李棪斋，颇为欣赏李棪斋的才学，力促其赴北京就读。蔡元培以此回报老师的知遇之恩。

此外，除了书院教育、科举教育之外，对于幼儿的启蒙教育，李文田亦颇重视，留下了一部以地道的广州官话口语作注、刊行的《三字经》，颇为有趣。如他解释“人之初，性本善”一句，说：“通天下人的始出生出世，天畀过人心，本来就有善无恶”；解释“融四岁，能让梨”一句，他说：“试睇古人有一位孔融，四个年头就晓到推让雪梨过亚哥食”；解释“子不学，断机杼”一句，他说：“孟子做仔个阵时，无十分用功读书，激衬老母”；解释“幼不学”一句，他说：“细文仔个时无十分用功读书”；等等。[①]这些岭南化、口语化的教育，寓道理于故事，娓娓动听，体现了李文田作为教育家的苦心孤诣以及因材施教的教育理念。

① 舒翔主编：《顺德清晖园》，华南理工大学出版社，2011年8月，第37页。

除有上述的教育理念，在广种福田、作育桃李的“大家”之外，李文田的“小家”即家教、家训、家庭教育亦十分出色。李文田的二弟、子孙，诗书满腹，卓然成家。二弟李文冏（jiǒng）在同治九年（1870）乡试中副榜。长孙李棪斋经蔡元培推荐，入读北京大学，师从胡适，精研甲骨文；后应聘到牛津大学任教十四年，回香港后就任香港中文大学中文系主任。次孙李曲斋一直生活在广州，以书法名家闻名遐迩。李文田一家，可谓满门俊彦。

结语

作为面向普通读者的通俗性读物，本书重在选择性介绍李文田在著述（诗文）方面的成就，并略加注释，是具有较强可读性的普及读物。

李文田的诗文，分为“文”“诗”两个部分。

“文”的部分，选取了李文田的两部名著（《元秘史注》《〈朔方备乘〉札记》）和一篇名文（《和林考》），说明了背景，并对人名事件、典章制度、历史地理、典籍内涵等进行了必要解释，便于读者阅读。

“诗”的部分，本书则选取了李文田的《和林诗》等，并对其进行了释读。李文田善文工诗，诗作方面传世有《和林诗》一卷[①]、《李文诚公遗诗》，以及为东湖所藏的明官本《兰亭序》后题诗四首和《永平郡楼作》、《宪谨荣寿·四五年来雨似膏》、《宪谨荣寿·一夜西风动九秋》等应酬应景之作。

“附录”，由“李文田编年事略”“延伸阅读书目推荐”两部分组成。“编年事略”将历史人物一生主要事件展现出来，最能反映历史人物

① 《和林诗》一卷，有“灵鹣阁丛书”本（江标于光绪年间刊刻）、会稽施氏刻本［光绪二十三年（1897）］、“鄦郑学庐地理丛刊”本、王云生主编“丛书集成初编本”（长沙商务印书馆，1937年12月）等多种版本传世。

的活动轨迹，有助于人们了解历史人物及其时代。“李文田编年事略”从纵的方面，勾勒李文田的人生轨迹，与诗文的横的展现相结合，有利于读者深入了解。“延伸阅读书目推荐”则列举了多种文献，提供给感兴趣的读者，以便进一步加深对于李文田的了解。

鉴于目前尚未有李文田著作的通俗本问世，本书算是关于李文田第一本立足学术的雅俗共赏本。

古语云：以文为鉴，可观天下。赏析晚清“探花”李文田之诗文，可以一窥晚清国势衰退与边疆危机背景下的天下事、士人群体经世致用的志向，以及领略作为士人个体李文田之“文”“田”——“文”采与家国情怀，秉政正直为天下广种福“田”的心胸与追求。

诗文选读

《元秘史注》选读

题解

《元秘史注》一书，是李文田探究西北史地之学的最具代表性的著作。《元秘史》，原名《忙豁仑·纽察·脱卜察安》，也被称作《元朝秘史》或者《蒙古秘史》，是蒙古族现存最早的史书典籍。《元秘史》记载了自成吉思汗二十二代远祖到窝阔台汗十二年（1240），共五百余年历史，对蒙古族的起源、生活习俗、政治军事、经济往来等均有涉及，是研究蒙元史的一手史料。但因其藏于内府之中，长期以来很少有人知晓，直至清乾隆年间，被藏书家鲍廷博从《永乐大典》中辑出15卷。后来，清乾嘉时期藏书家顾广圻根据张祥云家藏的《影元椠旧钞本》进行校勘，抄本才逐渐在学林流传。清道光二十一年（1841），张穆再次从《永乐大典》中辑出全文，这便是后来清同光时期学术界考订《元秘史》

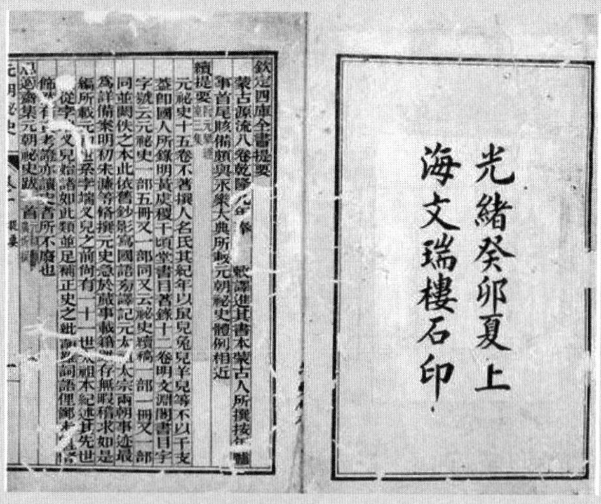

光绪版《钦定四库全书提要》对于《元朝秘史》的介绍

的主要版本。[①]

李文田《元秘史注》的重要特点之一，就是考证细致、旁征博引，引用多部史书的记载，详细考证重要的典章、舆地等名词，并加以注解。如李文田考证成吉思汗“铁木真”名字之由来，除了对《元朝秘史》中“与塔塔儿厮杀时，也速该把阿秃儿将他帖木真兀格豁里不花等掳来。那时也速该把阿秃儿的妻诃额仑正怀孕，于斡难河边迭里温孛勒答黑山下，生了太祖……因掳将帖木真兀格来时生，故就名帖木真”一段进行注解外，他还广泛引用《朔方备乘》《南村辍耕录》《蒙鞑备录》等多种文献，逐一比对，使得读者能从不同角度，对同一历史事件进行思考。除此之外，李文田还指出“击髀石”为蒙古旧俗，“罄身”为光身，“势物”即“事物”等。如此考证，为后世学者的研究提供了极大便利。

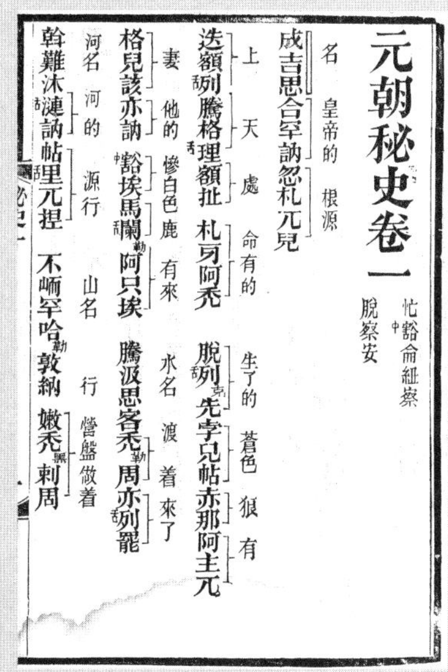
元朝秘史卷一
忙豁侖紐察 脫察安
成吉思合罕訥忽札兀兒
名 皇帝的 根源
迭額列騰格理額扯 札牙阿禿 脫列先孛兒帖赤那阿主兀
上 天處 命有的 生了的 蒼色 狼 有
格兒該亦訥 豁埃馬闌 阿只埃 騰汲思客禿周亦列罷
妻 他的 慘白色鹿 有來 水名 渡着 來了
斡難沐漣訥帖里兀捏 不峏罕哈敦納 嫩禿剌周
河名 河的 源行 山名 行 營盤做着

《元朝秘史》（晚清刻本）

李文田《元秘史注》一书的重要特点之二，在于善于运用汉字音韵学，如运用对音的方法对《元朝秘史》记载的地理（河流湖泊等）、民族、人名、习俗、史实等，进行一番新的解读。时论认为，“顺德先生精于满、蒙、汉三合音之例，博综稗乘，旁摭金石，而一以声音通之”[②]。比如，李文田在注释成吉思汗的先祖的名称时指出，“巴塔赤罕”就是萨囊彻辰在《蒙古源流》一书中所记载的“必塔察罕”；“塔

① 乌兰：《〈元朝秘史〉版本流传考》，《民族研究》，2012年第1期，第61-70页。

② 沈惟贤：《元秘史注·跋》，载乔治忠、朱洪斌编著《增订中国史学史资料编年·清代卷》，商务印书馆，2013年10月，第588页。

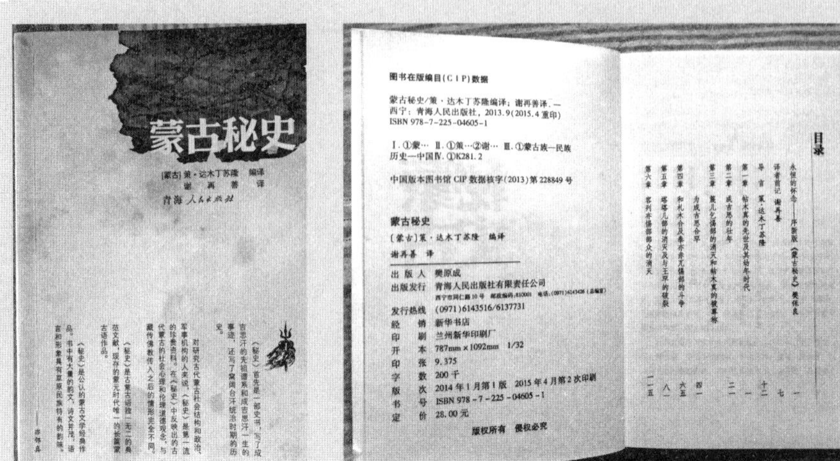

《蒙古秘史》

马察”就是《蒙古源流》中的“特墨徹干”；塔马察生的儿子名“豁里察儿篾儿干”，也就是其他文献中的“和哩察尔墨尔根”，“篾儿干”在蒙古语中是善于射箭的意思；豁里察儿篾儿干生的儿子名“阿兀站孛罗温”，即其他文献中记载的“阿固济木博郭罗勒”。诸如此类的蒙古族先祖名称的考证，推动了蒙元历史研究的发展，降低了后人的阅读难度，对人们了解蒙古族、元朝历史事迹大有裨益。

李文田所撰《元秘史注》[①]，是《元朝秘史》最早的译注本。在撰写过程中，李文田曾与翁同龢等友人商议，并将文稿交翁同龢等友人审阅，征求意见。时人誉为“以之订证《元史》，贯通邱长春、刘郁之《西使记》，无不迎刃而解者，斯真不朽盛业。大路椎轮，津导来学，匪徒忙豁仑氏之功臣者已”[②]。《元秘史注》具有开拓性的学术价值，奠定了李文田作为著名蒙古史研究专家的地位。

① 《元秘史注》出版时，也作《元朝秘史注》，如2011年6月由中国书店出版社出版的《元朝秘史注》，一函四册，古香古色。

② 乔治忠、朱洪斌编著：《增订中国史学史资料编年·清代卷》，商务印书馆，2013年10月，第588页。

阅读指南

《元秘史》（见画线部分）从“当初元朝人的祖”到“产了一个人，名字唤作巴塔赤罕”，这一部分主要讲述成吉思汗二十二世祖巴塔赤罕的源起。

“当初元朝人的祖。”[1]文田案，张本[2]作“元朝的人祖”。又案，此书止于太宗[3]之代，是时国号第称蒙古，今云元朝，则译书之人，生于世祖[4]以后也。《元史·世祖本纪》[5]曰：“至正八年十一月乙亥[6]诏曰：‘顷者耆宿[7]诣庭，奏章申请，谓既成于大业，宜早定于鸿名[8]，可建号曰大元，取《易》[9]乾元之义，事从因革，道协天人。’”

注释

［1］画线部分为《元秘史》原文，后同。［2］张本：指张敦仁的10卷本《元朝秘史》。《元朝秘史》，也被称作《元秘史》《蒙古秘史》，详见本书“导读”。 ［3］太宗：指孛儿只斤·窝阔台，元太祖成吉思汗的第三子，1229年被拥戴登基，继承父亲的遗志扩张领土，南下灭金，令拔都远征欧洲，将大蒙古国的疆域版图扩大到华北、中亚、东欧。他任用中书令契丹政治家耶律楚材，采用汉法，并且开科取士，发展经济，奠定了元朝的基础。1266年，元世祖忽必烈追赠其庙号为“太宗”，谥号“英文皇帝”。 ［4］世祖：指元世祖孛儿只斤·忽必烈，元朝的开国皇帝，他于1271年（至元八年），建国号为大元，以大都为首都。1279年（至元十六年）消灭了流亡在广

东南部崖山的南宋残余势力，完成了全国的大统一，蒙古尊号“薛禅汗”。至元三十一年（1294）病逝，庙号为“世祖”。［5］《元史·世祖本纪》：《元史》是明朝初年名臣宋濂、王祎主编的系统记载元朝兴亡历程的纪传体断代史，正史“二十四史”之一。全书210卷，包括本纪（记载帝王，共47卷）、志（58卷）、表（8卷）、列传（97卷），记述了从蒙古族兴起到建立元朝，再到元朝灭亡回到蒙古高原建“北元”的历史。《元史》的本纪，以记载忽必烈事迹的《世祖本纪》最为详尽，篇幅最长，达14卷之多，约占本纪篇幅的三分之一。《世祖本纪》也是李文田解读《元朝秘史》的最主要参考文献之一。［6］至元八年十一月乙亥：指元世祖至元八年夏历十一月乙亥日，时南宋度宗咸淳七年，公历为1271年12月18日。［7］耆宿：德高望重的长者。［8］鸿名：盛名，指国家的名称。［9］《易》：指儒家经典《周易》。元世祖忽必烈取《周易》“大哉乾元”之义，“元”表示伟大的开始，将国号由“大蒙古国”改为“大元”，从大蒙古国皇帝变为大元皇帝，“大元”国号正式出现，忽必烈成为元朝首任皇帝。

今译

“最早元朝人（蒙古人）的祖先。”李文田案，张敦仁的版本解释为“元朝的始祖”。又解释说，这本书所记之事，截至元太宗时代，当时的国号叫“蒙古”，现今称为“元”，说明翻译这书的人生活在元世祖时代以后。《元史·世祖本纪》记载，“至正八年十一月乙亥日（1271年12月18日）皇帝下诏书说：‘这几天德高望重的人拜访朝廷，递上奏章，说天下既然已经成功在握，应该早早定下国号。我认为可以称为大元，取自《周易》中大哉乾元的意思。事物要做出改变，才会达到自然与人的协调。’”

“是天生一个苍色的狼，与一个惨白色的鹿，相配了。”[1]《国语·周语》[2]曰：“穆王征犬戎[3]，得四白狼四白鹿以归。”《史记·周本纪》张守节[4]正义，引贾逵[5]《国语注》曰：“白狼白鹿，犬戎之职供也。”《汉书·匈奴传》颜师古[6]注曰：“《山海经》黄帝生苗龙，苗龙生融吾，融吾生弄明，弄明生白犬，白犬有二牝牡，是为犬戎。”许氏[7]《说文解字》曰：“赤狄本犬种也，故字从犬。”文田案，此皆元人自述其灵征，盖三古以前茫昧之说矣。

注释

[1]谢再善等学者认为，应翻译为“承受天命而生的孛儿帖赤那，他和妻子豁埃马阑勒”。又称，“旧译‘孛儿帖赤那’作苍色的狼，‘豁埃马阑勒’作惨白色的鹿，竟成为狼、鹿，其实是人名”。见谢再善译本《蒙古秘史》第3页（青海人民出版社，2014年1月）。[2]《国语·周语》：是《国语》的一篇。《国语》，春秋时期左丘明撰写的一部国别体史著。记载了上起周穆王西征犬戎（约前947年），下至智伯被灭（前453年）的历史。《国语》开创了以春秋时期的“国”为分类来记载历史的史学编纂新体裁“国别体”，对后世史学产生了很大影响。陈寿《三国志》、吴任臣《十国春秋》等史学名著，均是《国语》体例的发展。 [3]犬戎：活跃于今陕、甘一带的强大古部族。西周末期，由于周幽王废嫡立庶，犬戎乃与申侯、缯国联合进攻周幽王，周幽王被杀，宠妃褒姒被掳。曾经强盛一时的西周王朝灭亡了。后世中原亦常将西北游牧民族统称为“犬戎”。

［4］张守节：唐代开元年间的学者，曾为司马迁名著《史记》作注释，名为《史记正义》。《史记正义》与南朝宋裴骃的《史记集解》、唐司马贞的《史记索隐》合称为“史记三家注”。［5］贾逵：东汉著名经学家，字景伯，扶风平陵（今陕西咸阳西北）人，出生于经学世家，名儒贾徽之子。自幼勤奋读书，专注五经，曾将多年来研究的成果《国语解诂》《左传解诂》献呈汉明帝，还培养了一批包括许慎在内的经学弟子，后世称之为“通儒”。［6］颜师古：唐朝初年著名经学家、历史学家，名儒颜之推之孙。颜师古少传家业，博览群书，擅长文字训诂、声韵、校勘之学，对两汉以来的经史造诣颇深。有《匡谬正俗》《汉书注》《急就章注》等传世，其对于《汉书》的注释，精深独到，价值甚大，为阅读《汉书》不可或缺。［7］许氏：指许慎，东汉著名的经学家、文字学家，字叔重，汝南召陵（今河南漯河）人，编撰了世界上第一部汉字字典《说文解字》，使中华汉字的形、音、义趋于规范和统一。由于许慎对文字学做出了不朽贡献，因此后世学术界皆称许慎为“字圣”“许君”，称《说文解字》为“许书”，称传其学为“许学”。

今译

“一匹苍狼与一头白鹿相交配。”《国语·周语》记载：“周穆王征伐犬戎，掳获了四匹白狼、四头白鹿之后，回到乐王都。”唐代学者张守节在给《史记·周本纪》做注解时，引用东汉大儒贾逵《国语注》说：“白狼和白鹿，是犬戎的一种官职而已。”唐代学者颜师古注解《汉书·匈奴传》说：“《山海经》记载，黄帝生下苗龙，苗龙生下融吾，融吾生下弄明，弄明生下白犬，白犬有一只雌鸟和一只雄鸟，这就是犬戎。”东汉大儒许慎的《说文解字》解释说：“赤狄原本是犬类，故字从犬。”李文田案，这都是元朝人为自己民族起源编造的神话，大概是三代以前的蒙昧传说吧。

杜佑[1]《通典》曰：“高车，或云其先匈奴之人也。匈奴单于生二女，姿容甚美。单于曰：‘此女安可[2]配人，将以与天。’乃于国北无人之地，筑高台，置二女。乃有一老狼昼夜守台号呼，经时不去[3]。其小女曰：‘吾父以我与天，而今狼来，或是天处[4]我。’乃下为狼妻而产子孙，遂滋繁成国。”又曰：“突厥之先，盖匈奴之别种。或云其国先于西海之上，为邻国所灭，男女无少长尽杀之。有一儿年十岁，弃于大泽中，有牝狼[5]每衔肉至，因以不死，其后遂与狼交。狼有孕焉，负至于西海之东，止于山上，其山在高昌西北。后狼生十男，长大外讬妻孕。其后各为一姓，子孙蕃育，渐至数百家。”又云：“先出于索国，在匈奴之北。其一曰伊质泥斯都，狼所生也。泥都娶二妻，一孕而生四男。其大而讷都六设[6]，众奉为主。都六所生子，皆以母族为姓。”

注释

［1］杜佑：唐代政治家、史学家，字君卿，京兆万年（今陕西西安）人。历任容管经略使、岭南节度使、淮南节度使、司空、司徒等职，封岐国公，逝后追赠太傅，谥号“安简”。杜佑曾用36年撰成200卷《通典》，创立史书编纂的新体裁，开创中国史学发展的新格局。

[2] 安可：表反问，可理解为怎么可以。 [3] 经时不去：过了很久都不离开。 [4] 处：相处。 [5] 牝狼：母狼。 [6] 讷都六设：突厥阿史那氏先祖之名。又作纳都六设、讷都陆，号曰突厥都六。相传为伊质泥斯都之子，因居长被部众奉为部落之主，号为“突厥”，后繁衍成为世界史上著名的草地帝国家族，建立了横扫亚欧大陆草原的突厥汗国。

今译

杜佑的《通典》记载，“高车，有人说他的祖先是匈奴部族的。匈奴单于生了两个女儿，容貌非常美丽。单于说：‘这样的女儿怎么可以嫁给凡人，应该许配给天神。’于是在匈奴北方荒无人烟的地方，筑造了一个高台，安置这两个女儿。有一匹老狼日夜围着高台嚎叫，很久都不离开。小女儿说：‘我的父亲将我许配给天神，但现在有狼出现，或许是天神选择与我相处了。’于是她成为狼的妻子，繁衍子孙，遂滋繁成为一个国。”又记载：“突厥的祖先，大概是匈奴的一个支系，有人说他最初的国家在西海之上，被邻近国家所灭，男女不分老少全部被杀掉。有一个十岁的男孩，被丢弃在荒漠中，有母狼每次衔肉到这里，依靠着这些肉男孩没有死亡，之后男孩就与母狼交配。母狼因此怀孕了，母狼背着男孩到了西海的东部，停住在山上，这山在高昌西北。后来，母狼生下十个男孩，并且都长大了，男青年对外人说这都是妻子生下的。之后十个男孩各取一个姓，子孙非常繁盛，慢慢地发展了几百家。”又说：“先祖源于索国，在匈奴的北面。其中一个叫伊质泥斯都，是狼生的。伊质泥斯都娶了两个妻子，一胎就生下了四个男孩，老大叫讷都六设，众人推奉他为领袖。都六生的子女，都用母族的姓氏。”

文田案，元氏之兴，起于漠北，正高昌突厥故地。所云国于西海之上，正《秘史》腾吉思水[1]也。“负至西海之东，止于山上。”与《秘史》“渡腾吉思水，至不而罕山”语皆相应[2]。是则羊腓字[3]稷，鳦降生商。元人祖述之，书实即《通典》所本。故《旧唐书·突厥传》曰：“小杀[4]谓唐使袁振曰：‘吐蕃狗种，唐国与之为昏[5]。奚及契丹，旧是突厥之奴，亦尚唐家公主。’”今以《蒙古源流》[6]考之，元人自祖吐蕃，非祖突厥。在唐代曾尚文成公主及金城公主，与《唐书·吐蕃传》相合。突厥[7]小杀之论，容是[8]诋毁之词。原《秘史》所述，既于诸史有徵[9]，故荟萃群言[10]，以存博识，亦史家之外篇也。

注释

［1］腾吉思水：今达赉湖（呼伦湖）。 ［2］相应：互相对应。 ［3］腓字：出自《诗经·大雅·生民》“牛羊腓字之”一句，为庇护怜爱之意。 ［4］小杀：唐玄宗开元年间的突厥首领。小杀请求做玄宗之子，玄宗许之；后提出欲娶公主为妻，玄宗只厚赐之而不许和亲。小杀不悦，问唐使袁振：“吐蕃、奚、契丹都能够迎娶唐公主，突厥前后请结和亲，为何没有被允准？”袁振回答：“可汗既与皇帝为子，父子岂合为婚姻？” ［5］昏：通“婚”。 ［6］《蒙古源流》：清代蒙古族历史学者萨囊彻辰用蒙文撰写的一部蒙古族历史著作，成书于康熙元年（1662）。乾隆四十一年（1776）喀尔喀亲王成衮扎布把家传手抄本进献给清高宗，次年奉敕译成满文，后又由满文译成汉文，定名为《钦定蒙古源流》，简称《蒙古源流》。该书

共分8卷，以印度和西藏诸王世系、佛教的起源和传播、蒙古族社会的起源和蒙古部落的崛起、成吉思汗及大蒙古国、元朝诸帝事迹以及东西蒙古部领主的纷争为主要内容，研究蒙古族历史、文学、宗教，是关于14—17世纪蒙古族历史的重要文献，也是17世纪蒙古编年史中一部最完整的代表作。该书的内容、体例等对后来的蒙古编年史都产生了深远的影响，与《蒙古秘史》《蒙古黄金史》并称为蒙古民族的三大历史著作。萨囊彻辰，蒙古贵族，11岁时以祖荫由博硕克图·济农授予“彻辰·洪台吉”的称号。17岁时，位列大臣之职，任以政事，在政治、军事领域均有造诣。［7］突厥：活跃在蒙古高原和中亚地区的民族部落的统称，也是中国西北与北方草原地区继匈奴、鲜卑、柔然后又一个重要的游牧民族。“突厥”一词于540年开始在中国史籍中出现。东突厥汗国诸部在战争中消亡，余部融入回鹘（hú）、唐朝。唐朝灭西突厥汗国后，西突厥所属突骑施、乌古斯、葛逻禄、钦察、卡拉吉、样磨、处月等部落也活跃于中亚地区。突骑施在防止阿拉伯帝国在中亚的扩张中起了重大作用，葛逻禄在唐末以后的中亚历史中扮演重要角色，与回鹘建立喀拉汗王朝。［8］容是：应该是。［9］徵：差别，区别。［10］荟萃群言：将各种说法都汇集在一起。

今译

文田案，元朝最初的兴起，在于大漠之北，这里正是以前高昌突厥生活的地方。所称的国土在西海之上，西海指的正是《元秘史》中的腾吉思水。“背着到了西海的东面，在山上停止下来”一句的记载，与《元秘史》“渡腾吉思水，至不而罕山”的记载，恰好相互对应。这正是中国先秦时期，牛羊爱护夏稷，大鸟降而生商啊。元人最早开始记述这段历史，就是基于《通典》的文字记载。所以《旧唐书·突厥传》记载，“小杀对唐使袁振说：‘吐蕃属于狗种，唐朝仍然与吐蕃通婚。奚、契丹，以前都是突厥的奴隶，也得以与唐朝和亲，以大唐公主为妻。’”现在结合蒙古族萨囊彻辰所著《蒙古源流》的内容来考证，元人应该是以吐蕃为祖先，而不应以突厥为祖先。在唐代，吐蕃曾经与唐和亲，赞普以文成公主和金城公主为妻，这与《唐书·吐蕃传》的记载完全吻合。突厥首领小杀的说法，应该是诋毁的言论啊。推究《元秘史》所记述的内容，与多种史书记载有所差别，所以综合各类记载论述，保存各家广博的学识，这也是史家的外篇吧。

“同渡过腾吉思名字的水。”今腾吉思湖，名曰里海者也。何主事秋涛[1]《朔方备乘》曰：“滕纪思湖即里海，东西广八百里，南北长一千数百里。”图阁读丽琛[2]《异域录》曰：“土尔虎特国[3]，在鄂罗斯[4]萨拉托付之东南，俱[5]旷野。西北两面有佛儿格，即厄济儿河。环流东面，有宰河。环流南面，有滕纪斯湖、厄济儿河。宰河俱向南流，归入滕纪斯湖。自萨拉托付，以至马笃托海地方，其间有三道塔尔鲁河，三道胡班河，及塔而浑并吴鲁苏屯之小河，俱向西流，入厄济儿河。河之西岸，自萨拉托付以至滕纪斯湖，又有鄂罗斯国属之西喇喀穆什、察里次、噶喇斯诺岳尔、绰尔那雅尔、阿斯塔尔汉诸城柏兴[6]。自城池柏兴以至马笃托海地方西南一带，皆兴安山岭。过此向西行百余里，俱系图理耶斯科国王拱喀尔汗所属和邦，即莽武特[7]之人居住，不时掳掠鄂罗斯国与土尔虎特两国边境人畜也。”

注释

［1］何主事秋涛：何秋涛，清代史地之学知名学者，字愿船，福建光泽人。少年时即好地理学，道光二十四年（1844）进士，官刑部主事。咸丰年间擢升员外郎、懋勤殿行走。同治初任保定莲池书院山长，旋去世，年仅39岁。文中因称“何主事”。　［2］图阁读丽琛：图理琛，清代边疆事务官员，字瑶圃，号睡心主人。撰有《异域录》一书，记叙其途经喀尔喀蒙古、西伯利亚等地的所见所闻，后被收入《四库全书》。　［3］土尔虎特国：指土尔扈特部，清代厄鲁特蒙古四部之一，原游牧于塔尔巴哈台附近的雅尔地区。明末清初，其部首领和鄂尔勒克因与准噶尔部首领巴图尔浑台吉不合，遂率其所部及部分杜尔伯特部、和硕特部牧民西迁至伏尔加河下游地区，曾遣使向清朝政府进表贡。乾隆三十六年（1771），因不堪沙俄的苛刻要求，土尔扈特汗渥巴锡率领17万族人东归，最后约4万多人成功到达新疆伊犁。乾隆帝亲自接见了渥巴锡。　［4］鄂罗斯：俄罗斯。时指俄罗斯帝国，俗称沙俄。　［5］俱：全部，都。　［6］柏兴：其含义殊不可考，或为一古地名，唯前面几城名字的句读版本不一。　［7］莽武特：部族名。17世纪初年，部众大都分布于乌拉尔和恩巴河上游，附庸于哈萨克和乌兹别克汗，与准噶尔部、伏尔加河土尔扈特部毗邻。雍正元年（1723），因准噶尔军大败哈萨克，被迫迁往咸海和锡尔河上游定居。

今译

<u>“一起渡过名叫腾吉思的河流。”</u>现在的腾吉思湖名叫“里海”，何秋涛主事所著的《朔方备乘》一书记载：“滕纪思湖就是里海，东西宽

八百里，南北长一千几百里。”图阁读丽琛所著的《异域录》一书记载：“土尔虎特国，在俄罗斯萨拉托夫的东南方，是一方宽旷、荒芜的地域。西北两面有佛儿格，也就是厄济儿河。环流向东所面对的，有宰河。环流向南所面对的，有滕纪斯湖、厄济儿河。宰河都向南流去，汇入滕纪斯湖。自萨拉托夫至马驽托海，中间有三道塔尔鲁河，三道胡班河，以及塔而浑、吴鲁苏屯的小河，都向西流，汇入厄济儿河。河的西岸，从萨拉托夫到滕纪斯湖，又有俄罗斯国属的西喇喀穆什、察里次、噶喇斯诺岳尔、绰尔那雅尔、阿斯塔尔汉柏兴等城池。自城池柏兴至马驽托海地方西南一带，属于兴安山岭。经过此地向西行走一百多里，全部属于图理耶斯科国王拱喀尔汗所属和邦，即莽武特人居住的地带，这些人偶尔掳掠俄罗斯、土尔虎特两国边境的人口和牲畜。”

“来到于斡难名字的河源头，不儿罕名字的山前住著[1]。”

案，《元史·太祖本纪》：“自海都既立营帐于八剌合黑河上。”此即不儿罕山所出之河，故名不儿罕河。急读[2]之则亦可译写为八剌合黑河，此即斡难河卜居之始矣。《纪》又云：“帝会诸族宴于斡难河上。”始以斡难出名[3]。明叶向高[4]《四裔考》曰：“永乐八年，追虏本雅失里，及之于斡难河。斡难河者，元太祖始兴地也。”国朝长白西清《黑龙江外纪》[5]曰：“黑龙江发源蒙古喀尔喀部之肯特山。其上游蒙古谓之鄂伦河，他书亦作敖嫩河，即《元史》斡难河，元太祖始兴地也。自此东北流，经尼布楚[6]城之南，入黑龙江省北境。折而东南，至黑龙江城北九十里东南流，会浑同江入吉林境，东入于海。”

《钦定满洲源流考》[7]曰："黑龙江源出喀勒喀北界肯特山，土人[8]谓之鄂嫩河。折而东北流，至尼布楚城南一千余里，又三百余里入黑龙江将军界。又东南至吉林乌拉界，会松花江入海。"齐侍郎召南[9]《水道提纲》[10]曰："直河套北二千余里，肯忒山脉。西北自敖嫩色禽岭有东南一幹，东为忒勒儿几岭，又东为即龙岭，又东起顶为肯忒山，甚高大，北即敖嫩河也。"又曰："必儿喀岭，即肯忒山之东南幹山也。"今案，鄂伦敖嫩鄂嫩即斡难之对音，必儿喀即不儿罕之对音。

注释

[1]著：通"着"。 [2]急读：快速地读。 [3]出名：名词最早的出处，此指"斡难"一名最早的出处。 [4]叶向高：明朝大臣、政治家，万历、天启年间两度出任内阁辅臣。字进卿，号台山，晚号福庐山人。万历三十五年（1607）任礼部尚书、东阁大学士。万历三十六年（1608）后，一人主持阁务达七年之久，人称"独相"。天启元年（1621），二度入阁为首辅。天启七年（1627）病逝，追赠太师，谥号"文忠"。叶向高善于决断大事，任首辅期间，为明神宗出谋划策，调剂大臣之间的关系，更对维护太子正统、遏制魏忠贤的势力起到了重要作用。 [5]西清《黑龙江外纪》：指清朝中期西清所撰写的专著《黑龙江外纪》。西清，满洲镶蓝旗人，满洲西林觉罗氏，字研斋，鄂尔泰之曾孙，于1806年抵达黑龙江省城齐齐哈尔任职黑龙江将军属下理刑主事。他于乾隆嘉庆年间曾在黑龙江为吏和教书，故自称"长白西清"。他结合官方图籍、实地考察完成

了地方志《黑龙江外纪》8卷，该书分28门记述了黑龙江疆域、军事驻扎、重镇、气候、山川、风俗、方言、人物、物产等，系黑龙江现存第一部内容最系统的志书。［6］尼布楚：俄罗斯称为涅尔琴斯克，位于俄罗斯外贝加尔边疆区，曾是中国领土。1689年，中俄签订《尼布楚条约》将尼布楚地区划入俄国版图。［7］《钦定满洲源流考》：清乾隆朝武英殿大学士阿桂（字广庭，姓章佳氏，初属满洲正蓝旗，后改隶正白旗）等人奉敕纂修的民族史地志，也称《满洲源流考》，共20卷。该书体例近于方志，分部族、疆域、山川、国俗4门，考述东北地区少数民族的各类记载，以求辨明满族史、语言、地理、风俗源流。因乾隆四十二年（1777）奉旨主持编纂此书，书成后经乾隆帝审定后颁布，故有“钦定”两字。［8］土人：当地人。［9］齐侍郎召南：指齐召南，清代地理学者，号琼台，浙江天台人。乾隆元年（1736），廷试二等，改庶吉士，散馆授检讨。历任侍读学士、内阁学士，命上书房行走、礼部侍郎等职。精于地理之学，又善书法，著有《水道提纲》《宝纶堂集古录》《宝纶堂文钞诗钞》《历代帝王年表》《后汉公卿表》等。［10］《水道提纲》：清代齐召南撰写的一部专叙水道源流分合的地理著作，该书有“清代水经”之誉。全书共28卷，书成于乾隆二十六年（1761），详细记载了中国境内山川、河流、海洋、湖泊的分布情况。海洋，从东北的鄂霍次克海往南，渤海、东海直到南海，沿岸的城镇、关隘、河流入海口、岛屿等都有叙述；自黑龙江口以南诸水及朝鲜国诸水，塞北各蒙古诸水、西域诸水均有记载。该书不仅系统、正确地记述了18世纪中叶中国范围内水道的源流分合，而且第一次清晰地记录了18世纪中国的海岸线，并且最早用经纬度定位，为中国地理学的创新之作。

今译

“来到名叫斡难河的源头，在不儿罕名字的山前居住着。”李文田案，《元史·太祖本纪》记载：“自从海都建立营帐在八剌合黑河上之后。”此句指的就是发源于不儿罕山的河，所以名叫不儿罕河。快速读这些字也可以翻译写成“八剌合黑河”，这就是蒙古部落选择斡难河作为定居区域的开始。《元史·太祖本纪》又记载：“皇帝在斡难河畔设宴召集各部落。”开始使用斡难这一名称。明朝人叶向高所著《四裔考》一书记载：“永乐八年，追击本雅失里，追到了斡难河。斡难河，就是元太祖的崛起之地。”我朝（清朝，后同）长白人氏西清的《黑龙江外纪》记载：“黑龙江发源于蒙古喀尔喀部所在的肯特山。其上游蒙古把它称为鄂伦河，其他文献也写作敖嫩河，就是《元史》中所称的斡难河，元太祖的发迹地。从此地往东北方向流去，经尼布楚城的南边，进入黑龙江省北境。转弯流向东南，到距黑龙江城北九十里处向东南流去，与浑同江交汇并入吉林境内，向东流入大海。”《钦定满洲源流考》一书记载：“黑龙江发源于喀勒喀北界肯特山，当地人称之为鄂嫩河。转弯向东北流去，距离尼布楚城南一千多里，然后又经三百多里进入黑龙江将军的辖界。再向东南流入吉林乌拉界，与松花江汇合入海。”齐召南侍郎的《水道提纲》记载：“距离河套北方二千多里是肯忒山脉。西北方向自敖嫩色禽岭有东南走向的主干山脉，东边是忒勒儿几岭，再东边是即龙岭，又东起最高的是肯忒山，非常高峻雄伟，北边是敖嫩河。”《水道提纲》还记载：“必儿喀岭，就是肯忒山的东南主干。”我（李文田）现在考据，鄂伦、敖嫩、鄂嫩，就是斡难的对音；必儿喀即不儿罕的对音。

“产了一个人，名字唤作[1]巴塔赤罕。”巴塔赤罕《蒙古源流》作“必塔察罕”。明王圻[2]《稗史汇编》卷十六曰：“匈奴之国，其种有五，一种黄毛者，乃山鬼与黄牸牛[3]所生；一种短项矮胖，乃玃猳[4]与野猪所生；一种黑发白身者，乃唐李靖[5]兵遗种也；一种名突厥，其先乃射摩舍利海神女与金角白鹿交感而生，射摩因手斩阿珍首领，至今以人祭纛[6]；一种乃塔巴赤罕之种。”《元朝秘史》云：“苍色狼与白鹿交所生。二十五世生帖木真，是称大蒙古，称皇帝。世居沙漠东北六千里，后居阴山，号鞑靼。地产牛马，无城池屋舍，随水草以居，俗尚射猎。帖木真[7]四世孙忽必烈，居中国称帝。”

注释

[1]唤作：称为。　[2]王圻：明代学者，字元翰，号洪洲，祖籍江桥（时属青浦县），嘉靖四十四年（1565）进士，历任清江知县、万安知县、福建佥事、陕西提学使等职，撰有《稗史汇编》《续文献通考》等书。《稗史汇编》是一部内容浩繁、史料丰富的类书，汇纂了从上古到明代万历中期的内容，广及天地人神，网罗宏富，而且分门别类，便于检索，堪称我国古代的百科全书、文史知识的分类辞典，也是后人研读古籍的重要参考。　[3]牸牛：母牛。　[4]玃猳（jué jiā）：指猿猴类动物。　[5]李靖：隋末唐初人，字药师，雍州三原（今陕西三原县）人。原为隋将，后效力李唐，善用兵，长于谋略。他率军南平萧铣、辅公祏，北灭东突厥，西破吐谷浑，为唐朝的建立、发展立下赫赫战功，封卫国公，世称李卫公。去世后谥号“景

武”，陪葬太宗昭陵。［6］祭纛（dào）：祭祀大旗。纛，古时军队或重要典礼上使用的仪仗大旗。［7］帖木真：指成吉思汗。

今译

“生了一个孩子，名字叫巴塔赤罕。”在蒙古族历史学家萨囊彻辰的《蒙古源流》一书中，巴塔赤罕写作“必塔察罕”。明代王圻的《稗史汇编》卷十六记载：“匈奴所建立的国家之中，人种由五类组成，一种是黄毛，是山鬼与黄母牛所生；一种是脖子短、身材矮胖，是猿猴和野猪所生；一种是黑头发、白身体，是唐代初年军事首领李靖部下兵卒与当地少数民族通婚的后裔；一种叫突厥，其祖先是由射摩舍利海神女与金角白鹿交互感应所生，由于射摩杀了阿珍首领，至今用人来祭祀战旗；一种是塔巴赤罕的后代。”《元朝秘史》记载：“苍色狼与白鹿交配所生。第二十五世生下帖木真，帖木真把所在的部族改称大蒙古，自称皇帝。世代居住于沙漠东北部六千里的地方，背靠阴山，名叫鞑靼。这地方富产牛马，没有城池，也没有房屋，这些人随水源和丰盛草地而迁徙，尤其喜欢射猎。帖木真的四世孙忽必烈，占据中原后称帝。”

阅读指南

《元秘史》（见画线部分）从“巴塔赤罕生的子名塔马察”到“一个名朵奔篾儿干”，这一部分主要讲述成吉思汗十一世祖朵奔篾儿干的源起。

“巴塔赤罕生的子名塔马察。”《源流》作“特墨徹干”。（后凡引《蒙古源流》者，均省文曰《源流》）**“塔马察生的子，名豁里察儿篾儿干。”**《源流》作“和哩察尔墨尔根”。案，“篾儿干”，蒙古语善射也，知者[1]。《元史·忙哥撒儿传》曰：“祖搠阿精骑射，太祖爱之，号为墨尔傑，华言[2]善射之尤[3]者也。”傑与根音转，即篾儿干对音。**“豁里察儿篾儿干生的子，名阿兀站孛罗温。”**《源流》作“阿固济木博郭罗勒”。**“阿兀站孛罗温生的子，名撒里合察兀。”**《源流》作“萨里噶勒济图”。**“撒里合察兀生的子，名也客你敦。”**《源流》作“尼克尼敦”。**“也客你敦生的子，名撏锁赤。”**《源流》作“萨木苏齐”。**“撏锁赤生的子，名合儿出。”**《源流》作“哈里哈尔楚”。

注释

［1］知者：知通“智”，聪慧的人。 ［2］华言：汉语。［3］尤：特异的、突出的。

今译

“巴塔赤罕生的儿子名叫塔马察。”《蒙古源流》中记作“特墨徹干”。（后文中凡是引用《蒙古源流》的地方，都简称为《源流》）“塔马察生的儿子，名叫豁里察儿篾儿干。”《蒙古源流》中记作“和哩察尔墨尔根”。李文田案，“篾儿干”，蒙古语中是擅长射术之意，指有智慧的人。《元史·忙哥撒儿传》记载：“祖父搠阿精通骑射，太祖十分喜爱他，称他为墨尔傑，即汉语中精通射术的人。”傑与根音近转变，就是篾儿干的对音。“豁里察儿篾儿干生的儿子，名叫阿兀站孛罗温。”《蒙古源流》中记作“阿固济木博郭罗勒”。“阿兀站孛罗温生的儿子，名叫撒里合察兀。”《蒙古源流》中记作“萨里噶勒济图”。“撒里合察兀生的儿子，名叫也客你敦。”《蒙古源流》中记作“尼克尼敦”。“也客你敦生的儿子，名叫挦锁赤。”《蒙古源流》中记作“萨木苏齐”。“挦锁赤生的儿子，名叫合儿出。”《蒙古源流》中记作“哈里哈尔楚”。

“合儿出生的子，名孛儿只吉歹篾儿干。”《源流》作“博尔济吉台墨尔根”。御批《通鉴辑览》[1]曰：“按《元史》以奇渥温为元室之姓，亦非也。元之国姓乃博尔济锦氏[2]。”今以《蒙古源流》订正，臣文田谨案，监本《元史·本纪》：“太祖皇帝讳铁木真，姓奇渥温氏。馆臣钦奉圣训，改定讳特穆津，姓却特氏。”已足以订明臣之谬[3]。后得《蒙古源流》，始据蒙古自述其宗派[4]，为博尔济锦，此即孛儿只吉之对音。寻《元史》之沿误，实起于陶宗仪[5]《南村辍耕录》。其于开卷《大元宗室世系条》烈祖神元皇帝讳也速该[6]注云："姓奇渥温氏"。此则史臣致误之由[7]。又《辍耕录》记蒙古氏族七十二种，既无孛儿只吉，殆由枝派分散之故，因亦无从知奇渥温之谬。幸《秘史》犹在，可以溯得姓之由，同文之盛，足与《源流》相证也。

注释

［1］《通鉴辑览》：清代通行的历史读本。乾隆三十三年（1768）敕撰，共116卷。其书为编年记事，上起太昊伏羲氏，下讫明代，乾隆帝亲作御批，又称《御批历代通鉴辑览》。此书在史书中虽无特殊价值，但在剪裁和内容组织上都很精当，篇幅适中，在民国初年也颇为流行。［2］博尔济锦氏：指文中的"孛儿只吉"，今译为"孛儿只斤"，成吉思汗的氏族名称，系蒙古统一之前尼鲁温（又作"尼伦"）诸部之一，系孛儿只吉歹篾尔干（又译作"包尔炽君代墨尔根"）之后裔孛端察儿（成吉思汗十世祖）发展而成。《元朝秘史》记载，约10世纪前半叶孛端察儿时，始用"孛儿只斤"一词，又作"乞颜·孛儿只斤氏"，又译作博尔济吉特氏、博尔济吉忒、博尔济锦、孛儿吉德、孛儿吉根、孛儿吉济锦、博罗特、包罗、布儿赤金、孛尔吉等。后又有改姓鲍、包、奇等，亦有沿用此姓者。［3］谬：错误。［4］宗派：宗族派系。［5］陶宗仪：元末明初文学家、史学家。字九成，号南村，浙江黄岩人。自幼刻苦攻读，广览群书，学识渊博，工诗文，善书画。至正二十六年（1366），整理成《南村辍耕录》（简称为《辍耕录》）30卷，记载元代典章制度、艺文逸事、戏曲诗词、风俗民情、农民起义等史料。［6］烈祖神元皇

帝讳也速该：指成吉思汗之父亲孛儿只斤·也速该，蒙古各部统一之前孛儿只斤部酋长、军事首领。他“并吞诸部落，势愈盛大”，后被仇对的塔塔尔部族杀害。至元三年（1266），元世祖忽必烈追谥也速该庙号“烈祖”，谥号“神元皇帝”。［7］致误之由：导致错误的缘由。

今译

“合儿出生的儿子，名叫孛儿只吉歹篾儿干。”《蒙古源流》中记作“博尔济吉台墨尔根”。乾隆帝御批《通鉴辑览》记载：“按《元史》以奇渥温为元王室的姓，也是错的。元朝的国姓是博尔济锦氏。”现在根据《蒙古源流》的记载予以订正，我李文田严谨注解，借鉴《元史·太祖本纪》：“太祖皇帝名叫铁木真，姓奇渥温氏。国史馆的大臣接受皇帝的训示，改定名讳为特穆津，姓卻特氏。”这已经足够订正明代大臣的错误。后来得到《蒙古源流》一书，开始根据蒙古人述说自己的宗族派系，确定元朝的国姓为博尔济锦，这就是孛儿只吉的对音。不久之后撰写的《元史》沿袭这一错误，实际上这一错误来自陶宗仪的《南村辍耕录》。他在开卷《大元宗室世系条》烈祖神元皇帝讳也速该这个注释中说道：“姓奇渥温氏”。这就是后来史家错误的缘由。另外，《南村辍耕录》中记述蒙古氏族有七十二种，没有孛儿只吉，大致是因为蒙古世系枝派分散，因此无法知道奇渥温这个姓氏的错误之处。庆幸《蒙古秘史》还流传于世，可以追溯蒙古姓氏的由来，相同的文字记载非常丰富，足够与《蒙古源流》相互印证。

"孛儿只吉歹篾儿干的妻，名忙豁勒真豁阿。"《源流》作"蒙郭勒真斡哈屯"。案，"哈屯"即《唐书》之"可敦"，译云夫人也。忙豁当即[1]蒙古部族之所由始。**"他生的子名脱罗豁勒真伯颜。"**《源流》作"都喇勒津巴延"。《元史语解》[2]曰："巴延，福也，谓有福气之人。"**"脱罗豁勒真的妻，名孛罗黑臣豁阿。"**《源流》作"博啰克沁郭斡哈屯"。**"他有一个家奴后生，名孛罗勒歹速牙勒必。又有两个好骟马[3]，一个答驿儿马，一个孛罗马。"**《正字通》[4]引《臞仙肘后经》[5]曰："骟，割去势[6]。"国朝徐编修松[7]《西域水道记》曰："蒙古语，博罗青也。"**"脱罗豁勒真生二子，一个名都蛙锁豁儿。"**《源流》作"多斡索和尔"。**"一个名朵奔篾儿干[8]。"**《源流》作"多博墨尔根"，《辍耕录》作"脱奔咩哩犍"，《元史》从之，即太祖之十一世祖也。

注释

［1］当即：应该就是。　［2］《元史语解》：指《钦定辽金元三史国语解》之元史语解部分。乾隆四十六年（1781）高宗弘历敕撰，24卷，选录了辽、金、元三朝史书中人名、地名、官名，分帝名（附后妃、皇子、公主）、宫卫（附军名）、部族（附国名）、地理、职官、人名、物名七门。所谓"语解"，号称"以蒙古语正《元史》"，是指对每一专名加上了蒙古文注音、注释。该书对研究辽、金、元三朝历史以及契丹族、女真族、蒙古族等的语言文化、风俗习惯等均有重要价值。　［3］骟马：被阉割过的公马。　［4］《正字

通》：明代崇祯末年国子监生张自烈编著，是按照汉字形体分部编排的一部重要的正字书。全书共12卷。每一个汉字之下都有注音、释义，列出与该字头相关的一系列字，如俗、通、正、同、讹等。由于保存了大量俗字异体，故有助于后世人们了解当时的社会用字状况。［5］《臞（qú）仙肘后经》：明代朱权为追慕前代道士医书而撰写的一部涵盖了农业、天文、地理等方面知识的书籍。朱权是太祖朱元璋第十七子，7岁自号大明奇士，号“臞仙”，亦号涵虚子，其名号的道教意味浓厚。“臞仙”之“臞”，意为清瘦；“仙”为道教崇高境界，为朱权所追慕。臞仙，指身体清瘦而精神矍铄的老人。“肘后”，即《肘后备急方》，传为晋代道士葛洪撰写的一部古典医书。［6］割去势：割去公畜的生殖器官。［7］徐编修松：指徐松，清代著名地理学家。字星伯，原籍为浙江上虞，博学多才，尤长于地理之学。嘉庆十三年（1808）以进士任翰林院编修，道光年间任礼部主事、江西道监察御史等。徐松撰写的《西域水道记》以西域水道为纲，记述沿岸的城市、聚落（村落）、山岭及某些地点的经纬度、历史、物产、民族、水利、驻军等，是我国古代舆地著作中对新疆水道湖泊研究最为翔实、完备的一部，也是研究西北史地的重要文献。［8］朵奔篾儿干：孛儿帖赤那十一世孙，铁木真的十一世祖。蒙古黄金家族的始祖。《元史》中作“脱奔咩哩犍”，清高宗时修订《元史》译名，改译“托本默尔根”。

今译

“孛儿只吉歹篾儿干的妻子，名叫忙豁勒真豁阿。”《蒙古源流》中记作“蒙郭勒真斡哈屯”。李文田案，“哈屯”就是《唐书》中记载的“可敦”，翻译为夫人的意思。忙豁应该就是蒙古部族的来源。“他生的儿子名叫脱罗豁勒真伯颜。”《蒙古源流》中记作“都喇勒津巴延”。《元史语解》记载：“巴延，有福气的意思，说这是有福气的人。”“脱罗豁勒真的妻子，名叫孛罗黑臣豁阿。”《蒙古源流》中记作“博啰克沁郭斡哈屯”。“他有一个年轻家奴，名叫孛罗勒歹速牙勒必。还有两匹阉割过的骏马，一匹叫答驿儿马，一匹叫孛罗马。”《正字通》引用《臞仙肘后经》记载：“骟，就是割去公畜生殖器。”我朝徐松的《西域水道记》记载：“蒙古语，博罗青的意思。”“脱罗豁勒真生育了两个儿子，一个名叫都蛙锁豁儿。”《蒙古源流》中记作“多斡索和尔”。“一个名叫朵奔篾儿干。”《蒙古源流》中记作“多博墨尔根”，《南村辍耕录》中记作“脱奔咩哩犍”，《元史》沿用这一称谓，这就是元太祖的第十一世祖。

阅读指南

《元秘史》（见画线部分）从“都蛙锁豁儿独额中生一只眼，望见三程远地的势物”到“一个名孛端察儿”，这一部分主要讲述成吉思汗十一世祖朵奔篾儿干的事迹。

“都蛙锁豁儿独额中生一只眼，望见三程远地的势物。”《黑龙江外纪》曰：“图窪[1]，探路兵也。官远行察边，例有图窪为前导。其精干者，马上望之，能测数里外有无泥水，是否当迂路行，亦一长也。”图窪，哨望之谓，切读成一字乃合。文田案，锁豁儿，蒙古语一只眼也，知者。明王瓊[2]《北卤事迹》[3]曰：“嘉靖六年，套虏锁合儿伯通帅众一千七百余骑到花马池，提督尚书王宪[4]预调官军击之，贼遁出，锁合儿伯通死于阵。锁合儿华言一目也。”云云。锁合儿，即锁豁儿之对音矣；势物即事物。下文卷八有管的事物语，京师势事音近[5]，随意译写也。《源流》曰：“其得名多斡索和尔者，因其印堂中有一只眼，能视三站之故也。”

注释

[1] 图窪（wā）：亦作“图洼”，即侦察兵。　[2] 王瓊：明朝中期名臣，今作“王琼”。字德华，号晋溪，别署双溪老人，山西太原人。明成化二十年（1484）进士，历事明成化、弘治、正德、嘉靖四朝，官至户部、兵部和吏部尚书。在正德十年（1515）到正德

十五年（1520）间，因执掌兵部，平定朱宸濠叛乱，总制西北边防，功绩赫赫，立有殊勋，连进“三孤”（少保、少傅、少师）、“三辅”（太子太保、太子太傅、太子太师），追谥“恭襄”，著有《西番事迹》《北卤事迹》等书，成为后世所谓“明代三重臣”之一（另外两人为于谦、张居正），参阅《明史·王琼传》。［3］《北卤事迹》：又作《北虏事迹》，王琼著。王琼驰骋于西北边疆，安抚诸番，编著《北卤事迹》一卷，是书收录并总结了历代守边得失，以及王琼所奏疏的军事、政治、民族关系的对策。［4］王宪：明朝政治人物。字维纲，山东承宣布政使司兖州府人，官至兵部尚书，死后赠少保，谥号“康毅”。其有一子王汝孝，担任副都御史。［5］音近：读音相近。

今译

“都蛙锁豁儿只在额头的中央长了一只眼睛，可以望见一般人三倍那么远的物体。”《黑龙江外纪》记载：“图窪，侦察兵也。官兵在远处视察边界，按惯例有图窪在前方引导。他们中有精明强干的人，骑在马上远望，可以观察到数里外有没有沼泽地，是不是应该绕路而行，这也是一技之长。”图窪，哨望的意思，快速读成一字就变成了“合”。李文田案，锁豁儿，蒙古语中是一只眼的意思，指聪明的人。明朝人王琼的《北卤事迹》记载：“嘉靖六年（1527），河套的蒙古人锁合儿伯通率领一千七百余名骑兵到花马池，提督尚书王宪提前调动官军进行伏击，蒙古敌军逃跑，锁合儿伯通死于战场。锁合儿在汉语中是一只眼睛的意思。”等等。锁合儿，就是锁豁儿的对音；势物即事物。下文卷八有管事物的称谓，北京一带“势”“事”两字的发音很近，随便翻译记录。《蒙古源流》记载：“他之所以被称为多斡索和尔，就在于他的额上印堂中有一只眼睛，能够看见三站之远。”

“一日，都蛙锁豁儿同弟朵奔篾儿干，上不儿罕山上去。” 不儿罕山，《源流》作“布尔干噶拉图纳”。《西域水道记》曰：“凡山冈，蒙古曰鄂拉”。即噶拉之转也。**“都蛙锁豁儿自那山上望见统格黎名字的河边，有一丛百姓顺水行将来。”** 国朝张文端相国鹏翮[1]《奉使俄罗斯行程录》曰：“蒙古称天山曰吞格利，然则[2]统格黎河，谓天河也。”《源流》作“通格里克呼鲁欢”。影元椠本[3]作“统格黎克豁罗罕”。原注豁罗罕，小河也。《会典图说》[4]曰：“哈拉河上源曰通克拉河，出右翼左末旗，南流经库伦南纳魁河，折西流经右翼右末旗[5]。北纳哈达玛尔水，南纳多拉锡山水博罗河，折北流注鄂尔坤河。”

注释

[1] 张文端相国鹏翮（hé）：张鹏翮，四川遂宁（今属四川省蓬溪县）人，清代治河专家、理学名臣、政治家。康熙九年（1670）进士，身仕康熙、雍正两朝。历任刑部主事、苏州知府、刑部尚书、江南江西总督、河道总督、户部尚书等职，官至文华殿大学士兼吏部尚书，时人称其为“遂宁相国”。曾随索额图勘定中俄东段边界，为签订《尼布楚条约》做准备，追谥“文端”。著有《奉使俄罗斯行程录》《治河全书》《如意堂稿》《治镜录》等，后人辑为《遂宁张文

端公全集》。［2］然则：但是，表转折。［3］椠（qiàn）本：古代用木板雕字所印的图书，称椠本。刻本、刊本等，都是从椠本引申而来的。［4］《会典图说》：指清《会典图》，是与《清会典》并行的，对坛庙、銮舆、仪仗、武备、天文、器皿、舆地等典章制度进行形象说明的典籍。全书270卷，分为礼、乐、冠服、舆卫、武备、天文、舆地七门。《清会典》纂辑了清王朝中央文武衙门的编制、职掌、官员品级、统属关系以及各项办事制度，是当时国家机构及其职官处理公务的法律依据，也是中国历史上最完备的法典。《清会典》于康熙、雍正、乾隆、嘉庆、光绪五朝凡五修，故又总称其为“五朝会典”。［5］右翼右末旗：土谢汗部所领一旗。

今译

“有一天，都蛙锁豁儿和弟弟朵奔篾儿干，前往不儿罕山。”不儿罕山，《蒙古源流》中记作“布尔干噶拉图纳”。徐松的《西域水道记》记载，“凡是山冈，蒙古语叫作鄂拉”。它就是“噶拉”的一种音转。“都蛙锁豁儿在那座山上，望见一条名叫统格黎河的河边，有一群百姓顺着河流走来。”我朝相国张鹏翮所著的《奉使俄罗斯行程录》记载：“蒙古称天山为吞格利，但是，统格黎河被称为天河。”统格黎河，《蒙古源流》中记作“通格里克呼鲁欢”。元代刻本中记作“统格黎克豁罗罕”。原注豁罗罕，也就是小河流。我朝《会典图说》记载：“哈拉河上源名叫通克拉河，经过右翼的左末旗，向南流经库伦南纳魁河，再转弯向西流经右翼右末旗。再向北边汇入哈达玛尔水，向南边汇入多拉锡山水博罗河；再向北流，转入鄂尔坤河。”

“都蛙锁豁儿说，那一从[1]起来的百姓里头，有一个黑车子，前头有一个女儿生得好。若是不曾嫁人呵，索与弟朵奔篾儿干为妻，就教朵奔篾儿干去看了。朵奔篾儿干到那从百姓里头看了，这女儿名阿阑豁阿，果然生得好，也不曾嫁人。”《辍耕录》作“阿兰果火”；《元史》从之。《语解》[2]改“阿伦果斡”。《源流》作“阿抡郭斡”，又作“阿隆格斡哈屯”，又作“和兰郭斡”。《通鉴辑览》注曰：“阿伦郭斡，蒙古语多美之称。”**“那从百姓，是豁里剌儿台篾儿干一家。”**《源流》作“郭哩岱默尔根”。

注释

[1] 一丛：一群。 [2]《语解》：《元史语解》的缩略语，即《钦定辽金元三史国语解》之元史语解部分。参见前述。

今译

“都蛙锁豁儿说，那一群过来的百姓里头，有一个黑车子，前头有一个女子长得好看，如果是没有嫁人的话，便可以讨来给弟弟朵奔篾儿干当妻子，随即就让朵奔篾儿干去查看。朵奔篾儿干到那一群百姓里头看了看，这位女子名叫阿阑豁阿，确实长得好看，也还没有嫁人。”《南村辍耕录》中记作“阿兰果火”，《元史》沿袭了这一记载。《元史语解》改记为“阿伦果斡”。《蒙古源流》中记作“阿抡郭斡”，也记作“阿隆格斡哈屯”，也记作“和兰郭斡”。《通鉴辑览》注解：“阿伦郭斡，蒙古语中是非常美丽的意思。”“那一群百姓，是豁里剌儿台篾儿干一族人。”《蒙古源流》中记作“郭哩岱默尔根”。

“当初阔勒巴儿忽真地面的主人。”《源流》称：“和兰国斡，为高丽察罕汗所献。”盖以“阔勒”为“高丽”之对音。文田案，“阔勒”乃“斡勒”二字之对音，金源族姓也。《金史·百官志》[1]曰：“凡白号之姓，完颜、夹谷、斡勒、光吉剌，皆封金源郡。”是斡勒为金源之族姓，与阔勒对音也。巴儿忽真者，后文三卷：“脱黑脱阿顺薛凉格河走入巴儿忽真”，则其地在今恰克图[2]之北。顺色楞格河北流潴为白哈尔湖[3]，此巴儿忽真地之在斡难河源西者也。此巴儿忽真既近后文所云之秃马敦，又有貂鼠青鼠之产，似今辽东地矣。国朝方式济《龙沙纪略》[4]曰：“枯轮海以南，喀尔喀河以西，巴尔虎地。巴尔虎者，喀尔喀中之一部也。其戍此者阑入俄罗斯境，大军征俄罗斯来归，编旗充兵者二百四十人即以其人为佐领”云云。此“巴儿虎”即“巴儿忽”之对音，地之在斡难河源东者也。《元史·本纪》：“纳真于巴剌忽民家为赘壻”，此即《秘史》之巴儿忽真地。然则元氏先代，多有与巴尔忽为姻戚[5]者，厥后海真取海都归八剌忽之地止焉，率八剌忽及怯谷[6]之民，共立为君。列营帐于八剌合黑河上，跨河为梁，以便往来。是元氏未迁斡难以前，固尝建庭于此，似即此巴儿忽真矣。《黑龙江外纪》曰：“巴尔呼、鄂勒特，皆蒙古也。一作巴尔虎，亦有新旧之别，在齐齐哈尔者，旧巴尔呼也。在呼伦贝尔者，新旧巴尔呼相闻，而新者盛也。”

注释

［1］《金史·百官志》：是《金史》的部分内容。《金史》，元朝宰相脱脱等主持编纂的官修史书，“二十四史”之一，记载了金朝的历史，撰成于元代，是反映女真族所建金朝的兴衰始末的重要史籍。《金史》是宋、辽、金三史中编撰得最好的一部，具体参加修纂的有沙剌班、王理、伯颜、赵时敏、费著、商企翁、欧阳玄等。其中欧阳玄的贡献最为突出，他制订《金史》撰修的发凡举例，书中的论、赞、表、奏皆他属笔。 ［2］恰克图：清代俄中边境重镇，原属中国。隔河与南方的买卖城（今蒙古国阿勒坦布拉格）相望，北达上乌丁斯克（今俄罗斯乌兰乌德）。雍正六年（1728）夏季，中俄在此签订了《恰克图条约》，并划定两国以恰克图为界；旧城即恰克图归俄，也称特洛伊茨科萨夫斯克。19世纪后半叶以前此地系中俄贸易的中心。1934年因河改名恰克图，俄语有“茶叶之地”之意。现为俄蒙边界界河北岸的城市，系俄罗斯联邦布里亚特自治共和国南部城市。［3］白哈尔湖：贝加尔湖，中国古称北海，曾为中国北方部族主要活动地区，清朝前期该地曾隶属中国。中俄签订《尼布楚条约》后，将这块地区划归俄罗斯。 ［4］《龙沙纪略》：清康熙时方式济撰写的地理书籍。方式济之父澄峄，曾谪戍黑龙江，方式济前往省视，在戍所“据所见闻，考核古迹”，完成此书。该书包括方隅、山川、经制、时令、风俗、饮食、供赋、物产、屋宇等九类，114条，记载清初黑龙江地区的发展情况，其中详载黑龙江水系各派，多为《盛京通志》所不载；并经稽考群籍，对地名沿革也有辨正，为研究边疆历史

地理者所重。清末学者李慈铭赞许是书说："其书记载详核有法，于山川尤考证致慎，为言北塞者所必需。" ［5］姻戚：熟悉的亲戚。［6］八剌忽及怯谷：古蒙古地名，又译作"巴儿忽真脱窟水"。其范围大致在今贝加尔湖东巴尔古津河流域一带。成吉思汗六世祖海都曾以此为基地攻取周邻诸部。蒙古诸部统一前，巴儿忽部世居其地，成吉思汗曾与蔑儿乞部屡战于此。元太祖十三年（1218）并入大蒙古国。

今译

"当初阔勒巴儿忽真是地面的主人。"《蒙古源流》称："和兰国斡，是高丽的察罕汗所奉献的。"大概以为"阔勒"是"高丽"的对音。李文田案，"阔勒"是"斡勒"两个字的对音，是金人族姓。《金史·百官志》记载："凡是白号的姓，完颜、夹谷、斡勒、光吉剌，都封为金源郡。"因此，斡勒为金源的族姓，与阔勒对音。巴儿忽真这个词，后文三卷记载，"脱黑脱阿沿着薛凉格河走进巴儿忽真"，那么这个地方应在今天的恰克图以北。沿着色楞格河，向北流汇聚成的湖叫作白哈尔湖，这是巴儿忽真的地盘，在斡难河源的西边。巴儿忽真这个词和后文所说的秃马敦十分相近，又有貂鼠、青鼠等地方特产，像是今辽东的地界。清朝方式济的《龙沙纪略》一书记载，"枯轮海的南部，喀尔喀河的西部，就是名叫巴尔虎的地界。巴尔虎是喀尔喀蒙古的一个部落。他们戍守此地的人进入俄罗斯境内，大举征伐俄罗斯回来后，编旗充兵的二百四十几人，就把这些人当作佐领"等等。这个"巴儿虎"就是"巴儿忽"的对音，其活动范围在斡难河源的东边。《元史·本纪》记载，"纳真在巴剌忽民家为入赘女婿"，此即《元秘史》中的巴儿忽真地。那么元人的祖先，与巴尔忽结为亲家的现象很常见。不久以后，海真将（幼侄）海都（莫孥伦的长孙）带到八剌忽之地养育，（海都长大后）海真率八剌忽及怯谷部民，共立海都为首领。还在八剌合黑河上设立军队驻扎的营帐，横跨河流修建桥梁，以便双方往来。元朝先祖在迁往斡难以前，曾在这里建设统治中心，似乎就是这个巴儿忽真矣。《黑龙江外纪》记载："巴尔呼、鄂勒特，都是蒙古语的称谓。此外，也记作巴尔虎，可能也存在新与旧的区别，在今齐齐哈尔附近的，是旧巴尔呼，在今呼伦贝尔附近的，是新巴尔呼。新旧巴尔呼距离很近，但是新巴尔呼者更加兴盛。"

"名巴尔忽歹篾儿干。有一个女儿名巴儿忽真豁呵。"《源流》作"巴喇郭沁郭斡"。**"嫁与豁里秃马敦部落的官人。"**秃马惕者，土默特之对音。后文十二卷："豁儿赤因秃马惕女子生得美"，即此部也。洪编修亮吉[1]《乾隆府厅州县志》曰："土默特二旗，在喜峰口[2]东北五百九十里，本古孤竹国，汉置柳城县，属辽西郡，为西部都尉治。晋咸康中燕慕容皝[3]改为龙城县，遂建都，号和龙宫。元魏为营州治，隋复置柳城县，为辽西郡治。唐为营州都督府治，后为奚所据。辽太祖[4]平奚，置兴中府，治兴中县，隶中京道。元降为州，属大宁路。明初以内附部长为三衛指挥使，自锦义历广宁至辽河曰奉宁衛。其后地为蒙古土默特[5]所据。东至杨柽木牧场，西至喀喇沁右翼，南至盛京边墙，北至喀尔喀左翼及敖汉，自喜峰口至京师一千里。"国朝方恪敏[6]《观承松漠草诗》曰："今土默特即明土木，世祀告绝，朝廷择部内一人，授为都统，以领其众，居归化城。"

注释

［1］洪编修亮吉：洪亮吉，清中期文学家。字君直，号北江，阳湖（今江苏常州）人。乾隆五十五年（1790）进士，授翰林院编修。洪亮吉治学，遍及史地和声韵、训诂之学，尤其是地理之学，著有《卷施阁诗文集》《附鲒轩诗集》《更生斋诗文集》《汉魏音》《北江诗话》《春秋左传诂》等。尤其是其所著《乾隆府厅州县志》，嘉庆七年（1802）刻板，详细记录了中国各州县古今地名、水道、沟渠、山岭、道路、邮驿、户口、五金、盐场等，为历史学、地理学史上的重要地理著作。［2］喜峰口：位于河北省东部迁西县与宽城县接壤处，是燕山山脉东段的隘口，路通南北，古称卢龙塞。［3］慕容皝：鲜卑族拓跋部所建立的国家前燕的开国皇帝，字元真，慕容廆第三子，昌黎棘城（今辽宁义县西北）人。333年即位，在位12年。［4］辽太祖：耶律阿保机，辽朝开国君主，著名历史人物，契丹迭剌部人，辽德祖耶律撒剌的长子。姓耶律，名亿，乳名啜里只。他英勇善战，明达世务，并契丹余七部，任用汉人韩延徽等，制定法律，改革习俗，创造契丹文化，发展经济，916年即皇帝位，建立了契丹国（契丹于938年改国号为辽）。契丹建国后，阿保机逐步统一了周边弱小部落，且于926年攻灭了渤海国（今辽宁东部到黑龙江南部一带），基本完成了其统一的征程。［5］土默特：蒙古族部落之一，主要生活在呼和浩特和呼伦贝尔一带。［6］方恪敏：清代名臣，字观承，号文亭，一号宜田，安徽桐城人。雍正十年（1732）随军远征蒙古准噶尔部，有诗文记之，后升为中书舍人。乾隆初年入职军机处，乾隆十一年（1746）署理山东巡抚，官至直隶总督、太子少保，追谥“恪敏”。

今译

"当初阔勒巴儿忽真地面的首领，叫巴尔忽歹篾儿干。他有一个女儿叫巴儿忽真豁呵。"《蒙古源流》中写作"巴喇郭沁郭斡"。"嫁给了豁里秃马敦部落的官员。"秃马惕这个词，是土默特一词的对音。《元朝秘史》后文的第十二卷记载，"豁儿赤因秃马惕女子长得美丽"，就是说的这一部族。我朝洪亮吉编修在《乾隆府厅州县志》中提道："土默特二旗，在喜峰口东北部五百九十里，本来是先秦时期的孤竹国，汉代设置柳城县，隶属辽西郡，为西部都尉的治所之地。晋朝咸康年间，前燕国君慕容皝改名为龙城县，于是在这儿建立都城，称为和龙宫。元魏时期改为营州治，隋朝又设置柳城县，为辽西郡的治所。唐朝改为营州都督府治，后来被奚人占据。辽太祖平定奚地之后，设置兴中府，治兴中县，隶属中京道。元代降格为州，隶属大宁路。明代初年封内附的部族首领为三衙指挥使，从锦义经过广宁再到辽河这个范围被称为奉宁衙。在此之后该地为蒙古族土默特部占据。东至杨柽木牧场，西至喀喇沁右翼，南至盛京边墙，北至喀尔喀左翼及敖汉，从喜峰口到京师有一千里的路程。"我朝方恪敏的《观承松漠草诗》记载："目前的土默特就是明代的土木，他们世代祭祀的习俗已经完全消失了，朝廷在他们的部族之内选定了一人，授官职为都统，以领导他们族人，居住在归化城。"

"名豁里剌儿台篾儿干为妻，在阿里黑兀孙地面。"《源流》作"阿哩克乌逊"。**"生了这阿阑豁阿名字的女儿。豁里剌儿台篾儿干起来的缘故，为豁里秃马敦地面貂鼠青鼠野物。"**《后汉书》："夫余国出貂豽，挹娄[1]出好貂，东沃沮[2]有貂布。”《新唐书》曰：“黑水靺鞨，土多貂鼠。”《五代史》曰：“女真多黑白黄貂鼠皮，北方诸国皆仰足[3]。”宋叶隆礼[4]《契丹国志》曰：“女真国土产青鼠貂鼠。”明《一统志》曰：“辽东土产貂鼠青鼠皮，俱东宁衙出。”《稗史汇编》曰：“契丹贵者披貂裘，以紫黑色为次。”国朝吴振臣《宁古塔纪略》[5]曰：“飞牙喀，乌稽韃子，其地不产五谷，出鱼及貂皮，元狐黄狐、海螺、黄鼠灰鼠、水獭。”据此则《秘史》所云“青鼠”，似今灰鼠也。

注释

［1］挹（yì）娄：东汉至北魏前定居今东北地区的通古斯民族。其活动区域仍在今辽宁省东北部和吉林、黑龙江两省东半部的广大地区。［2］沃沮：前2世纪至5世纪朝鲜半岛北部的部落。东沃沮大致位于今朝鲜的咸镜道，北沃沮大致位于图们江流域。［3］仰足：仰仗其供应。［4］叶隆礼：秀州嘉兴（今属浙江）人，字士则，号渔林。宋理宗淳祐七年（1247）进士，生卒年不详。历任建康府西厅通判、两浙转运判官、临安知府、绍兴知府、国子监簿等职。撰有《契丹国志》一书。该书又称《契丹志》《辽志》，是叶隆礼所著的辽朝史书，是除元代官修正史《辽史》外现仅存的纪传体辽史。该书记载了辽代218年的史事，共27卷，收录了许多今已失传的珍贵史料书籍信息，保存了大量史料，对于研究辽代、契丹族历史具有不容忽视的价值。［5］《宁古塔纪略》：清人吴振臣撰写的风土地理类笔记。初刊于康熙六十年（1721）。该书详细记载了宁古塔的山川土地、生

产、出猎、烧荒、物产、贸易、住宅、服饰、生活习俗等，是研究东北地区重要的文献。吴振臣，字南荣，江苏吴江县人，因其父吴兆骞于顺治十四年（1657）遭科场冤狱，遣戍宁古塔，故吴振臣对宁古塔有较深的了解，晚年著《宁古塔记略》。

今译

“娶妻名叫豁里剌儿台篾儿干。在阿里黑兀孙的地域。”《蒙古源流》中写作“阿哩克乌逊”。“生了一个名叫阿阑豁阿的女儿。豁里剌儿台篾儿干来到这里是因为豁里秃马敦地域的貂鼠、青鼠等动物，被自己族人约定禁止，不得捕杀。”《后汉书》记载：“夫余国盛产貂豽，挹娄盛产上好的貂，东沃沮有貂布出产。”《新唐书》记载：“黑水靺鞨的土地貂鼠出产多。”《五代史》记载：“女真多黑白黄色的貂鼠皮，北方诸多的国家都仰赖女真供应。”宋代叶隆礼的《契丹国志》记载：“女真国的土特产是青鼠、貂鼠。”明代《一统志》记载：“辽东的土产，有貂鼠、青鼠皮，都是东宁衙管辖之地出产。”《稗史汇编》记载：“契丹贵族都披貂裘衣，以紫黑色为次等品。”我朝吴振臣的《宁古塔纪略》记载：“飞牙喀，乌稽韃子，其地不出产五谷，出鱼及貂皮、元狐、黄狐、海螺、黄鼠、灰鼠、水獭。”根据这些记载可以得知，《秘史》所说的“青鼠”，大概就是今天的灰鼠吧。

“被自火里禁约，不得打捕的上头。”自火犹云自家，今京师尚有此语。《龙沙纪略》曰：“貂产索伦[1]之东，捕貂以犬，非犬则不得貂。虞者[2]往还，尝自减其食以饲犬。犬前驱停嗅深草间，即貂穴也，伏伺捦[3]之，或惊窜樹末，则人犬皆息，以待其下。犬惜其毛不伤以齿，貂亦不复戕动，纳于囊徐俟其死。人岁输一于官。”《黑龙江外纪》曰：“今之贡貂，挹婁貂也，布特哈[4]人岁齎[5]粮入山采捕，利在大雪，故秋即去，春始还，往往难得。说者谓貂见人走入穴者，取之如探囊；升木则稍难，然守待旬日，亦有到手之时；惟匿石罅中，则无计可施。貂以榛子为粮，畜者多饲鸡肉，性畏人，近之瞠目切齿，声如鼠，见捕常缘壁走承尘上，状如倒挂鸟，其便捷虽猿无以过之也。”

注释

［1］索伦：在今俄罗斯石勒喀河以东，外兴安岭（今斯塔诺夫山）以南，黑龙江中游及精奇里江（今结雅河）流域一带。　［2］虞者：古代掌管山泽的官。　［3］捦（qín）：同“擒”，捕捉的意思。［4］布特哈：清代政区名。清康熙中期，以分布于嫩江及其两岸支流的索伦（今鄂温克）、达斡尔、鄂伦春等“打牲部落”编置佐领，设“布特哈总管”。布特哈，满语“渔猎”、汉译“打牲”之意，驻地在嫩江西岸宜卧奇（今内蒙古莫力达瓦达斡尔族自治旗）。　［5］齎（jī）：同“赍”，携带的意思。

今译

“被自己族人约定禁止，不得捕杀陆地上的（动物）。”“自火”又被称为“自家”，现在京城依旧沿用这个词语。《龙沙纪略》记载：“貂产于索伦的东部，捕貂得依靠猎犬，没有猎犬则捕不到貂。掌管山林川泽之官进山捕貂，经常用自己的粮食来喂养猎犬。猎犬跑在前头，如果停下来在深草间嗅闻，就是找到貂穴了，伏下身抓它，有的貂惊慌地窜到树枝上，则人和猎犬都在树下休息，等待着它下来。猎犬爱惜貂的毛皮不会用牙齿伤害它，人也不会去刺杀貂，而是将它纳于囊中等着它慢慢死亡，每人每年向官府缴纳一张（貂皮）。”《黑龙江外纪》记载：“今日上贡的貂，是产自挹娄的貂，布特哈人每年携带粮食进入山林抓捕。在大雪天捕捉会比较顺利，因此秋天就入山了，春天才回来，很多时候都难以捕捉到。有经验的人说貂见到人便逃进洞穴，捕获它则如探囊一样。貂爬上树木则抓获稍微有点困难，然而守候等待十多天，也还是有抓获的时候。唯有它跑到石头缝隙中，就没有办法了。貂以榛子为食物，养它的人多用鸡肉喂养，貂本性怕人，有人靠近它，便会睁大眼睛、咬牙切齿，发出如老鼠一般的声音。看见捕捉的人，貂常常沿着绝壁跑到山壁顶上，形状就像倒挂的鸟，它的灵敏性就算是猿猴也赶超不过。”

“烦恼了。听得不儿罕山野物广有，全家起来，投奔不儿罕山的主人，名哂赤伯颜，因此就做了豁里剌儿姓。”此叙元代阿兰果火太后外家得姓之由，讫始于后父豁里剌儿台也。《辍耕录》蒙古氏族七十二种，有郭儿剌思，色目三十一种，有火里剌，二族音俱相近。此殆即蒙古之郭儿剌思一族。若《太祖本纪》[1]言：诸部会犍河[2]盟誓，来侵者有火鲁剌思部，或即色目一枝矣。

注释

［1］《太祖本纪》：指《元史·太祖纪》 ［2］犍河：古水名，即今内蒙古自治区额尔古纳河的支流根河。

今译

“十分烦恼，听闻不儿罕山猎物众多，全家一起投奔不儿罕山的主人。主人名叫哂赤伯颜，因此就变成豁里剌儿的姓。”这一节叙述了元代阿兰果火太后这一外家得姓的缘由，假托开始于后父豁里剌儿台。《南村辍耕录》记载了蒙古氏族有七十二种，有郭儿剌思，色目三十一种，有火里剌，两个称呼的发音十分相近。这大概就是蒙古的郭儿剌思一族。就像《元史·太祖本纪》中提到的诸部族聚会在犍河边盟誓，来侵犯的有一个叫作火鲁剌思的部族，可能就是色目的支系之一。

“朵奔篾儿干取[1]**了阿阑豁阿为妻的缘故，是这般。阿阑豁阿、朵奔篾儿干取了为妻的后头，生二子，一个名不古讷台，一个名别勒古讷台。”**《源流》云：“生伯勒格特依伯衰德依”即二人名字之对音。虽长次互异[2]，而为朵奔篾儿干之子，则与《秘史》相同。惟《南村辍耕录》无此二人，彼云：“脱奔咩哩犍妻阿阑果火太后生三子，曰博寒葛、曰博合覩撒里吉、曰始祖孛端叉儿。”按之《秘史》，皆生于阿兰寡后，而朵奔二子，遂尔阙如[3]。

注释

［1］取：同“娶”，娶妻。［2］互异：互相颠倒。［3］阙如：不说或不写，表示记载很少。

今译

“朵奔篾儿干娶阿阑豁阿为妻的缘故，就在于这个因素。朵奔篾儿干娶了阿阑豁阿为妻之后，生了两个儿子，一个名叫不古讷台，一个名叫别勒古讷台。”《蒙古源流》记载：“生伯勒格特依伯衮德依”就是两人名字的对音。虽然长次弄错了，但写成是朵奔篾儿干的儿子，却是与《蒙古秘史》相同的。只有《南村辍耕录》没有记载这两人，这本书讲道：“脱奔咩哩犍的妻子阿阑果火太后生了三个儿子，分别叫博寒葛、博合覩撒里吉、始祖孛端叉儿。”照《蒙古秘史》的说法，都是在阿兰失去丈夫以后生的，而朵奔篾儿干的两个儿子的记载，却近乎没有。

“朵奔篾儿干的哥哥都蛙锁豁儿，有四子，同住的中闲[1]都蛙锁豁儿死了，他的四个孩儿，将叔叔朵奔篾儿干，不做叔叔般看待，撇下了他，自分离起去了，做了朵儿边姓。”亦作朵儿别，乃声之转也。《辍耕录》蒙古氏族七十二种，有朵里别歹，即此。后文四卷抹赤别都温，是其后也。**“在后一日，朵奔篾儿干，往脱豁察黑温都儿名字的山上捕兽去，于树林内遇着兀良哈部落的人。”**《元史语解》曰：“温都儿高也。”明何乔远

《名山藏》[2]曰："鞑靼，北胡也。其地东至兀良哈，西至瓦剌。"又曰："兀良哈，古东胡地，高辛氏之裔。昔高辛氏游海滨，过棘成，阚[3]过颛顼之墟，乐之。封其子厌越居焉，邑于紫蒙之野，号曰东胡。汉鲜卑、唐吐谷浑、宋契丹，皆其地也。在乌龙江南，渔阳塞北，元时为大宁路北境。高帝[4]既有天下，东夷辽王、惠宁王、朵颜元帅府各遣使来朝。于是即古会州置大宁都司，封子权[5]为宁王填[6]之，后置大宁、朵颜、福余三衙。成祖靖难时将引兵南向，患宁王蹑[7]其后。自永平攻大宁入之，谋拥宁王燕府中，赐予兀良哈，兀良哈皆喜。成祖行，宁王饯之郊，兀良哈从，一呼皆战，遂拥宁王西入关。天下既定，尽割大宁地与之，徙宁王南昌。"

注释

[1]中闲：此处原文写作"閒"（闲），应为"间"之讹误。[2]《名山藏》：明代何乔远编撰的史书，全书106卷。依正史体例分作三十七记，记近似于正史的纪、志、传，唯缺表。此书专门记述了刑法、河漕、漕运、钱法、兵制、马政、茶马、盐法、臣林、关柝、儒林、文苑、俘贤、宦者、列女、高道、本士、本行、艺妙、方外等列传。其中，《王享记》记述了外国及西域诸地的情况，还收有海西、建州女真等少数民族的史料，是了解明代中外关系和舆内民族关系的重要文献。何乔远，字稺孝，福建晋江人，万历十四年（1586）进士，崇祯年间累官至南京工部右侍郎，方志学家。 [3]阚：远望。 [4]高帝：明高帝，指朱元璋，洪武三十一年（1398）病逝，

庙号“太祖”，谥号“开天行道肇纪立极大圣至神仁文义武俊德成功高皇帝”。［5］权：指朱权，即明太祖朱元璋第十七子，洪武二十四年（1391）被封为宁王，年仅13岁。两年之后，朱权前往藩地大宁（今内蒙古宁城）。大宁地处喜峰口外，属古会州之地，明高帝于此置“大宁都司”，东连辽左，西接宣府，为一大镇。朱权带有甲兵八万，战车六千，所属朵颜三卫骑兵均骁勇善战。朱权多次会合诸王出塞作战，以善于谋略著称。“靖难之役”中朱权被朱棣绑架，共同反叛建文帝。朱棣即位后，将朱权改封于南昌，朱权只好将心思寄托于道教、戏剧、文学，以避祸，后郁郁而终。宁王又号臞仙，又号涵虚子、丹丘先生，见前述。［6］填：镇守。［7］蹑：跟踪，跟随。

今译

“朵奔篾儿干的哥哥叫都蛙锁豁儿，有四个儿子，在居住在一起的时间里，朵奔篾儿干的哥哥都蛙锁豁儿死了。都蛙锁豁儿死了以后，他的四个儿子不把朵奔篾儿干当叔父看待，与他分离，抛弃了他，各自分别离去了，他们改姓为朵儿边。”朵儿边又写作朵儿别，是这个读音的转音。《南村辍耕录》记载蒙古氏族有七十二种，里面有朵里别歹，就是朵儿边。后文四卷中的抹赤别都温，是他们的后人。“后来有一天，朵奔篾儿干到脱豁察黑温都儿山上捕猎野兽，在森林里遇见了兀良哈部落的人。”《元史语解》记录为：“温都儿高。”明代人何乔远的《名山藏》记载：“鞑靼是北方的游牧民族。他们活动的地域东至兀良哈，西至瓦剌。”又记载：“兀良哈，是古东胡的地界，是先秦高辛氏的后裔。过去高辛氏游历海滨，经过棘成，远远望着古圣颛顼的遗迹，十分高兴。于是分封他的儿子厌越在此居住，在紫蒙的平原上建造都市，称为‘东胡’。汉代的鲜卑、唐代的吐谷浑、宋代的契丹等民族，都在这片土地上活动。在乌龙江南岸，渔阳关塞的北部，元代的时候为大宁路的北境。明高帝朱元璋已经有了天下，东夷辽王、惠宁王、朵颜元帅府等各部族的首领纷纷派遣使者前来朝拜。明高帝于是在古会州的地界设置了大宁都司，分封其第十七皇子朱权为宁王，以镇守这一地区，后设置大宁、朵颜、福余三个卫所。明成祖朱棣发动'靖难之役'的时候，将要带领士兵向南进发，担忧宁王跟随在他的后面。于是从永平进攻大宁而进入，谋划把宁王暂时留在自己的燕府中，而将其地赏赐给兀良哈部，兀良哈部上下欢欣。成祖出行前，宁王在郊外为他饯行，兀良哈部落跟随在后面，一声呼应就全部投入战斗，于是拥戴、挟持宁王向西迁居，进入关内。在天下安定后，成祖把大宁的土地都割让给兀良哈，将宁王徙迁到南昌。"

"在那里，将杀了一个三岁鹿的肋肩肚脏烧着。朵奔篾儿干问他索肉。兀良哈的人，将这鹿取下头皮带肺子自要了，其余的肉都与了朵奔篾儿干。朵奔篾儿干将得的鹿肉，驼着回去，路间遇着一个穷乏的人，引着一个儿子行来。朵奔篾儿干问他你是什么人，其人说我是马阿里黑伯牙兀歹人氏，我而今穷乏。"《辍耕录》，蒙古七十二种氏族，有伯要歹，即伯牙兀歹之对音。《源流》作"玛哈赍"，称为朵奔篾儿干之连襟[1]。

注释

［1］连襟：原指彼此关系密切，彼此知心。后来沿用为姐夫与妹夫的互称或合称。

今译

“在那里，兀良哈部族的人宰杀了一头三岁的鹿并烹饪着它的肋肩和肚脏。朵奔篾儿干向兀良哈的人索要鹿肉，兀良哈的人取下鹿头、鹿皮及肺脏后，将其余的鹿肉都给了他。朵奔篾儿干在载着鹿肉回去的路上，遇见了一个饥肠辘辘的穷人，正带着他的儿子行走着。朵奔篾儿干询问他是什么人。这个人回答他是马阿里黑伯牙兀歹人氏，如今流落至此。”《南村辍耕录》记载的蒙古七十二氏族中，有伯要歹一支，即伯牙兀歹一词的音译。《蒙古源流》一书将其写作“玛哈赉”，并将其称作朵奔篾儿干的连襟（亲族）。

“你那鹿肉将与我，我把这儿子与你去。朵奔篾儿干将鹿一只后腿的肉与了，将那人的儿子换去家里做使唤的了。朵奔篾儿干死了的后头，他的妻阿阑豁阿又生了三个孩儿：一个名不忽合塔吉。”即《辍耕录》之“博寒葛”也，《源流》作“布固哈塔吉”。**“一个名不合秃撒勒只。”**《辍耕录》之“博合覩撒里吉”也，《源流》作“博克多萨勒济图”。

今译

“（那人对朵奔篾儿干说）你将这鹿肉给我，我把我的儿子给你。朵奔篾儿干便将鹿的一只后腿给了他，将那人的儿子带回家用作家奴。朵奔篾儿干死后，他的妻子阿阑豁阿又生了三个孩子，一个叫不忽合塔吉。”就是《南村辍耕录》中的“博寒葛”，《蒙古源流》中又称作“布固哈塔吉”。“一个孩子叫不合秃撒勒只。”也就是《南村辍耕录》中的“博合覩撒里吉”，《蒙古源流》中也称作“博克多萨勒济图”。

“一个名孛端察儿。”《辍耕录》作孛端叉儿。《源流》作孛端察尔。《金史·旧国语解》曰：“孛论出胚胎也。”《满洲源流考》曰：“按蒙古语称始祖为勃端察尔。”此云胚胎。弟以汉语鼻祖例之，义自可通。《元史·太祖本纪》：“阿兰果火夫亡寡居，夜寝帐中，梦白光自天窗入，化为金色神人，来趋卧榻惊觉，遂有娠，产一子。”即孛端叉儿也。《源流》曰：“多博墨尔根卒后，阿隆格斡哈屯每夜梦一奇伟男子与之共寝，天将明即去。如是者久之，遂生三子。”陈桱[1]《通鉴续编》：“阿兰果火生二子，寡居夜寝，屡有光明照其腹，又生三子，孛端叉儿其季也。”均与《元史》产一子之说不同，可证《秘史》之说。又明李廷机[2]《大方通鉴》云：“阿兰夜寝，屡有光明照其腹，一乳三子。长曰孛完合答吉，次曰孛合撒赤，孛端叉儿其季也。”云云。以为“一乳所生”，尤为诞妄，又与诸书不合，当以《秘史》为可信焉。

注释

[1] 陈桱：元末明初官员，字子经，生卒年不详，祖父陈著是文天祥同榜进士，名儒之家，世传史学，明初洪武元年（1368）征为翰林院编修，有良史才，著有《通鉴续编》24卷，有补于《资治通

鉴》。另著有《通鉴前编举要新书》二卷、《资治通鉴纲目前编外记》一卷等。［2］李廷机：明朝末年廉臣，字尔张，号九我，晋江浮桥（今福建泉州）人。《明史》记其“遇事有执，尤廉洁”，为官以“清、慎、勤”著称，赠少保，谥号“文节”。著有《四书臆说》《春秋讲章》《通鉴节要》《性理删》《燕居录》《李文节文集》等。

今译

“还有一个孩子叫孛端察儿。”就是《南村辍耕录》中的孛端叉儿。《蒙古源流》中称作“孛端察尔”。《金史·旧国语解》记载：“孛论生自胚胎啊。”《满洲源流考》一书记载：“蒙古人称其始祖为勃端察尔。”这里所说的“胚胎”，按照汉语中鼻祖一词的意思即可理解语义。《元史·太祖本纪》记载：“阿兰果火在丈夫死后守寡独居，晚上睡在帐篷里，梦见有一道白光从天窗射入，化为金色的神人，快步走过来睡卧在床榻旁边，阿兰果火惊醒，于是怀了孕，生下了一个儿子。”这个孩子就是孛端叉儿。《蒙古源流》记载：“多博墨尔根死后，阿隆格斡哈屯每晚都梦见一个魁梧男子前来共寝，天亮之前就离去。这样的日子久了，便先后生下了三个儿子。”陈桱的《通鉴续编》记载：“阿兰果火生了两个儿子后寡居，晚上睡觉时多次有光亮照在她的腹部，于是又生了三个孩子，孛端叉儿就是其中第三个。”这些记载都与《元史》记载生了一个孩子的说法不同，却可以证明《元秘史》中的记载。又有明代李廷机所著《大方通鉴》记载：“阿兰晚上睡觉时，多次有亮光照在其腹上，一胎生下三个孩子，第一个叫孛完合答吉，第二个叫孛合撒赤，第三个叫孛端叉儿。”等等。然而“三子为一胎所生”这种说法过于荒谬，并与其他史书的记载不相符合，应当以《元秘史》中的记述为准。

阅读指南

《元秘史》（见画线部分）从“朵奔篾儿干在时生的别勒古讷台、不古讷台两个儿子背处说”到“阿阑豁阿就教训着说：‘您五个儿子，都是我一个肚皮里生的，如恰才五支箭杆一般，各自一支呵，任谁容易折折……’”，这一部分主要讲述成吉思汗十一世祖朵奔篾儿干的妻子阿阑豁阿训导儿子的故事。

“朵奔篾儿干在时生的别勒古讷台、不古讷台两个儿子背处说：俺这母亲无房亲兄弟，又无丈夫，生了这三个儿子，家内独有马阿里黑伯牙兀歹家人，莫不是他生的么？道说间，他母亲知觉了。”《元史·后妃传》曰：“成宗卜鲁罕皇后伯岳吾[1]氏，驸马[2]脱里思之女。”伯岳吾即伯牙兀之对音。《源流》曰：“有好事者诮[3]之云‘从无寡妇生子之理，其夫之连衿[4]玛哈赉常往来其家。’”疑即此人，伯勒格依、伯衮德依二人遂疑其母。

注释

[1]伯岳吾：伯岳吾·卜鲁罕，元成宗铁穆耳第二任皇后，驸马脱里思之女。［2］驸马：中国古代帝王女婿的称谓，也称帝婿、主婿、国婿等，因汉武帝时始置“驸（副）马都尉”而得名。［3］诮：讥讽。［4］连衿：连襟。

今译

“朵奔篾儿干在世的时候与阿阑豁阿所生的两个儿子别勒古讷台、不古讷台在背后议论：我们的母亲（阿阑豁阿）没有本房兄弟，也没有丈夫了，却又生了三个儿子，这家里只有马阿里黑伯牙兀歹家的人，难道不是他与母亲生的吗？议论之际，他们的母亲听到了。”《元史·后妃传》记载：“成宗卜鲁罕皇后伯岳吾氏，是驸马脱里思之女。”伯岳吾就是伯牙兀的转音。《蒙古源流》记载，“有好事者嘲笑道：‘从来没有寡妇生孩子的道理，她丈夫的连襟玛哈却经常往来出入其家。’”伯勒格依、伯衮德依两人于是怀疑就是这个人（马阿里黑伯牙兀歹家的人），怀疑他们的母亲（与马阿里黑伯牙兀歹家的人通奸）。

“春间一日，他母亲阿兰豁阿，煮着腊羊，将五个儿子唤来跟前，列坐着。每人与一支箭杆，教折折[1]，各人都折折了。再将五支箭杆束在一处，教折折呵，五人轮着，都折不折。”

《魏书·吐谷浑传》曰：“吐谷浑本辽东鲜卑徙河涉归子也。”涉归二子，长曰吐谷浑[2]。徙上陇，止抱罕。暨甘松南界昂城、龙涸，从洮水西南极白兰数千里中，逐水草庐帐以居。吐谷浑死，有子吐延[3]为羌酋所刺[4]。有子十二人，叶延少而勇，遂以吐谷浑为氏。死，子碎奚立[5]。死，子视连立。死，弟视罴立。死，子树洛干幼[6]，弟乌纥题立。死，树洛干立。死，弟阿豺立。阿豺立，兼并羌氏，地方数千里。临死，召诸子弟告之曰：“汝等各奉吾一双箭折之地下。”俄而命母弟慕利延折之。

又曰："汝取十九支箭折之。"延不能折。阿豺曰："汝曹[7]知否，单者易折，众则难摧，戮力一心，然后社稷可固。"云云。阿兰用意，开合曩规[8]矣。《源流》曰："阿抡郭斡哈屯因给伊子箭杆一枝命折之，即折而掷之。旋给五杆命一并折之，竟不能折。"

注释

［1］教折折：叫他们折断。 ［2］吐谷浑：指慕容吐谷浑，吐谷浑国开国君主，吐谷浑政权建立者，属于鲜卑族，鲜卑慕容部首领慕容涉归庶长子，前燕奠基人慕容廆之同父异母兄。283年率所部1700户西迁到内蒙古阴山，约313年复从阴山南下，进入陇上，即前凉。［3］吐延：指慕容吐延，吐谷浑国开国君主慕容吐谷浑之子，吐谷浑政权第二任君主，正式确立了吐谷浑的国号，317年继任河南王，在位凡十二年。吐延时代，吐谷浑先后据得甘南、川北之一部，至328年，其地东起甘松、南达白兰，水草丰茂之地绵延两千多里。吐延毕生致力于民族整合，一度甚得治下羌人、氐人之心。 ［4］为羌酋所刺：329年，吐谷浑的羌人一部在川西北叛乱，吐延率部围剿之际，为逆羌姜聪算计诱杀。 ［5］立：被立为首领，即继续担任首领。 ［6］幼：年少。 ［7］汝曹：你们这些人。 ［8］曩（nǎng）规：曩，旧有的；规，规则。

今译

"春季的一天，他们的母亲阿兰豁阿煮了腊羊，将五个儿子叫到跟前，列围着坐下，给他们每人一支箭，并让他们折断，五个兄弟都轻易地折断了自己手中的单支箭。阿兰豁阿又将五支箭捆在一起，让五个兄弟折断，五个人轮流着尝试全部都没有成功。”《魏书·吐谷浑传》记载：“吐谷浑原是辽东鲜卑西渡黄河涉归的后代。”涉归有两个儿子，年长的叫吐谷浑。迁徙上陇，在抱罕，即甘松南界昂城、龙涸一带停了下来，并在洮水西南极白兰数千里范围内逐水草而居。吐谷浑死后，其子吐延被羌人的酋长杀死。吐延有十二个儿子，其中叶延年少而勇猛遂继承了吐谷浑的姓氏。叶延死后其子碎奚继承。碎奚死后，其子视连继承。视连死后，其弟视罴继承。视罴死后，其子树洛干年幼，其弟乌纥题继承。乌纥题死后，树洛干继承。树洛干死后，其弟阿豺继承。阿豺继承之后兼并羌人部族，地方几千里。临死之前，他召集诸子弟告诫说：“你们各自取我两支箭折断扔在地下。”随即命令母弟慕利延折箭。又说道：“你们取十九支箭再折。”慕利延折不断。阿豺说：“你们知道吗，一支箭容易折断，一把箭则很难折断，你们要通力合作、齐心团结，这样做以后，我们的江山才可以稳固。”等等。阿兰的用意，符合以前的规则啊。《蒙古源流》记载：“阿抡郭斡哈屯因给她的孩子一支箭让他们折断，孩子们很容易就折断丢了。随即又给他们五支箭让他们一起折，竟然不能折断。”

“因那般，他母亲阿兰豁阿说：‘别勒古讷台、不古讷台，您两个儿子，疑惑我这三个儿子是谁生的，您疑惑的也是。您不知道，每夜有黄白色人，自天窗门额明处入来将我肚皮摩挲[1]。他的光明透入肚里，去时节随日月的光，恰似黄狗般爬出去了，您休造次[2]说。’这般看来，原是天的儿子，不可比做凡人。久后他每做帝王呵，那时才知道也者。”《源流》曰：

“其母云：‘汝等二人，误听旁人之言疑我。’因语以梦中情事，且云尔等此三弟，殆天降之子也。”《元史》既不取三子之说，故《本纪》云：“孛端叉儿沉默寡言，家人谓之痴，独阿阑语人曰：‘此儿非痴，后世子孙必有大贵者。’”盖宋濂[3]等撰《元史》，抄变其文。

注释

［1］摩挲：用手轻轻按着并一下一下地移动或用手抚摩。［2］造次：匆忙、仓促、鲁莽。［3］宋濂：明初著名政治家、文学家、史学家、思想家。累官至翰林学士承旨、知制诰，时朝廷礼仪多为其制定。与高启、刘基并称为“明初诗文三大家”，又与章溢、刘基、叶琛并称为“浙东四先生”，被明太祖朱元璋誉为“开国文臣之首”。学者称其为太史公、宋龙门。其作品大部分被合刻为《宋学士全集》75卷。洪武二年（1369），奉命主修《元史》，其所主修的《元史》为官修“二十四史”之一。

今译

“借着这件事，母亲阿兰豁阿对别勒古讷台、不古讷台两个儿子说道：‘你们两个，怀疑我这三个儿子（你们的弟弟）是怎么生来的。你们的质疑也是有道理的，但你们不知道的是，每晚有黄白色的光从天窗门额处进来照在我的肚子上并抚摩。这束光照进了（我的）肚子里面，离开时跟随日月之光，如同黄狗一样爬出去，你们不要胡思乱想。’这样看来，他们原来是上天的孩子，不能与凡人相类比。以后他做了皇帝的时候，才会被人们知道。"《蒙古源流》记载，"其母说：'你们两人，不要偏听旁人的流言而怀疑我。'于是告诉了两个儿子梦中的情事，并且说你们两兄弟这后面的三个弟弟，大概是上天降临之子。"《元史》由于不认可三个儿子的这种说法，因此《元史·太祖本纪》记载，"孛端叉儿沉默寡言，家人说他痴呆，唯独阿阑对别人说：'这个孩子并非痴呆，他后世的子孙一定是大贵之人。'"大概是宋濂等人撰修《元史》时，对原文的抄录进行了更改、调整。

"阿阑豁阿就教训着说：'您五个儿子，都是我一个肚皮里生的，如恰才五支箭杆一般[1]，各自一支呵，任谁容易折折。您兄弟但同心呵，便如这五支箭杆束[2]在一处，他人如何容易折得折。'"《源流》曰："尔兄弟五人，若不相和好，各异其行[3]，即如前一枝箭以势孤而被伤。若公同而行，即如后五枝箭，势众而不能伤之。"

注释

[1]一般：与……一样。 [2]束：捆绑。 [3]各异其行：各有不同的言行。

今译

"阿阑豁阿就训诫两个儿子说：'你们五个，都是从我一个肚皮里生出来的，如同刚才的五支箭杆一样，如果各自一支，无论是谁都容易被折断。如果你们兄弟同心协力，便如同这五支箭杆绑在一起，其他人怎么能够轻易就折断呢？’”《蒙古源流》记载：“你们兄弟五人，如果不相互和好，言行各异，就会如同前一支箭因为势力单薄而被伤害。如果你们同心前行，就如同后面的五支箭一样，势力强盛而不会被伤害。”

阅读指南

《元秘史》（见画线部分）从“住间，他母亲阿阑豁阿殁了”到“孛端察儿又自取了个妻，生了个儿子名把林失亦剌秃合必赤”，这一部分主要讲述成吉思汗十世祖孛端察儿的事迹。

“住间[1]，他母亲阿阑豁阿殁[2]了。母亲阿阑豁阿殁了之后，兄弟五个的家私[3]，别勒古讷台、不古讷台、不忽合塔吉、不合秃撒勒只，四个分了。”《元史·太祖纪》曰：“阿阑没，诸兄分家资不及之。”**“见孛端察儿愚弱，不将他做兄弟相待，不曾分与。”**《源流》曰：“后析产[4]时，仅给孛端察尔有迎鞍短尾髈鬃髂皮马一匹，外并未给与他物。”

注释

[1] 住间：短时间，不久之后。 [2] 殁：去世。 [3] 家私：家产。 [4] 析产：分配家产。

今译

“不久，他们的母亲阿阑豁阿去世了。母亲阿阑豁阿去世以后，别勒古讷台、不古讷台、不忽合塔吉、不合秃撒勒只、孛端察儿兄弟五人的家产，被前四个兄弟瓜分了。”《元史·太祖本纪》记载：“阿阑去世，诸兄弟分家，没有他（孛端察儿）的份。”“四兄弟见孛端察儿愚笨、羸弱，不将他当作亲兄弟一样相待，也不曾分配家产给他。”《蒙古源流》

记载："随后分家时，仅仅给了孛端察尔一匹有迎鞍的短尾鎊鬃貉皮马，此外再没有给他其他财物。"

"孛端察儿见他哥哥每将他不做兄弟相待，说道我这里住什么，我自去。由他死呵死，活呵活。因此上骑着一个青白色断梁疮秃尾子的马，顺着斡难河，去到巴勒谆阿剌名字的地面里，结个草庵子[1]住了。"巴勒谆阿剌，《本纪》作"八里屯阿懒"，《元史语解》改"巴尔图鄂拉"。巴尔图，译言有虎也。鄂拉，蒙古语山也。《西域水道记》曰："回语下山出口曰'阿剌'。"则阿剌，山口也。**"那般住的时分，孛端察儿见有个雏黄鹰，拏住个野鸡。他生计量，拔了几根马尾，做个套儿，将黄鹰拿着养了。"**《本纪》曰："适有苍鹰搏野兽而食，孛端叉儿以缗[2]机取之，鹰即驯狎[3]。"《源流》曰："彼处有一青色鹰攫野鸭而食，结套得鹰，即放之，而食其所获之野鸭，结一茅庐栖止度日。"

注释

[1] 草庵子：用茅草做的简易房子。　[2] 缗（mín）：绳子。　[3] 驯狎：驯顺可亲近。

今译

“孛端察儿见他的哥哥们不将他看作同胞兄弟，于是说道我还住在这里干什么呢，我一人自行离开。由我自生自灭。于是，骑着一匹青白色有断梁疮的秃尾子的马，沿着斡难河，到了一个名叫巴勒谆阿剌的地方，盖了间草房住下了。”巴勒谆阿剌，《元史·太祖本纪》里写作“八里屯阿懒”，《元史语解》改为“巴尔图鄂拉”。巴尔图，蒙古语中有虎的意思。鄂拉，在蒙古语中是山的意思。《西域水道记》记载：“回语的下山出口叫‘阿剌’。”那么，阿剌，就是山口之意。“在那里住的时候，孛端察儿看见有雏幼的黄鹰，捕猎到了一只野鸡。便心生计谋，拔了几根马尾巴的毛，设了一个圈套，捉住了黄鹰并驯养着。”《元史·本纪》记载：“正在那时，有苍鹰搏野兽而啄食，孛端叉儿以绳子设套捕猎到了黄鹰，黄鹰于是驯顺而亲近。”《蒙古源流》记载：“那个地方有一只青色鹰捕捉野鸭而食，（孛端察儿）设套猎得鹰后，随即放了它，而吃鹰所捕获到的野鸭维持生命，搭建了一间草屋以栖身度日。”

“孛端察儿因无喫[1]的上头[2]，见山崖边狼围住的野物，射杀了。或狼食残的拾着吃，就养了鹰，如此过了一冬。到春间，鹅、鸭都来了，孛端察儿将他的黄鹰饿了飞放。拿将得鹅鸭多了，吃不尽，挂在各枯树上，都臭了。”《太祖纪》曰：“乃臂[3]鹰，猎兔禽以为膳，或阙即继，似有天相之。”《稗史汇编》曰：“契丹俗以正月上旬射猎六十日。凿冰钓鱼，冰泮[4]，即纵鹰鹘，以捕鹅雁。宋真宗时，晁迥[5]往贺生辰，还言始至长泊，泊多野鹅鸭。国主射猎，领帐下骑。声扁鼓绕泊，惊飞鹅起，乃纵海东青[6]击之。”

注释

[1]喫：吃。 [2]“因……的上头”：元代语言中表原因的固定句式，可直译为“由于……的原因”。 [3]臂：在臂上停放着。 [4]冰泮：冰冻融解。 [5]晁迥：北宋名臣、文学家、藏书家，字明远，澶州清丰（今山东巨野）人。北宋太宗太平兴国五年（980）进士，博通文史，宋真宗时累官至工部尚书、礼部尚书、太子少博、翰林学士等。修国家诏令，多由他裁定。寿84岁，赠太子太保，谥号“文元”。所著《翰林集》30卷等书传世。宋真宗末年，晁迥、王希范等人出使辽国，给辽圣宗贺寿、拜年，其间曾随从御驾浩浩荡荡到了长泊。 [6]海东青：隼形目隼科猛禽，即肃慎语（满语）“雄库鲁”，驯化后作为猎鹰。李时珍《本草纲目·禽部》中有“雕出辽东，最俊者谓之海东青”之句。

今译

“孛端察儿因为饥饿过度，看见山崖上有被狼群围困住的猎物，便射杀了吃。有时则捡食狼群吃剩下的食物，并以此喂养黄鹰，就这样熬过了一个冬天。到了春天，野鹅、野鸭等猎物都出来了，孛端察儿将他挨饿的黄鹰放飞去捕猎。抓到的野鹅、野鸭多了，把吃不完的猎物挂在枯树上，都腐烂发臭了。”《元史·太祖本纪》记载：“（孛端察儿）用手臂擎鹰，狩猎兔禽等作为食物，食物一旦吃完便有新的猎物相继出现，似乎得到了上天的帮助。”《稗史汇编》记载：“契丹的风俗是从正月上旬开始射猎六十日。凿开冰河以钓鱼，冰化时，就纵使鹰鹘捕猎鹅雁。宋真宗时，晁迥前往契丹贺寿，回来时说第一次到长泊，那里栖息着很多野鹅、野鸭。辽圣宗射猎时，带领各营帐的人下马，绕着湖泊敲击扁鼓，野鹅等水禽受惊，纷纷振翅飞出后，放飞海东青去捕猎它们。”

“都亦连名字的山背后，有一丛百姓，顺着统格黎河边起来。孛端察儿每日间放鹰，到这百姓处讨马奶吃，晚间回去草庵子住宿。”《太祖纪》曰：“居数月，有民数十家自统急里忽鲁之野逐水草来迁[1]。孛段叉儿结茅与之居，出入相资[2]，自此生理稍足。”钱詹事大昕[3]《元史考异》曰：“统急里忽鲁。”《秘史》作“统格黎克豁罗罕”。豁罗罕者，小河也。

“那百姓问孛端察儿索这黄鹰，他不曾与。两家也不曾相问名姓，只这般住了。孛端察儿哥哥不忽合塔吉，后来顺着斡难河去寻他。”《太祖纪》曰：“一日，仲兄[4]忽思之曰：‘孛端叉儿独出，而无赍，近者得无冻馁乎。’即自来访，邀与俱归。”

注释

[1] 迁：搬迁。 [2] 出入相资：日常生活相互资助。 [3] 钱詹事大昕：指钱大昕，清代著名史学家、训诂学家，乾嘉考据派代表人物之一。字晓征，号辛楣，晚年自署竹汀，书斋名“潜研堂”。乾隆三十八年（1773）升詹事府少詹事，故被称为“钱詹事”。他坚持

历史学秉笔直书的传统，对官修史书进行考校，凡经史文艺、音韵训诂、金石文字、氏族变迁（尤其是蒙古世系）、典章舆地、天文历算、官制源流，莫不洞悉是非，考竟源流，因而在历史文献学、音韵学、金石学、天算学等方面成就卓著。其著作主要有《廿二史考异》《潜研堂文集》《十驾斋养新录》《金石文字目录》等。涉及蒙元史的有《元史考异》《元史氏族表》《补〈元史艺文志〉》等。 [4] 仲兄：仲，排名第二；仲兄，即二兄。

今译

“在一座名叫都亦连的山后，聚居着一群百姓，顺着统格黎河繁衍生息。孛端察儿每天放鹰时，会到这里的百姓处讨口马奶吃，晚上就回到草屋过夜。”《元史·太祖本纪》记载：“（孛端察儿）居住了几个月后，有数十家民众从统急里忽鲁的野外逐水草迁徙过来。孛段叉儿搭建草屋同他们居住在一起，外出狩猎时相互帮助，这以后（孛端察儿的）生存境况稍稍宽裕。”钱大昕詹事在其所著的《元史考异》中提道：“统急里忽鲁。”其在《元秘史》中作“统格黎克豁罗罕”。“豁罗罕”就是小河的意思。“这群百姓向孛端察儿索取这只黄鹰，他没有答应。他们双方也不询问对方姓名，就这样住在了一起。孛端察儿的哥哥不忽合塔吉，后来顺着斡难河去找他。”《元史·太祖本纪》记载，“一天，（孛端察儿）的二哥忽然想到了他说：‘孛端叉儿一个人远走却没有物资，这段时间有没有冻着、饿着？’随即前来找寻，并计划找到后请他与自己一同回去。”

“行到统格黎河边，遇着那从百姓，问道：‘有一个那般[1]

人，骑着那般马，有来么道？’那百姓说：‘有个那般的人、那般的马，与你问的相似。他再有一个黄鹰，飞放着。日里来俺行吃马奶子，夜间不知那里宿[2]**。但见西北风起时，鹅、鸭的翎毛似雪般刮将来，想必在那里住。如今是他每日来的时分了，你略等候着。’”**《源流》曰：“常于鄂郭尔察克一族人家，寻饮奶浆。后其兄伯勒格特依前来寻弟，访问彼众[3]，告云，尔弟每日来此饮奶浆。伊将[4]来时，每每下雨，尔姑待之。语未毕，天无片云，阵雨忽至，四顾无人，惟勃端察尔自荒郊而来。”

注释

[1] 那般：那个样子。 [2] 宿：居住。 [3] 彼众：那儿的群众。 [4] 伊将：即将，将要。

今译

“（不忽合塔吉）走到了统格黎河边，遇到了那一群百姓，并问道：‘有没有一个这样的人，骑着这样的马来过这里？’百姓答道：‘有一个这样的人，骑着这样的马，与你询问的相似。他还有一只黄鹰用来放飞狩猎，白天来我这里喝马奶，晚上不知道住在哪里。但看见西北风起的时候，有野鹅、野鸭的翎毛似雪般被风刮来，想必住在那里。这会儿快到他每天来（喝马奶）的时候了，你稍等一会儿。’”《蒙古源流》记载：“（孛端察儿）经常在鄂郭尔察克一族人家讨要奶浆饮用。后来，其兄伯勒格特依前来寻找他，访问当地百姓，被告知，你弟弟每天来这里饮奶浆。他将要来时，天就会下雨，你请稍稍等待。话还没有说完，天上没有一片云彩，突然下起了阵雨，环望四周没有人，只有勃端察尔从荒野走过来。”

“略住间，望见一个人来到呵，果然是孛端察儿。他哥哥认得，引[1]将回去了。孛端察儿点[2]着马，随他哥哥行间，说道：‘人的身子有头呵好，衣裳有领呵好。’说了，他哥哥不答应[3]他。孛端察儿再将前头的言语说了两遍，他哥哥才说：‘你两三遍的言语，只是这般说，意思里如何？’孛端察儿回说：‘恰才[4]统格黎河边’。”《源流》称其地为“鄂郭尔察克”。**“那一丛百姓，无个头脑管束，大小都一般，容易取有。俺可以掳他！”**《太祖纪》曰：“孛端叉儿中路谓其兄曰：‘统急里忽鲁之民，无所属附[5]，若临之以兵，可服也。’兄以为然。”

注释

[1] 引：领着。 [2] 点：骑马时用双腿轻叩马肚。 [3] 答应：答，回答；应，应和。此处为回答、回应的意思。 [4] 恰才：刚刚，刚才。 [5] 属附：归属。

今译

“稍微等了一会儿，就远远望见一个人过来了，果然是孛端察儿。他的哥哥认识他，领着他回去了。孛端察儿骑着马，跟着他哥哥一起走的时候，说着：‘人的身子还是有大脑好啊，衣裳还是有领子好啊。’说完后，他哥哥并没有回答他。孛端察儿再次把前面的话说了两遍，他哥哥这才说：‘你把这句话说了两三遍，但只是这样说，你说这话到底是什么意思呢？’孛端察儿回答说：‘刚才路过统格黎河。’”《蒙古源流》称这一块地方为“鄂郭尔察克”。“那里居住的一群百姓，并没有首领统治，地位没有高低贵贱，很容易攻取占有。我可以去掳掠他们！”《元史·太祖本纪》记载，“孛端叉儿在半路上对他的兄长说：‘统急里忽鲁的百姓，没有归属，如果率兵前往，能够使他们归服。’他的兄长赞成他的说法。”

“他哥哥说：‘既是这般呵，到家里去，哥哥弟兄每商量着，却来掳他。’到家里，兄弟每商量了，教[1]**孛端察儿做头哨**[2]**。”**《太祖纪》曰：“至家即选壮士[3]，令孛端叉儿帅之前行，果尽降之。”**“孛端察儿哨到那里，将他一个怀孕的妇人拿住，问他：‘你是什么人氏？’有那妇人回道：‘我是札儿赤兀惕·阿当罕，兀良合真的人氏。’”**《秘史》凡“称惕称歹”，皆部族之通名，若今称土伯特、唐古特、额鲁特、土尔扈特也。特、惕同音，今昔异用耳。此与者勒篾同族，皆兀良哈人。而札儿赤兀氏，其祖名阿当。曾为一部之主，故曰：“阿当罕”。

注释

［1］教：使、令、让。 ［2］头哨：先锋或前头部队。 ［3］壮士：勇士，豪壮勇敢的人。

今译

“他的哥哥说：‘既然是这样，那就到家里去，哥哥弟弟们一起商量一下，再去掳掠他们。’回到家里，兄弟们一起商量后，让孛端察儿带领军队去打头阵。”《元史·太祖本纪》记载：“回到家就选拔勇士，让孛端叉儿率领军队先行，果然使他们全部归降。”“孛端察儿到那里侦察时，将他们中的一个怀孕的女人捉住，问她：‘你是哪个部落的人？’那女人回答说：‘我叫札儿赤兀惕·阿当罕，是兀良合真部落的人。’”《元秘史》一书之中凡是称作惕、称作歹之类的，都是部族的通用名字，像现在叫土伯特、唐古特、额鲁特、土尔扈特那样。特、惕发音是一样的，只不过今昔用法不同罢了。这个人与者勒篾是一个部族的，都是兀良哈部族的人。而札儿赤兀氏的祖先叫阿当，曾是一个部落的首领，因此被叫作“阿当罕”。

“那其余百姓，他兄弟五个都掳将回来了。因这般，头口也有，茶饭使唤的都有了。那怀孕的妇人，孛端察儿将他做了妻[1]。”《源流》曰：“招服[2]鄂郭尔察克人众内一怀孕妇人，孛端察尔娶为妻室，名曰：‘勃端哈屯’。”**“生了一个儿子，名字唤作札只剌歹[3]。”**《源流》曰：“布丹哈屯貌

美，前所孕之子名斡齐尔台。”“后来札答剌的人氏，他便是他祖。”见于《秘史》者，如札木合，札木勒合勒忽，皆其后也。

注释

［1］扎儿赤兀惕·阿当罕被掳来时，已经怀有身孕，孛端察儿娶其为妻，生了儿子札只剌歹（札答阑部的祖先）。此后，孛端察儿与阿当罕又生一子巴阿里歹（巴阿邻部的祖先）。孛端察儿的正妻，生子名把林失亦剌秃合必赤，成为成吉思汗的直系祖先。［2］招服：招降，驯服。［3］札只剌歹：札答阑部人，蒙古先祖孛端察儿的养子，札答阑部的祖先。

今译

“那剩下的百姓，兄弟五人将他们全部掳掠回来了。因为这样，部落拥有了人口，端茶、做饭等使唤的下人也都有了。那怀孕的女人，孛端察儿娶她做了妻子。”《蒙古源流》记载：“在招抚的众多鄂郭尔察克人中有一个怀孕妇人，孛端察尔娶她为妻，名字叫‘勃端哈屯’。”“后来生了一个儿子，名字叫作札只剌歹。”《蒙古源流》记载：“布丹哈屯（勃端哈屯）样貌美丽，之前怀孕所生孩子叫作斡齐尔台。”“后来札答剌部落的人，这个孩子就是他们（札答剌部落的人）的祖先。”《元秘史》中记载的札木合、札木勒合勒忽，都是他的后代。

“那札只剌歹的儿子，名土古兀歹。土古兀歹的儿子，名

不里不勒赤鲁。不里不勒赤鲁的儿子，名合刺合答安。合刺合答安的儿子名札木合。”即他日与太祖为友，后为太祖所杀者也。**“就做了札答阑姓氏。”**札答阑氏，以扎只剌歹之名为氏，非因札木合也。盖“阑”与“剌”声转[1]，只一姓，非有二族也。**“那妇人字端察儿根前[2]再生一个儿子，名巴阿里歹。后来做了巴阿邻人氏的祖。”**巴阿邻即巴阿里，因声转故译字异文，如脱斡邻或作脱斡里，皆声转也。《辍耕录》蒙古氏族七十二种，有八怜，即此文“巴阿邻”。九卷以纳牙为巴阿里种，即此姓。后文豁赤兀孙老人阔阔搠思，皆其后裔矣。

注释

［1］声转：转语，指语词因声音有变转而别为一意义相通的语词。 ［2］根前：身边，附近。

今译

“那札只剌歹的儿子，名字叫作土古兀歹。土古兀歹的儿子，名字叫作不里不勒赤鲁。不里不勒赤鲁的儿子，名字叫作合剌合答安。合剌合答安的儿子名字叫作札木合。”札木合就是曾经与太祖是朋友，后来被太祖杀死的那个人。“就改作了札答阑姓氏。”札答阑氏，是以扎只剌歹的名字作为姓氏，并不是因为札木合。这是由于“阑”与“剌”存在转音，因此是一个姓氏，而不是有两个部族。“那个妇人和孛端察儿又生了一个儿子，叫作巴阿里歹，后来成了巴阿邻部落的祖先。”巴阿邻就是巴阿里，因转音导致翻译时文字不同，如同脱斡邻也作脱斡里，这些都是转音现象。《南村辍耕录》记载蒙古氏族有七十二种，其中的八怜，就是此文中的巴阿邻。第九卷认为纳牙是巴阿里种族，就是这个姓氏。后文中的豁赤兀孙老人阔阔搠思，都是他的后裔啊。

“那巴阿里歹的儿子名赤都忽勒孛阔。赤都忽勒孛阔娶的妻多，儿子多生了，因此上做了篾年巴阿邻姓氏。别勒古讷台做了别勒古讷惕姓氏。不古讷台做了不古讷兀惕姓氏。不忽合塔吉做了合塔斤姓氏。”后文四卷偷太祖韁绳[1]，八卷从札木合处来降，皆此部族也。《辍耕录》蒙古七十二种姓氏有合忒乞，盖即合塔斤矣。**“不忽秃撒勒只做了撒勒只兀惕姓氏。孛端察儿做了孛儿只斤姓氏。”**《源流》作“博尔济锦”，即“孛儿只斤”之对音[2]也，说详上。

注释

［1］韁（jiāng）绳：韁，同“缰”，指牵牲口的绳子。 ［2］对音：将某种语言的语音用另外一种语言文字表示，即音译。

今译

“那巴阿里歹的儿子名叫赤都忽勒孛阔。赤都忽勒孛阔娶妻多位，因此儿子也生得多，所以自己改作篾年巴阿邻姓氏。别勒古讷台改作别勒古讷惕姓氏。不古讷台改作不古讷兀惕姓氏。不忽合塔吉使用了合塔斤姓氏。”后文第四卷中偷太祖缰绳的，第八卷中从札木合部落过来归降的，都是这个部族。《南村辍耕录》所载蒙古七十二种姓氏中有叫合忒乞的，大概就是合塔斤啊。“不忽秃撒勒只改作撒勒只兀惕姓氏。孛端察儿改作孛儿只斤姓氏。”《蒙古源流》中记作“博尔济锦”，其就是“孛儿只斤”的对音，详细解释见上文。

“孛端察儿又自取了个妻，生了个儿子名把林失亦剌秃合必赤。”《辍耕录》作“八林昔黑剌秃合必畜”，《元史》本纪及表从之。《源流》曰：“布丹察尔既[1]娶布丹哈屯，将伊所生之子，命名为巴噶哩台汗之后裔哈必齐巴图尔。”**“那合必赤的母，从嫁来的妇人，孛端察儿做了妾，生了个儿子名沼兀列歹。”**《太祖纪》族人有照列部，盖即出于沼兀列歹。**“孛端察儿在时，将他做儿，祭祀时同祭祀有来。”**有来者，结束之词，今京师有此语。

注释

[1] 既：……之后，或已经。

今译

“孛端察儿又娶了个妻子，生了个儿子，名字叫作把林失亦剌秃合必赤。”《南村辍耕录》中记作“八林昔黑剌秃合必畜”，《元史》的本纪及表都沿用了这一名字。《蒙古源流》记载：“布丹察尔迎娶了布丹哈屯之后，将她所生之子，取名为巴噶哩台汗的后裔哈必齐巴图尔。”“那合必赤的母亲，是陪嫁来的女人，给孛端察儿做了妾，生了个儿子，取名为沼兀列歹。”《元史·太祖本纪》所载族人中有照列部，大概就是沼兀列歹的后裔。“孛端察儿在位时，把他当作儿子，祭祀时让他全程参与。”有来一词，是表示结束意思的词语，现在京师一带仍然沿用这个词语。

阅读指南

《元秘史》（见画线部分）从“孛端察儿殁了后，把林失亦剌秃合必赤将沼兀列歹不做兄弟相待”到“惟合答安、脱朵延两个无子嗣”，这一部分主要讲述成吉思汗九世祖把林失亦剌秃合必赤到成吉思汗之父也速该把阿秃儿之间部族的发展、延续。

“孛端察儿殁了后，把林失亦剌秃合必赤”。《本纪》曰：“孛端察儿殁了八林昔黑剌秃合必畜嗣”。**“将沼兀列歹不做兄弟相待，说道：‘在家常川有阿当合、兀良合歹人氏的人往来，莫敢**[1]**是他的儿子？’祭祀时逐出去了。”**阿当合即前文阿当罕之对音，兀良合歹即兀良合真种族。盖孛端察儿怀孕妇人之外家常有人往来，故以此疑之。**“后来做了沼兀列亦惕姓氏。”**后文七卷有合里兀答儿，其后也。《元史·世系表》曰：“《十祖世系录》曰：‘孛端察尔收腾格哩呼喇人氏民户时尝[2]得一怀娠妇人曰插只来，纳之。其所生遗腹儿[3]，因其母名曰插只来，自后别为一种，亦号达靼。’以非始祖亲子，故不列之世表。”今按，插只来即札只剌歹之对音，是沼兀列氏非他族，而他族反[4]在札答剌氏也。

注释

[1] 莫敢：莫非，难道。 [2] 尝：曾经。 [3] 遗腹儿：遗腹子，指出生时生父已经过世的孩子。 [4] 反：反而。

今译

“孛端察儿死后，把林失亦剌秃合必赤”。《元史·本纪》记载：“孛端察儿死后，八林昔黑剌秃合必畜继承。”“没有把沼兀列歹当作兄弟对待，说道：‘在家居住的时候有阿当合、兀良合歹部落的人往来，难道是他们的儿子？’祭祀的时候就把沼兀列歹赶出部族了。”阿当合就是前文阿当罕的音译，兀良合歹就是兀良合真部族。因为孛端察儿那个在迎娶之前就怀孕的妻子的娘家部族经常有人来往，所以怀疑沼兀列歹的身世。“后来改为沼兀列亦惕姓氏。”后文第七卷里的合里兀答儿，就是他的后裔。《元史·世系表》记载，“《十祖世系录》载：‘孛端察尔在征服腾格哩呼喇部落百姓时，曾经虏获一个怀孕妇人，名叫插只来，纳她为妻妾。她生下来的这个遗腹儿，因为他母亲叫作插只来，之后自成另一部落，叫作达靼。’因为不是元朝始祖的亲儿子，所以不列入元帝的世系表。”现今说明，插只来就是札只剌歹的音译，是沼兀列部族而并非他族，而他族反而在札答剌部族。

“合必赤的子名篾年土敦。”《元史·本纪》曰：“合必畜生子曰‘咩撚笃敦’”，《世系表》作“咩历笃敦”。《辍耕录》作“咩麻笃敦”，《源流》作“玛合图丹”。又于其上增一代曰“伯格尔巴图尔”。是以篾年土敦为合必赤之孙，非合必赤之子矣，与《元史》亦不合。**“蔑年土敦生子七人。”**上文云，赤都忽勒孛阔儿子多，因此做了篾年巴阿邻姓氏。然则[1]篾年者，蒙古语多子也。《元史·本纪》曰：“咩撚笃敦莫拏伦生七子而寡。”**“一名合赤曲鲁克。”**《辍耕录》叙元宗室世系：“咩麻笃敦七子，长曰既拏笃儿罕、次某、三某、四某、五某、六某、七曰纳真既拏笃儿罕，生海都。”是既拏笃儿罕即合赤曲鲁克也。《源流》作“哈齐库鲁克”。**“一名合臣，一名合赤兀，一名合出剌，一名合赤温，一名合阑歹，一名纳臣把阿秃儿[2]。”**纳臣，《元史·本纪》作“纳真”，《世系表》曰“纳真”，今兀察兀秃其子孙也。据史，此七子惟[3]纳真为赘壻于八剌忽民家，得免[4]于押剌伊而[5]之难，余六子皆为押剌伊而所灭。

注释

［1］然则：用在句子的开头，对上文表示承接，表“既然如此，那么”的意思。［2］把阿秃儿：“拔都鲁”，即“勇士”称号，今译为巴特尔。［3］惟：只有，仅仅。［4］免：免于，幸免。［5］押剌伊而：中国古代北方游牧部落之名，也作札剌儿，游牧于鄂嫩河东、克鲁伦河北，为漠北强部之一，为辽朝北边属部。约11世纪初，遭辽军袭击，逃往蒙古莫拿伦（成吉思汗八世祖母）牧地，发生冲突，杀死莫拿伦全家，仅长孙孛儿只斤·海都（后来窝阔台汗国的实际创立者）幸免。后为海都所败，役属于蒙古部，世代为奴。

今译

“合必赤的儿子名叫篾年土敦。”《元史·本纪》记载，“合必畜所生儿子名叫‘咩捻笃敦’”。《世系表》记为“咩历笃敦”。《南村辍耕录》记为“咩麻笃敦”。《蒙古源流》记为“玛合图丹”。又在他的世系上面增加了一代为“伯格尔巴图尔”，这是将篾年土敦作为合必赤的孙子，而不是合必赤的儿子啊，与《元史》也不相同。“蔑年土敦生了七个儿子。”上文说，赤都忽勒孛阔儿子较多，因此改作篾年巴阿邻姓氏。那么所谓篾年，在蒙古语中就是多子的意思了。《元史·本纪》记载：“咩撚笃敦莫拏伦生了七个儿子后就守寡了。”“一个儿子名叫合赤曲鲁克。”《南村辍耕录》所记元宗室世系：“咩麻笃敦有七个儿子，长子名叫既拏笃儿罕，接着是次某、三某、四某、五某、六某，第七子名叫纳真既拏笃儿罕，生下儿子海都。”所以，既拏笃儿罕就是合赤曲鲁克。《蒙古源流》记作“哈齐库鲁克”。“一个名叫合臣，一个名叫合赤兀，一个名叫合出剌，一个名叫合赤温，一个名叫合阑歹，一个名叫纳臣把阿秃儿。”纳臣，《元史·本纪》写作“纳真”，《世系表》也记作“纳真”，现今的兀察兀秃就是纳真的后代。根据史料记载，这七个儿子中只有纳真在八剌忽民家做赘婿，得以在押剌伊而部落的发难中幸免，其他六个儿子都被押剌伊而部落杀死。

“合赤曲鲁的子名海都，海都的母名那莫仑。”《元史·本纪》作“莫拏伦”，又以为咩撚笃敦之妻，则是莫拏伦乃海都之祖母，非母也，相差一代。《源流》无海都，直云玛哈图丹生哈齐库鲁克。哈齐库鲁克生星和尔多克新，是伯升豁儿多黑申，乃合赤曲鲁克之子，非合赤曲鲁克之孙也，亦相差一代。或因押剌伊而之难，谱牒[1]散佚[2]，得诸记忆，致兹讹异[3]。**“合臣的子名那牙吉歹”**。《辍耕录》蒙古氏族有那牙乞台，当出于那牙吉歹。**“那牙吉歹因他性儿好装官人模样，就做了那牙勒姓氏。”**后文四卷有那牙乞人名种筛。

注释

［1］谱牒：古代记述氏族世系的书籍。 ［2］散佚：散失，丢失。 ［3］讹异：讹误差异。

今译

“合赤曲鲁的儿子名叫海都，海都的母亲名叫那莫仑。”《元史·太祖本纪》记作“莫拏伦”，又认为她是咩捻笃敦的妻子。但是莫拏伦是海都的祖母，并非其母亲，相差了一代。《蒙古源流》中没有海都这个人，直接记载为玛哈图丹生了哈齐库鲁克。哈齐库鲁克生了星和尔多克新，因而伯升豁儿多黑申是合赤曲鲁克的儿子，而不是合赤曲鲁克的孙子，也相差了一代。可能是因为押剌伊而之难，蒙古氏族的谱牒丢失，后世所记谱系来自记忆，才会导致这样的错讹与不同。“合臣的儿子名叫那牙吉歹”。《南村辍耕录》所载蒙古氏族有那牙乞台，应当是出自那牙吉歹。“那牙吉歹因为他的性子是喜欢打扮成官员的样子，就改作那牙勒姓氏。”后文第四卷中记有那牙乞人叫作种筛。

“合赤兀的子名巴鲁剌台。”《辍耕录》蒙古氏族有八鲁剌忽。**“因他生的身子大。喫茶饭猛的上头，就做了巴鲁剌思姓氏。”**今，国朝有勇号之锡[1]，名曰“巴图尔”，又称“巴图鲁”。《解》云：好汉子，即此巴鲁剌之谓也。《元文类》[2]张士观《驸马昌王阿失[3]碑》曰：“霸突译云骁勇也。”又马祖常《太师太平王燕帖木儿[4]碑》曰：“八都儿者，华言猛士也。”《元史·兵志》曰：“勇敢无敌之士曰‘拔突巴图’。”拔突、霸突、八都皆一声之转，其专指喫茶饭猛。则时人谑词，犹俗云“酒囊饭袋”，虚有其表也。**“合出剌的子，也喫茶饭猛，唤做大巴鲁剌、小巴鲁剌。”**《辍耕录》叙元世系，以大八鲁剌斯出于葛忽剌急里怛，小八鲁剌斯出于合产。两人皆敦必乃之子，即《秘史》之“屯必乃薛禅也”，与《秘史》不同。

注释

[1] 锡：同“赐”，赐给。 [2]《元文类》：又名《国朝文类》，元朝诗文选集。元人苏天爵编于顺帝元统二年（1334），共70卷，收录了从窝阔台时期至元仁宗延祐年间约八十年间名家诗、文八百余篇，按文体分作四十三类，故名。苏天爵，字伯修，真定（今河北正定）人，生平事迹见《元史》本传。 [3] 阿失：指成吉思汗的妹夫亦乞列思·孛秃。死后赠推忠宣力佐命功臣、太师、开府仪同三司、驸马都尉、上柱国，进封昌王，谥号“忠武”。 [4] 燕帖木儿：指伯牙吾台·燕铁木儿，元朝权臣。始为宗王海山宿卫，从镇漠北。历任同知宣徽院事、左卫亲军都指挥使等职。元泰定帝死后，他在大都发动政变，拥立元文宗，被任命为中书右丞相、知枢密院事，封太平王。之后，毒杀元明宗，使元文宗复位，被加封太师。元文宗、元宁宗相继死去后，他为了把持朝政，阻碍元惠宗（元顺帝）即

位，因荒淫过度死去。

今译

“合赤兀的儿子名叫巴鲁剌台。”《南村辍耕录》所载蒙古氏族有八鲁剌忽。“因为他身材魁梧，进餐量大、喝茶亦多，就改作巴鲁剌思姓氏。”现在，国朝（清朝）经常赏赐英勇的名号，名字叫作“巴图尔”，又称“巴图鲁”。《元史语解》说：好汉子，就是这巴鲁剌的称谓了。《元文类》中张士观撰写的《驸马昌王阿失碑》记载：“霸突翻译过来就是骁勇的意思。”又有马祖常撰写的《太师太平王燕帖木儿碑》记载：“八都儿，就是汉语中猛士的意思。”《元史·兵志》记载：“勇敢无敌的战士叫作‘拔突巴图’。”拔突、霸突、八都全都源自同一声音的音译，而其专指吃饭喝茶猛，是当时人的戏谑词语，就像是俗话说的“酒囊饭袋”，虚有其表的意思。“合出剌的儿子，也是吃饭喝茶猛，叫作大巴鲁剌、小巴鲁剌。”《南村辍耕录》所记元世系，认为大八鲁剌斯出自葛忽剌急里怛，小八鲁剌斯出自合产，两人都是敦必乃的儿子，就是《元秘史》中的“屯必乃薛禅”，这与《元秘史》的记载不同。

“额儿点［点疑默字之误］、图巴鲁剌、脱朵颜、巴鲁剌，将这四个名就做了姓氏。合阑歹的儿子，争粥饭无上下，因此就做了不答安惕姓氏。合赤温的儿子，名阿答儿歹，兄弟中间好间谍，就做了阿答儿斤姓氏。”《辍耕录》蒙古族有阿大里吉歹、阿塔里吉歹、阿塔力吉歹，皆出于此。

今译

“额儿点（“点”字怀疑为“默”字的误写）、图巴鲁剌、脱朵颜、巴鲁剌，将这四个名字就用作了姓氏。合阑歹的儿子，争抢粥饭没有上下尊卑，因此就改作了不答安惕姓氏。合赤温的儿子，名叫阿答儿歹，在兄弟们之间喜欢做间谍之事，就改作了阿答儿斤姓氏。”《南村辍耕录》所载蒙古族有阿大里吉歹、阿塔里吉歹、阿塔力吉歹，都是出自这里。

“纳臣把阿秃儿生二子，一名兀鲁兀歹。”兀鲁兀歹，今之额鲁特种，疑其后也，近阿勒坦山及伊黎哈萨克处皆有之。《辍耕录》云：“今兀察兀脱，即纳真子孙也。”所载元人氏族，蒙古七十二种，有曰兀鲁兀，曰兀罗歹，曰兀鲁歹，皆此一姓所分也。《元史·术赤台[1]传》曰：“其先剌真八都以[2]材武[3]雄诸部，生子曰兀鲁兀台，曰忙兀，与札剌儿、宏吉剌、亦乞列思等五人，当开创之先，协赞[4]大业。”**“一名忙忽台。”**忙忽即蒙古二字之对音，《辍耕录》蒙古七十二种有忙兀歹，又有忙古歹，皆此一姓也。《元史·畏答儿传》曰：“其先剌真八都儿有二子，次名忙兀。”始别为忙兀氏，剌真即纳臣也，八都即把阿秃矣。

注释

[1] 术赤台：蒙古成吉思汗麾下大将，兀鲁特氏。其曾祖为剌

真八都，势力强大，称雄于诸部，战功卓著。蒙古建国后，受封为千户，令其世代统领兀鲁兀之四千人，又将嫔妃亦巴合赐给术赤台作为妻妾以侍奉起居。［2］以：凭借。［3］材武：有才能而且勇武。［4］协赞：辅佐。

今译

“纳臣把阿秃儿生了两个儿子，一个名叫兀鲁兀歹。”兀鲁兀歹，现今的额鲁特部落，怀疑就是他的后裔。靠近阿勒坦山及中国伊犁、哈萨克斯坦处都有其部落存在。《南村辍耕录》记载：“现在的兀察兀脱，就是纳真的子孙。”书中记载的元人氏族，蒙古七十二种中，有兀鲁兀、兀罗歹、兀鲁歹，都是这一姓的分支。《元史·术赤台传》记载：“他的祖先刺真八都凭借才能和勇武在诸部族中称雄，生的儿子一个名叫兀鲁兀台，一个名叫忙兀，与札剌儿、宏吉剌、亦乞列思等五人，在事业开创的初期，辅佐元太祖创建大业。”“另一个名叫忙忽台。”忙忽就是“蒙古”二字的音译，《南村辍耕录》所载蒙古七十二种中有忙兀歹，也有忙古歹，指的都是这一氏族。《元史·畏答儿传》记载：“他的祖先刺真八都儿有两个儿子，次子名叫忙兀。”（次子后裔）开始改称为忙兀氏，刺真就是“纳臣”，八都就是“把阿秃”啊。

“就做了兀鲁兀惕、忙忽惕二姓氏。”元人之得天下，多得于兀鲁兀[1]蒙古二部族之力居多。兀鲁兀惕，其着于《秘史》者，有主儿扯歹。忙忽惕其着于《秘史》者，有哲台，有多豁勒忽，有忽亦勒答儿，皆此族也。《蒙鞑备录》[2]曰：“鞑国所邻，前有乣部[3]，左右有沙陀[4]等部为患，旧有蒙古斯国，在金人天会闲。亦尝扰金虏，金虏尝与之战。”**“纳臣把阿秃儿自娶的妇人。又生二子，一名失主兀歹，一名朵豁剌歹。海都生三子，一名伯升豁儿多黑申。”**《元史·本纪》作“拜姓忽儿”；《源流》作“星和尔多克新”；《世系表》及《辍耕录》作“拜住忽儿”。住字不对音，当是生字或性字之伪[5]。**“一名察剌孩领忽。”**《辍耕录》作“察剌罕宁儿”。**“一名抄真豁儿帖该。”**《辍耕录》作“獠忽真兀秃迭葛”。

注释

[1] 兀鲁兀：蒙古尼伦诸部之一，又作兀鲁、吾鲁兀、兀鲁兀惕等，与成吉思汗所出孛儿只斤氏同源，皆出自孛端察儿（成吉思汗十世祖）。 [2]《蒙鞑备录》：南宋赵珙（《元秘史注》作孟珙）撰写的成吉思汗时期于蒙古地区亲身见闻的笔录。嘉定十四年（1221），都统司计议赵珙随奉使赴蒙古，至燕京，见到总领蒙古大军攻金的木华黎。归来后，他将自己的见闻著录成书。全书分立国、鞑主始起、国号年号、太子诸王、诸将功臣、任相、军政、马政、粮食、征伐、官制、风俗、军装器械、奉使、祭祀、妇女、燕聚舞乐共十七目，其中有许多有价值的记载，是研究当时蒙古和幽燕一带情况的重要史料。王国维著有《〈蒙鞑备录〉笺证》并在1926年刊行。[3] 乣（jiǔ）部：中国辽、金、元时期对北方诸部族人的统称。[4] 沙陀：中国古代北方少数民族，原名处月，西突厥别部，号称沙陀突厥，因境内有大碛（今古尔班通古特沙漠），简称“沙陀”，也

写成“沙陁”。在唐末迅速崛起，叱咤风云，并最终在五代建立了后唐（沙陀族李克用创建）、后晋（沙陀族石敬瑭创建）、后汉（沙陀族刘知远创建）等地方政权。 [5]伪：错误，讹误。

今译

“于是，就成了兀鲁兀惕、忙忽惕两个姓氏。”蒙古人之所以得天下，很大程度上得益于兀鲁兀蒙古两个部族的帮助。兀鲁兀惕部族在《元秘史》中有记载的人，有主儿扯歹。忙忽惕部族在《元秘史》中有记载的有哲台、多豁勒忽、忽亦勒答儿等，他们都是这个部族的人。《蒙鞑备录》记载：“与蒙古人邻近的部族，前有纠部，左右有沙陀族等威胁。以前有蒙古斯国，其位置大约在金人天会闲一带。也经常与金人产生冲突，金人曾经与其交战。”“纳臣把阿秃儿自己娶了一个女人。后来又生了两个孩子，一个名字叫作失主兀歹，一个名字叫作朵豁刺歹。海都生了三个儿子，一个名字叫作伯升豁儿多黑申。”《元史·本纪》中写作“拜姓忽儿”。《蒙古源流》中写作“星和尔多克新”。《世系表》及《南村辍耕录》中写作“拜住忽儿”。住字不是对音，应当是生字或性字的误写。“一个名字叫作察刺孩领忽。”《南村辍耕录》中写作“察刺罕宁儿”。“一个名字叫作抄真豁儿帖该。”《南村辍耕录》中写作“獠忽真兀秃迭葛”。

“伯升豁儿多黑申生了一子，名屯必乃[1]薛禅[2]。”

《本纪》及《表》作“敦必乃”；《辍耕录》作“敦必乃直拏斯”；《源流》作“讬木巴该彻辰”。《元史·畏答儿传》

曰："薛禅者，聪明之谓也。"**"察剌孩领忽生子名想昆必勒格[3]。"**"想昆"即《辽史》之"详稳"。《语解》作"详衮"，谓辨事官。后文王罕[4]之子亦号"桑昆"，则"想昆""桑昆"皆同音也。《辽史》有诸干详衮一员，从五品，掌守[5]戍边堡。《金史·世纪》曰："辽太祖命穆宗为详稳。"又《金史·百官志》曰："镇抚边民之官曰秃里乌鲁图，其下有详稳。"**"想昆必勒格生子，名俺巴孩[6]，就做了泰亦赤兀惕姓氏。"**《太祖本纪》作"咸补海罕"，即俺巴孩之转音也。泰亦赤兀惕[7]，《本纪》称族人泰赤乌部者是也。"泰亦赤"者，"台吉"之合音，犹云太子也，"兀惕"者，犹云种类也。

注释

[1]屯必乃：伯升豁儿多黑申的儿子，成吉思汗四世祖。屯必乃生了九个儿子，第六子合不勒为成吉思汗三世祖。合不勒生了七个儿子，次子把儿坛即成吉思汗的祖父。把儿坛生了四个儿子，第三子叫也速该。也速该的长子叫孛儿只斤·铁木真，即成吉思汗。 [2]薛禅：蒙古语意为"聪明""贤者"，也译作彻辰、车臣，"犹华言大贤也"（《元史·乃燕传》）。蒙古贵族常以其为尊号，或赏赐有功之将臣。屯必乃、成吉思汗岳父弘吉剌部长特都享有此称，元世祖忽必烈的蒙古语谥号也称"薛禅皇帝"。 [3]想昆必勒格：成吉思汗四世族祖；必勒格，蒙古语意为"智者"。 [4]王罕：蒙古统一之前克烈部的汗王，原名脱斡或邻勒，金朝封他为"王"，故称"王汗"。他的父亲忽儿札忽思·布亦鲁黑汗死后，他杀死帖木儿太

师、布和帖木儿两个兄弟，夺取了汗位。 ［5］掌守：掌管、守卫。［6］俺巴孩：蒙古各部统一之前的一位可汗，蒙古合不勒汗去世后由俺巴孩继位。后来俺巴孩被塔塔儿部出卖，被送给金熙宗，金熙宗将其钉死在木驴上。 ［7］泰亦赤兀惕：亦作“泰赤兀”“岱齐郭特”等，想昆必勒格之子俺巴孩等为泰亦赤兀惕氏，蒙古语意为“善战者”。

今译

“伯升豁儿多黑申生了一个儿子，名字叫屯必乃薛禅。”《元史·本纪》及《元史·世系表》中写作“敦必乃”；《南村辍耕录》中写作“敦必乃直拏斯”；《蒙古源流》中写作“讬木巴该彻辰”。《元史·畏答儿传》记载：“薛禅这个词，是聪明的意思。”“察剌孩领忽生的儿子名叫想昆必勒格。”“想昆”就是《辽史》中记载的“详稳”。《元史语解》中写作“详衮”，称为辨事官。后文中王罕的儿子也号“桑昆”，于是可知“想昆”“桑昆”都是相同的读音。《辽史》记载有诸干详衮一官职，从五品，职掌守卫戍边堡。《金史·世纪》记载：“辽太祖任命穆宗为详稳。”《金史·百官志》也记载：“镇抚边民的官员被称作秃里乌鲁图，其下有详稳这一官职。”“想昆必勒格生的儿子，名叫俺巴孩，就做了泰亦赤兀惕部族的姓氏。”《元史·太祖本纪》中写作“咸补海罕”，即俺巴孩一词的转音。泰亦赤兀惕，就是《元史·本纪》中被称为泰赤乌部的族人。“泰亦赤”这个词，是“台吉”一词的合音，如同被称为太子，“兀惕”一词，如同被称为种类。

“察剌孩领忽收嫂为妻[1]**。”**《辍耕录》曰：“即收兄拜住忽儿妻。”《汉书·匈奴传》曰：“匈奴父死，妻[2]其后母。兄弟死，尽妻其妻。”明岷峨山人《译语》[3]曰：“胡俗，妇丧夫，其家男子即收为妻妾，父子兄弟不论也。他适则人笑其不能赡[4]其妇。”**“又生一子，名别速台，就做了别速惕**[5]**姓氏。”**《辍耕录》：“蒙古氏族有别速歹”，后文有“巴剌合赤”，有“迭该”，有“窟出沽儿”，皆其后[6]也。**“抄真斡儿帖该”，**斡字上文作豁，同音字也。《辍耕录》曰：“獠忽真兀秃迭葛”，今昔即兀剌其子孙也。

注释

[1]收嫂为妻：这是古代中国的一种婚姻制度，又称继婚制、转房婚，一般指女性在丈夫死后嫁给其兄弟的行为、习俗或法律，古代匈奴、蒙古等社会均盛行这一习俗。 [2]妻：把……作为妻子，此处为名词作动词的用法。 [3]《译语》：明代苏志皋撰写的蒙古社会著作，系明朝现存第一部系统记载蒙古情况的笔记体史书。苏志皋，字德刚，号岷峨山人，别号寒村，曾襄理北方边务，屡有边功，政绩斐然。 [4]赡：赡养、照顾。 [5]别速惕：蒙古尼伦诸部之一。又作亦速惕、别速、别速歹。与成吉思汗所出之孛儿只斤氏同宗，皆出自海都（成吉思汗六世祖）。 [6]后：后人、后代。

今译

“察剌孩领忽将自己的嫂子收为妻子。”《南村辍耕录》记载：“于是收养兄弟拜住忽儿的妻子。”《汉书·匈奴传》记载：“匈奴族人如遇父亲去世，就将其后母作为妻子。如遇兄弟去世，则把兄弟的妻子全部当作自己的妻子。”明朝的岷峨山人的《译语》记载：“胡人习俗，妇女如果失去丈夫，她家中的男子就可以将其收为妻妾，即便是父子、兄弟的关系也是这样。如果不这样做，其他人则会讥讽其不能照顾自己家中的妇女。”“又生了一个儿子，名叫别速台，就把他当作了别速惕的姓氏。”《南村辍耕录》记载，“蒙古氏族中有别速歹”，后文有“巴剌合赤”“迭该”“窟出沽儿”，都是这个部族的后人。“抄真斡儿帖该”，“斡”字在前面的文章中写作“豁”，两个字是同音字。《南村辍耕录》记载的“獠忽真兀秃迭葛”，今昔即兀剌就是他的后代。

“生子六人。一名斡罗纳儿，一名晃豁坛。”《辍耕录》蒙古氏族有晃忽摊，又有晃兀摊，皆对音字也。**“一名阿鲁剌惕。”**《辍耕录》有阿剌剌，又有阿儿剌歹。**“一名雪你惕，一名合卜秃儿合忽，一名格泥格思，就做了这六等姓氏。”**后文之只儿豁安，则斡罗讷氏后也，若[1]察阿合、若蒙力克、若雪亦客秃、若速客该者温、若捏兀歹、若察合安不洼，则晃豁坛后也。若斡歌连则阿鲁剌后也。若忽难则格泥格思后也。

注释

［1］若：至于。

今译

“生了六个孩子。一个名叫斡罗纳儿，一个名叫晃豁坛。”《南村辍耕录》称，蒙古氏族有晃忽摊，又有晃兀摊，这些都是对音字。“一个名叫阿鲁剌惕。”《南村辍耕录》中有阿剌剌，又有阿儿剌歹。“一个名叫雪你惕，一个名叫合卜秃儿合忽，一个名叫格泥格思，这六个名字就成为后来部族的姓氏。”文章后面的只儿豁安，是斡罗讷氏的后人，至于察阿合、蒙力克、雪亦客秃、速客该者温、捏兀歹、察合安不洼等，就是晃豁坛的后人。斡歌连则是阿鲁剌的后人。忽难则是格泥格思的后人。

“屯必乃薛禅生二子，一名合不勒合罕。”《本纪》作葛不律寒[1]，即太祖之曾祖也。《辍耕录·世系表》曰：“敦必乃六子，曰葛木虎，今那哈合儿其子孙也。曰葛忽剌急里怛，今大八鲁剌斯[2]其子孙也。曰合产，今小八鲁剌斯其子孙也。曰哈剌剌歹，今博歹阿替[3]其子孙也。曰葛赤浑，今阿答里急[4]其子孙也。曰葛不律，生七子。”云云。所云葛不律与《元史》合，余六子均与《秘史》不合。

注释

［1］葛不律寒：指前述“合不勒”（成吉思汗三世祖，曾祖父），乞颜·孛儿只斤氏，又译作合不勒罕等，蒙古部首领，屯必乃薛禅之子。　［2］八鲁剌斯：蒙古尼伦诸部之一，又作巴鲁剌思、把鲁剌思、巴鲁剌等。与成吉思汗所出孛儿只斤氏同源，源出孛端察儿（成吉思汗十世祖），见前述。　［3］博歹阿替：今译为不答阿惕，中国古代北方部落名。其始祖为篾年土敦之第六子合阑歹。约宋淳熙十六年（1189），在“十三翼之战”中，为第四翼之组成部分，协助成吉思汗与札只剌部札木合等作战。　［4］阿答里急：蒙古尼伦诸部之一。又作阿答儿斤、阿答儿乞、合答儿斤、阿大里吉歹、阿答里吉歹。与成吉思汗所出孛儿只斤氏同源，源出孛端察儿（成吉思汗十世祖）。在“十三翼之战”中，与火鲁剌思合为一翼，同札只剌部札木合等战于答阑版朱思（今克鲁伦河上游臣赫尔河一带）。

今译

“屯必乃薛禅生了两个孩子，一个名叫合不勒合罕。”《元史·本纪》中写作葛不律寒，也就是成吉思汗的曾祖父。《南村辍耕录·世系表》记载：“敦必乃有六个孩子，一个叫葛木虎，现今的那哈合儿就是他的子孙。一个叫葛忽剌急里怛，现今的大八鲁剌斯就是他的子孙。一个叫合产，现今的小八鲁剌斯是他的子孙。一个叫哈剌剌歹，现今的博歹阿替就是他的子孙。一个叫葛赤浑，现今的阿答里急是他的子孙。一个叫葛不律，生了七个孩子。”等等。其所记载的葛不律与《元史》的记载相吻合，而其余六个儿子的记载都与《元秘史》的记载不吻合。

“一名挦薛赤列。挦薛赤列的子不勒帖出把阿秃儿。合不勒[1]**生七子。”**《源流》作“哈布勒汗”。**“一名斡勤巴儿合黑**[2]**。”**《辍耕录》作“笛八斤八剌哈哈”，又曰，今岳斯斤[3]其子孙也。《世系表》曰，“窠斤八剌哈哈”，今岳里斤。**“一名把儿坛把阿秃儿。”**《本纪》作“八哩丹”；《表》及《辍耕录》作“八里丹”，太祖之祖也。《源流》作“巴尔达木巴图尔”。《元史·兵志》曰：“忠勇之士曰霸都鲁”。按，把阿秃儿、巴图尔即霸都鲁对音。**“一名忽秃黑秃蒙古儿。”**后文第四卷序《太祖世次》作“忽秃黑秃蒙列儿”。《辍耕录》作“忽都鲁咩聂儿”。今案，咩聂儿与蒙列儿音较合，则古字为传写之伪。**“一名忽图剌合罕。”**《辍耕录》作忽鲁剌罕。**“一名忽阑。”**《辍耕录》作“急阑八都儿”。**“一名合答安。”**《辍耕录》作“合丹八都儿”。**“一名脱朵延斡惕赤斤。”**《元史》作“脱端[4]”，《辍耕录》作“掇端斡赤斤”。其称斡赤斤[5]者，本书凡数见[6]之，皆以少子蒙此称，疑当时蒙古语小王子为斡赤斤也。

注释

[1] 合不勒：孛儿只斤·合不勒，即上文“葛不律寒”（成吉思汗的三世祖）。 [2] 斡勤巴儿合黑：屯必乃（成吉思汗四世祖）的长子。 [3] 岳斯斤：主儿勤，蒙古尼伦诸部之一。 [4] 脱端：答里台，也速该的幼弟，成吉思汗的叔父，一度背叛成吉思汗，后得

到宽恕。《新元史》有专传。　［5］斡赤斤：也写作斡惕赤斤，指最年幼的儿子。蒙古古代社会传统是由幼子继承父亲的主要财产。因此，蒙古语称幼子为“斡赤斤”，即“守灶人”或者“守产人”。李文田推测为“当时蒙古语小王子”之意。　［6］凡数见：凡，总共；数见，多次见到。

今译

“一个名叫撏薛赤列。撏薛赤列的儿子是不勤帖出把阿秃儿。合不勤生了七个孩子。”《蒙古源流》中写作“哈布勒汗”。“一个名叫斡勤巴儿合黑。”《南村辍耕录》中写作“笛八斤八剌哈哈”，又说，现今的岳斯斤是他的子孙。《世系表》记载为“窠斤八剌哈哈”，也就是现今的岳里斤。“一个名叫把儿坛把阿秃儿。”《元史·本纪》中写作“八哩丹”。《世系表》及《南村辍耕录》写作“八里丹”，是太祖成吉思汗的祖父。《蒙古源流》写作“巴尔达木巴图尔”。《元史·兵志》记载，“忠勇的人被称为霸都鲁”。李文田案，把阿秃儿、巴图尔都是霸都鲁的对音。“一个名叫忽秃黑秃蒙古儿。”后文第四卷序《太祖世次》中写作“忽秃黑秃蒙列儿”。《南村辍耕录》中写作“忽都鲁咩聂儿”。今案，咩聂儿与蒙列儿发音较为吻合，于是可知古字是流传抄写的错字。“一个名叫忽图刺合罕。”《南村辍耕录》中写作“忽鲁剌罕”。“一个名叫忽阑。”《南村辍耕录》中写作“急阑八都儿”。“一个名叫合答安。”《南村辍耕录》中写作“合丹八都儿”。“一个名叫脱朵延斡惕赤斤。”《元史》中写作“脱端”，《南村辍耕录》中写作“掇端斡赤斤”。被称为“斡赤斤”的人，在本书中多次被提到，都是用来称呼年龄最小的孩子，斡赤斤一词疑似指当时蒙古语中的小王子。

“斡勤巴儿合黑的子，名忽秃黑秃主儿乞。”巴儿合黑，《史》作“八剌合”。《满洲源流考》曰：“《新唐书》渤海俗谓王曰可毒夫。”按蒙古语谓福曰“呼图克”[1]，唐古特[2]语谓再来人曰胡土克图[3]，元时曾用为帝号。则可毒夫或即胡土克图之译音。展转传讹，则忽秃黑秃乃胡土克图之对音，无可疑也。主儿乞[4]，以后文四卷考之，乃无敌之称。

注释

[1]呼图克：为蒙古语音译，其意为“福”“寿”。 [2]唐古特：一译唐古忒，是清朝文献中对青藏地区及当地藏族的称谓。[3]胡土克图：也写作“呼图克图”，为蒙古语音译，即有寿之人，有长生不老之意。清代成为中央朝廷授予蒙、藏地区藏传佛教上层大活佛的封号。册封为“呼图克图”者，其名册皆载于理藩院档案中，并发给印信，其下一辈转世，须经清廷代表（钦差）主持金瓶掣签仪式而加以承认。到清朝末年，在理藩院注册的呼图克图共达243人，如哲布尊丹巴领漠北蒙古；以章嘉为首八大呼图克图领漠南蒙古。西藏则有37位呼图克图，涵盖格鲁、噶玛、宁玛都等多个教派。 [4]主儿乞：蒙古统一之前的乞颜三部之一，也作主儿勤、月儿斤、禹儿乞等。铁木真三世祖合布勒的长子斡勤巴儿合黑，以长子地位挑选百姓中最勇敢善战者组建主儿乞氏族，势力强盛，其后人形成主儿乞氏。南宋绍熙五年（1194），主儿乞部曾袭击铁木真牧地的留守营寨；庆元三年（1197）为铁木真所败，部众并入蒙古部。

今译

“斡勤巴儿合黑的儿子，名叫忽秃黑秃主儿乞。”巴儿合黑，在《元史》中写作“八剌合”。《满洲源流考》曾讲道：“在《新唐书》中，渤海一带民族的风俗称大王为可毒夫。”按，蒙古语将“福”字称为“呼图克”，藏语（唐古特语）将转世重生的人称为胡土克图，元代时曾被作为皇帝的称号。那么，可毒夫可能就是胡土克图的译音。经过多次的辗转翻译，那么忽秃黑秃就是胡土克图的对音，这是毫无疑问的。主儿乞，用后文四卷的内容考证后得知，是无敌的意思。

“忽秃黑秃主儿乞生二子，一名薛扯[1]别乞[2]。”别乞犹今回部[3]之伯克[4]也。薛扯，《元史》作薛彻。**“一名台出。”**《太祖纪》曰：“昔者吾国无主，以薛彻大丑[5]二人，实我伯祖八剌合之裔。”大丑即台出也。又《畏答儿传》曰：“时太畴强盛，其兄畏翼率属归之。畏答儿力止不听，追之又不肯还，畏答儿[6]乃还事太祖。”所云太畴，即大丑之对音。

注释

[1] 薛扯：元朝建立之前主儿乞部首领，又译作撒察、薛撒、薛扯。忽秃黑秃主儿乞之子。与成吉思汗同宗，均为合不勒罕曾孙，淳熙十六年（1189），率众归依铁木真，与诸部共推铁木真为蒙古部汗。后自恃为合不勒罕长支，势力强盛，“冀图王权”，与铁木真构难，且袭击铁木真的奥鲁（后方老营）。庆元三年（1197），为铁木

真击败，与大丑一起被执杀。［2］别乞：蒙古语“族长”的意思。［3］回部：清代对新疆天山南路的通称。乾隆二十四年（1759）平定大小和卓之乱后，西域重入清朝版图，称为“西域新疆”，后简称“新疆”。新疆分为南北二部分，天山以南之地为“回部”，该地为维吾尔族、乌孜别克族等少数民族聚居区。天山以北的蒙古准噶尔族故地为“准部”，合称“南回北准”。［4］伯克：突厥语音译，意为“首领”“管理者”，初为突厥汗国的官号，初见于8世纪的突厥文碑铭。清代维吾尔族有“伯克”这一名称的官职，为世袭制。乾隆二十四年（1759）改革“伯克”制度，废除世袭制，但仍作为新疆的基层行政制度。光绪十年（1884）新疆建为行省，以州县制代替维吾尔族地区的伯克制度，但仍保留伯克的品级。［5］大丑：元朝建立之前主儿乞部首领薛扯之弟，又译作台出、太畴。庆元三年（1197），为铁木真击败，与兄薛扯一起被执杀。［6］畏答儿：蒙古大将，以勇猛善战著称。

今译

“忽秃黑秃主儿乞生了两个儿子，一个名叫薛扯别乞。”别乞犹如今回部的伯克。薛扯，《元史》中写作“薛彻”。“一个名叫台出。”《元史·太祖本纪》记载：“过去的时候，我们国家没有主君，其中薛彻、大丑两人，实际上是我伯祖八剌合的后裔。”大丑就是台出。又有《畏答儿传》记载：“当时，太畴的势力很强盛，他的兄弟畏翼率领部下归附。畏答儿强力阻止但他不肯听，追他也不愿意回来，畏答儿于是回来辅佐太祖。”这段记载中的“太畴”就是“大丑”的对音。

“他每做了主儿乞姓氏。”主儿乞氏后为太祖所灭，然《辍耕录》蒙古氏族七十二种，尚有术里乞及术里歹，皆主儿乞对音字也，则犹有[1]存矣。**“把儿坛把阿秃儿生四子，一名忙格秃乞颜。”**《元史·表》及《辍耕录》作“蒙哥睹黑颜”。《源流》作“孟格图彻辰”。**“一名捏坤太子。”**《元史·表》及《辍耕录》作“聂昆大司”，《源流》作“纳衮泰宝”。**“一名也速该把阿秃儿[2]。”**《元史·纪》作“也速该”，即元太祖之父烈祖神元皇帝也，《源流》作“伊苏凯巴图尔”。**“一名答里台斡赤斤。”**《辍耕录》作“答里真”。答里真子曰火纳耶耶，生小哥王及宁王阔阔出[3]，阔阔出生也里干王。《源流》作“达哩岱谔济锦”。

注释

[1] 犹有：仍然有保留。 [2] 也速该把阿秃儿：孛儿只斤·也速该，蒙古族乞颜部军事首领，谥号“神元皇帝”，铁木真（成吉思汗）之父。其出征后在一次与塔塔尔部落的战争中俘虏了塔塔尔部的首领铁木真兀格，此时恰逢妻子诃额仑生产，便给出生的儿子起名叫铁木真。 [3] 阔阔出：蒙古统一之前泰赤乌部部属别速惕部人，成吉思汗母亲诃额仑的“四养子”之一。蒙古建国后，受封为功臣千户长，于“八十八功臣”中位列第十八。

今译

“这两个人都做了主儿乞部族的姓氏。”主儿乞部族后来被太祖消灭，然而《南村辍耕录》中记载的蒙古氏族共七十二种，其中还有术里乞及术里歹等，这些都是主儿乞的对音，从中可知主儿乞部族仍然有余部存在啊。“把儿坛把阿秃儿生了四个孩子，一个名叫忙格秃乞颜。”《元史·世系表》及《南村辍耕录》写作“蒙哥睹黑颜”。《蒙古源流》写作“孟格图彻辰”。“一个名叫捏坤太子。”《元史·世系表》及《南村辍耕录》写作“聂昆大司”，《蒙古源流》写作“纳衮泰宝”。“一个名叫也速该把阿秃儿。”《元史·本纪》写作“也速该”，即元太祖的父亲烈祖神元皇帝，《蒙古源流》写作“伊苏凯巴图尔”。“一个名叫答里台斡赤斤。”《南村辍耕录》写作“答里真”。答里真的儿子叫火纳耶耶，生了小哥王及宁王阔阔出，阔阔出生了也里干王。《蒙古源流》写作“达哩岱谔济锦”。

“忽秃黑秃蒙古儿生一子，名不里孛阔[1]。”《元史·本纪》作“播里”。后文四卷又作“不里孛可”。“于斡难河边筵会时，将太祖的弟别勒古台的肩甲砍破的，便是这不里孛阔。”事见后文四卷。别勒古台，《纪》作“别里古台”。案，孛阔及孛可与前文别克皆音义相同。《金史·百官志》曰：“诸谋克，从五品，掌抚辑军户，训练武艺。”疑谋克急读，亦即别克同音矣。“忽图剌合罕[2]生三子，一名拙赤[3]。”后文太祖长子亦曰拙赤。则拙赤者，犹云大太子也。“一名吉儿马兀，一名阿勒

坛。”阿勒坛《本纪》作按弹。

注释

［1］不里孛阔：成吉思汗时期的蒙古亲王，蒙古语中“孛阔”即大力士之意。［2］忽图剌合罕：忽图剌，蒙古部落的汗之一，是成吉思汗曾祖父合不勒的第四个儿子；合罕，蒙古语“可汗”的意思。［3］拙赤：指孛儿只斤·拙赤合撒儿，成吉思汗胞弟。他从少年时代起跟随成吉思汗，为蒙古族的统一和大蒙古国的建立，立下了不朽的功勋，是蒙古民族历史上伟大的政治家和军事家之一。

今译

“忽秃黑秃蒙古儿生了一个孩子，名叫不里孛阔。”《元史·本纪》写作“播里”。后文四卷又写作“不里孛可”。“在斡难河边筵集聚会的时候，将太祖的弟弟别勒古台的肩甲砍破的人，便是这个不里孛阔。”详细记载可参见后文四卷。别勒古台，《元史·本纪》写作“别里古台”。案，“孛阔”“孛可”与前文的“别克”都是相同发音的词。《金史·百官志》记载：“各个谋克，是从五品的官职，掌管户籍和军户，训练武艺。”这似乎就是谋克一词发音的快读，也和别克一词发音相同。“忽图刺合罕生了三个孩子，一个名叫拙赤。”后文太祖的长子也被称为拙赤。从中可知，拙赤就是蒙古族大太子的意思。“一个名叫吉儿马兀，一个名叫阿勒坛。”阿勒坛在《元史·本纪》中写作“按弹”。

“忽阑把阿秃儿的子也客扯连。”按，后文六卷以也客扯连为塔塔儿种人，若以谱系考之，则也客扯连乃烈祖[1]之从兄弟也，岂塔塔之与达达，本非两种乎？**“有两个奴婢一名把歹[2]。”**后文六卷所称放马人巴歹，即其人也。**“一名乞失黎黑。”**《太祖纪》作乞力失，当作乞失力。盖[3]《本纪》多采《皇元圣武亲征记》[4]，此书抄录脱落颠倒，不一而足。惟《元史·哈剌哈孙列传》作启昔礼[5]，可证其当作乞失力也。

注释

[1]烈祖：指成吉思汗之父孛儿只斤·也速该，至元三年（1266），追谥庙号为“烈祖”，谥号为“神元皇帝”。 [2]把歹：指蒙古语中的放马人。 [3]盖：副词，大概，大约。 [4]《皇元圣武亲征记》：作者佚名，也作《皇元圣武亲征录》，全书共1卷，记载成吉思汗统一蒙古各部及向西发动军事征讨之事。由于原书抄录脱落、颠倒之处甚多，李文田曾校注此书，并于光绪二十年（1894）刊行。沈曾植、王国维等均有校本。法国伯希和、日本那珂通世均有注释本，可见国内外学术界对此书的重视。 [5]启昔礼：又译作乞失里黑、启昔里等，斡剌纳儿氏。他和巴歹原是也客扯连的牧马人，后来成了蒙古开国功臣之一，受赐克烈部汪豁真人，并赐号“答剌罕”，子孙世袭。大蒙古国建立后受封为千户功臣，此后还曾率军出征金、西域等地。1236年，与巴歹一同受到分封。

今译

“忽阑把阿秃儿的儿子名叫也客扯连。”按，后文六卷认为也客扯连是塔塔儿部族的人，如果以蒙古谱系来考证，那么可知也客扯连是烈祖的从兄弟，难道塔塔和达达，本来不是两个种族吗？“有两个奴婢，一个叫把歹。”后文六卷中被称作牧马人的巴歹，就是这个人。“一个叫乞失黎黑。”《元史·太祖本纪》写作“乞力失”，实际上应当写作“乞失力”。大概原因在于《元史·本纪》多采用《皇元圣武亲征记》一书的史料，而这本书抄录脱落、颠倒的现象十分普遍。只有《元史·哈剌哈孙列传》记作“启昔礼”，可证明这个词原本应当写作“乞失力”。

“后来到太祖时，都教做了答剌儿罕官人。”《哈剌哈孙[1]列传》云：“擢为千户，赐号答剌罕。”《元文类》有刘敏中[2]《丞相顺德王忠献王哈剌哈孙碑》曰：“曾祖启昔礼，赠推忠佐命宣力功臣太师开府仪同三司上柱国，追封顺德王，谥忠武。重厚，有英才。遇太祖皇帝于飞龙见跃之际，知可汗将袭之，趣告帝为备。果至，我兵纵击，大败之。以功擢千户，赐号答剌罕，译言一国之长。帝谓侍臣：‘彼家不识天意，故来相害，是人告我，殆天所使，我许为自在答剌罕矣。’因赐御帐什器，及宴饮乐节，如宗王仪。”《元史·哈剌哈孙传》记启昔礼事，较此为简。所云可汗，即《秘史》王罕名脱斡璘者也。马祖常[3]《太平王燕帖木儿碑》曰：“答剌罕，华言世贷[4]之也。”**“惟合答安[5]、脱朵延两个无子嗣。”**脱朵延，他日之弃太祖归泰赤乌部[6]者。

注释

［1］哈剌哈孙：元朝政治家，斡剌纳儿氏，蒙古族。金泰和三年（1203），也客扯连及其堂兄阿勒坛依附于克烈部长王汗脱斡怜勒，共谋以兵袭击铁木真，启昔礼得知消息，遂与另一帐下马夫巴歹连夜潜往告变。克烈部覆亡时，铁木真恩赐以金帐和百姓，加号“答剌罕”。1206年成吉思汗即位后，授为千户那颜。其后，参加对西夏王国和花剌子模的征讨。［2］刘敏中：字端甫，济南章丘人，元朝官员。至元十一年（1274），任监察御史，直言弹劾权臣桑哥的奸邪，没有成功，便辞官还乡，后被起任御使台都事。有《中庵集》行世。死后追封齐国公，谥号“文简”。［3］马祖常：色目人，字伯庸，元朝著名政治家、诗人。延祐二年（1315），会试第一，廷试第二，授应奉翰林文字，拜监察御史。此后，历任翰林直学士、礼部尚书、参议中书省事、江南行台中丞、枢密副使等职。［4］世贷：“世代享用”之意。查“答剌罕”一词为蒙古长期沿用的官职名，成吉思汗所封之答剌罕均为对其本人或后代有重要恩情之人，可见“世贷”与“世袭”意思相近。［5］合答安：元太祖成吉思汗铁木真的皇后，蒙古泰赤乌部速勒逊都氏锁儿罕失剌之女，赤老温之妹。［6］泰赤乌部：蒙古部落之一，属于尼伦蒙古，是俺巴孩汗的后代，后为成吉思汗所灭。

今译

“后来，等到太祖当政时，全部都被封为了答剌儿罕的官员。”《哈剌哈孙列传》记载：“提拔为千户，赐号答剌罕。”《元文类》中收录有刘敏中的《丞相顺德王忠献王哈剌哈孙碑》，其记载：“曾祖启昔礼，被封为推忠佐命宣力功臣太师开府仪同三司上柱国，追封为顺德王，谥号忠武。其为人厚重，有卓越的才能。正赶上太祖皇帝即将称帝的时候，便知晓可汗将要背叛太祖，于是急忙报告太祖皇帝留心戒备。果然叛兵来到，我兵大力攻击叛军，使得叛军大败。凭借这个功绩被提拔为千户，赐号答剌罕，即一国之长的意思。皇帝对侍臣说：‘这些人不知道上天的意图，于是打算杀害我。遇到有人来向我报告，这是上天的驱使和安排，我允许册封你为自在答剌罕。’于是赏赐御用的围帐和许多珍贵的器具，以及宴饮时候的乐伎，等同于宗王一样的礼仪。”《元史·哈剌哈孙传》中记载的启昔礼的故事，比上文简略一些。其中所称呼的可汗，即《元秘史》中的王罕，名叫脱斡璘的那个人。马祖常在《太平王燕帖木儿碑》中说：“答剌罕，就是汉语世代享受的意思。”“唯有合答安、脱朵延两个人没有子嗣。”脱朵延，就是日后抛弃太祖归顺泰赤乌部的那个人。

阅读指南

《元秘史》（见画线部分）从“众达达百姓”到“今后以我为戒，你每将五个指甲磨尽，便坏了十个指头。也与我每报雠”，这一部分主要讲述成吉思汗三世祖合不勒汗的堂兄弟和继承者俺巴孩的事迹。

“众达达百姓。”宋黄震[1]《古今纪要逸编》曰：“鞑靼与女真同种，皆靺鞨之后。其居混同江者曰女真，其居阴山北者曰鞑靼。鞑靼之近汉者曰熟鞑靼，远于汉者曰生鞑靼。生鞑靼有二：曰黑、曰白，皆事女真。黑鞑靼至忒没真[2]叛之，自称成吉思皇帝。又有蒙古国者，在女真东北。至我嘉定[3]四年，鞑靼始并其名号，称大蒙古国。”文田案，《秘史》有称塔塔儿者，有称达达者。达达即鞑靼。大率克鲁连河[4]以东，为金人地，则称塔塔。克鲁连河以西，色楞格河以东，为元人地，则称达达也。宋孟珙[5]《蒙鞑备录》曰：“鞑靼始起地处契丹之西北，族出于沙陀别种，故于历代无闻焉。其种有三，曰黑、曰白、曰生。所谓白鞑靼者，颜貌稍细。所谓生鞑靼者，甚贫，且拙，且无能为，但知乘马随众而已。今成吉思皇帝，及将相大臣，皆黑鞑靼也。大抵鞑人最长者，不过五尺二三寸。其面横阔，而上下有颧骨。眼无上纹，髮须绝少，行状颇丑。惟今鞑主忒没真人物雄壮，所以异[6]也。”

注释

［1］黄震：南宋官员、学者，字东发，号文洁，慈溪（今属浙江）人。宝祐四年（1256）进士，历仕史馆检阅、广德军通判，编撰有《古今纪要逸编》等。　［2］忒没真：铁木真。　［3］嘉定：是南宋皇帝宋宁宗的最后一个年号，共计17年。　［4］克鲁连河：今译作怯绿连河，即驴驹河或龙居河。发源于蒙古大肯特山东南，屈曲东北流三千余里入我国内蒙古呼伦贝尔盟呼伦湖。1229年，蒙古太宗窝阔台在此即汗位。　［5］孟珙：南宋军事家。字璞玉，号无庵居士，随州枣阳（今湖北枣阳）人。其出身将门，曾祖孟安、祖父孟林都为岳飞部将。孟珙早年随父抗金，并参与灭金的蔡州之战。宋蒙战争爆发后，孟珙以一人之力统御南宋三分之二战线上的战事，凭借在抵抗蒙古军中的杰出表现，其被后世军史家称为“机动防御大师”。死后特赠太师、吉国公，谥号“忠襄”。　［6］异：以……为怪异。

今译

“众达达的百姓。”南宋黄震的《古今纪要逸编》记载：“鞑靼与女真起源于相同的种族，都是靺鞨的后代。居住在混同江的这一部被称为女真；居住在阴山北面的这一部被称为鞑靼。鞑靼靠近汉族地区的那些人被称为熟鞑靼，远离汉族地区的那些人被称为生鞑靼。生鞑靼有两支：一个是黑鞑靼，一个是白鞑靼，都依附女真人。黑鞑靼到了忒没真（铁木真）的时候反叛，自称成吉思皇帝。又有蒙古国，势力范围在女真的东北部。到我朝（南宋王朝）嘉定四年（1211），鞑靼开始合并部族的名号，称为大蒙古国。”李文田案，《元秘史》中有称塔塔儿的部族，有称达达的部族。达达就是鞑靼。大概克鲁连河以东，为金人的地盘，则被称为塔塔。

克鲁连河以西，色楞格河以东，为元人的地盘，则被称为达达。南宋孟珙撰写的《蒙鞑备录》记载：“鞑靼兴起的地方在契丹的西北面，其族人属于沙陀族的一个分支，因此在历代中没有听说过。他们的族人分为黑、白、生三种。被称为白鞑靼的族人，外貌稍微精致些。被称为生鞑靼的族人，十分贫穷、笨拙，且没有其他技能，只知道骑马跟随着众人罢了。现今的成吉思皇帝及将相大臣，都属于黑鞑靼。大概鞑人长得最高的，也不超过五尺二三寸。这些人面貌横阔，并且上下都有颧骨。眼眶没有纹线，头发和胡须都很少，外貌非常丑陋。只有今鞑靼的主人忒没真长得十分高大魁梧，所以令人十分惊奇。”

“合不勒皇帝管着来。”《蒙鞑备录》曰：“鞑国所邻，前有乣族，左右乃沙沱等部。旧有蒙古斯国，在金人伪天会[1]间，亦尝扰金虏为患，金虏尝与之战，后乃多与金帛和之。”云云。按此，知蒙古斯国，即《秘史》合不勒称汗事，盖当金太宗[2]、熙宗两主天会间也。《录》又引李大谅[3]《征蒙记》曰：“蒙人尝改元天会，自称太祖元明皇帝。珙尝讨究于彼，开[4]蒙已残灭久矣。”云云。案孟珙著书以辛巳为今年，计当宋宁宗[5]嘉定十四年，金宣宗（原文作“金宁宗”）兴定五年，而元太祖改元之十九年也。诸书叙蒙古改元天兴，在熙宗皇统七年，而蒙人改元称帝，早已在前残灭。则天兴一号，即是合不勒无可疑者。又案，宋岳珂《桯史》[6]，亦引李大谅《征蒙记》，以证兀述之封梁。则李大谅作《征蒙记》，在高宗绍兴年间，其去元世祖灭宋，殆及百年，知合不勒与俺巴孩事皆在南渡时。盖金源南伐之日，螳螂捕蝉，不知黄雀之在后。而西北边防空缺，遂有蒙人起而为卧榻之鼾[7]也。然是时金人尚强，故能灭蒙古，掳俺巴孩。中隔数十年，始有元太祖之事。

注释

[1]伪天会：“伪”即僭越、虚假之意，类似伪军；“天会”原为北汉君主刘钧之年号，后来金太宗与金熙宗也用过此年号，《蒙鞑备录》作者孟珙站在贬斥金人的立场，将其年号前加一“伪”字。[2]金太宗：指完颜晟，女真名完颜吴乞买，金太祖完颜阿骨打之四弟，金朝第二代皇帝，1123年即位。[3]李大谅：金朝人，著有史书《征蒙记》，学术界对其真伪存在争议。[4]开：此处李文田版本写作“開”（开），查证其他文本写作“闻”，疑似原文之误。[5]宋宁宗：赵扩，宋朝的第十三位皇帝。平素虚心好学，生活节俭，并善于听取臣下意见，虽在两次宋金战争的问题上摇摆不定，但是其统治期间尚称平稳。[6]《桯史》：南宋岳珂撰写的朝野见闻笔记，共15卷，140条。分别记叙两宋人物、政事、旧闻等，其中南宋部分系作者亲身见闻，尤为可信。有一定史料价值，为历代史家所重视。岳珂，字肃之，抗金名将岳飞之孙。[7]卧榻之鼾：乃北宋太祖“卧榻之侧，岂容他人酣睡”一语的化用，常喻自己的势力范围或利益，绝不允许别人侵占。

今译

“合不勒皇帝管理着全部的达达百姓。”《蒙鞑备录》记载：“与鞑国相临的部族，前方有乣族，左右有沙陀等诸部。以前有蒙古斯国，在金人僭越王朝的天会年间，也经常惊扰金人引起祸患，金人曾与蒙古人大战，后来也就常用金钱和布匹来达到和平的目的。”等等。从此记载中可以得知，蒙古斯国以及《元秘史》中记载的合不勒称王之事，一定发生在金太宗、金熙宗两皇帝的天会年间。《蒙鞑备录》又引用李大谅《征蒙记》的记载，称：“蒙人曾经改年号为天会，自称太祖元明皇帝。孟珙曾对这段历史进行了考证，听闻这个时候蒙古人已经残灭很久了。”等等。案，孟珙著书时写的是辛巳年（1221），即南宋宁宗嘉定十四年（1221），金宣宗兴定五年（1221），以及元太祖改元的十九年（1221）。这些书叙述蒙古改年号为天兴，在金熙宗皇统七年（1147），而蒙人改元称帝，早就已经在前面完成了。于是，史书中天兴这个年号，是合不勒的年号是无可置疑的。又案，南宋岳珂的《桯史》一书也引用李大谅的《征蒙记》，来论证兀述封梁的事情。但是李大谅撰写《征蒙记》的时间，在宋高宗绍兴年间，其相距此后的元世祖灭宋，大约是百年的事了，知道合不勒与俺巴孩的事情皆在宋人南渡的时候。所以，金人向南征战的时候，螳螂捕蝉，不知黄雀在后，导致了自己西北边防的空缺，于是有蒙古人的迅速兴起，（进而占有）就好比卧榻之鼾。但是那个时候金人尚且强大，所以能打败蒙古人，掳走其首领俺巴孩。中间隔了几十年后，才有元太祖后来的事情。

“合不勒皇帝虽有七个儿子，都不曾委付，却教想昆必勒格的孩儿俺巴孩管了。”想昆必勒格，乃合不勒之从叔，俺巴孩与合不勒为再从兄弟，与之共曾祖海都者也。案，《本纪》：“葛不律寒殁，子八哩丹嗣。八哩丹殁，子也速该嗣。”史所云葛不律寒，即此文之合不勒罕也。以此文考之，合不勒罕七子，其二把儿坛，其四忽图剌。合不勒殁，舍其七子不立而立从弟俺巴孩。《本纪》称为咸补海罕者也。咸补海罕为金人所掳[1]，众立忽图剌合罕。《本纪》（原文作《元纪》）所谓“金杀帝宗亲咸补海罕，帝欲复仇”，即补叙[2]其事也。虽烈祖有救王罕事，然烈祖本未为罕，故称把阿秃儿。与今所谓巴图鲁者相同，既非称罕，亦未嗣位也。《本纪》以也速该为嗣位者，明代撰《元史》者之误也，当以《秘史》为信。

注释

［1］掳：把人抢走。 ［2］补叙：补充叙述。

今译

“合不勒皇帝虽然有七个孩子，都不曾委以重任，却把蒙古事务交给想昆必勒格的孩儿俺巴孩来管理。”想昆必勒格，是合不勒的族叔，俺巴孩与合不勒为堂兄弟，他俩有共同的曾祖海都。案，《元史·本纪》讲道：“葛不律寒死后，其子八哩丹继位。八哩丹死后，其子也速该继位。”史书中所记载的葛不律寒，即这一文段中的合不勒罕。用这篇文章来考证，合不勒罕有七个儿子，次子名叫把儿坛，其四子名叫忽图剌。合不勒死后，舍去其七个孩子不委以重任而册立他的堂弟俺巴孩。俺巴孩就是《元史·本纪》中被称为咸补海罕的那个人。咸补海罕被金人掳走，蒙古部众于是拥立了忽图剌合罕。《元史·本纪》中记载的“金人杀害皇帝的宗亲咸补海罕，皇帝想要复仇”，就是补充说明这件事情啊。即使烈祖做过救王罕的事，但是烈祖那个时候还不是大汗，于是被称为把阿秃儿，和今日所谓的巴图鲁，是一个意思。既非称罕，也没有嗣位。《元史·本纪》中把也速该记述为嗣位者，是明代人撰写《元史》的错误之处，应该把《元秘史》中的记载作为最为可信的史料。

“捕鱼儿海子[1]。”今蒙古喀尔喀部克鲁伦河所汇之泽。《水道提纲》谓之“布伊尔湖”，亦谓之“布育里鄂模”者也。今名贝尔池，明人称为捕鱼儿海。叶向高《四裔考》曰：“洪武二十一年夏，永昌侯蓝玉[2]为征虏大将军，率兵由大宁进至庆州。闻虏主脱古思帖木儿在捕鱼儿海亟薄之，虏不意[3]师至，大惊，遁去。”即其地也。国朝西清《黑龙江外纪》曰：“贝尔池亦作布雨尔池，国语布雨二字切读成贝，故并存之。古名捕鱼儿海，方数百里，亦产盐，在乌拉总营处西南三百五十里。蒙古境内之喀尔喀河是其源，北流为乌尔孙河，则呼伦池水之所会也。”案，乌尔孙即下文元儿失温之对音。布雨儿即捕鱼儿之对音也。

注释

［1］捕鱼儿海子：湖名，即今内蒙古境内的贝尔湖。有哈拉哈河汇入，乌尔逊河流出，面积600余平方千米。蒙古诸部统一前，塔塔儿部世居此地。［2］蓝玉：明朝开国将领。其有胆有谋，勇敢善战，屡立战功。于捕鱼儿海大破北元，名震天下。洪武二十六年

（1393），以谋反罪被杀，剥皮实草，传示各地。究其所谓党羽，牵连致死者达一万五千余人，史称“蓝玉案”。 ［3］不意：没有想到。

今译

“捕鱼儿海子”是今蒙古喀尔喀部克鲁伦河所交汇而成的湖泊。《水道提纲》中称其为“布伊尔湖”，也称其为“布育里鄂模”。今日的名称为“贝尔池”，明代称之为“捕鱼儿海”。叶向高的《四裔考》记载：“洪武二十一年（1388）夏，永昌侯蓝玉担任征虏大将军，率兵从大宁进至庆州。听说蒙古首领脱古思帖木儿在捕鱼儿海，随即前往征讨，首领没有想到军队的到来，大为惊讶，立即逃跑。”它讲的就是这个地方。我朝西清的《黑龙江外纪》记载：“贝尔池也被称为布雨尔池，国语布雨二字切读成贝，于是一并写在一起。旧时名称为捕鱼儿海，面积数百里，也盛产食盐，其位置在乌拉总营处西南部三百五十里。蒙古境内的喀尔喀河是其源头，向北流为乌尔孙河，最后汇入呼伦池。”案，“乌尔孙”即下文“元儿失温”的对音。“布雨儿”即“捕鱼儿”的对音。

“阔连海子[1]。”明金幼孜[2]《北征录》曰：“永乐[3]八年六月初二日午，经阔滦海子，上令往观。去营可五六里，有山如长隄以限水。海子甚阔，望之无畔岸。遥望水高如山，但见白浪隐隐自高而下。上曰：此水周围千余里，斡难胪朐七河注其中，故大也。”《水道提纲》曰：“枯伦湖，即古俱伦泊，亦曰阔滦海子者也，今名唤呼伦池。”《黑龙江外纪》曰：“呼伦池，古名俱轮泊。”《唐书·室韦[4]》：“西有乌素固部，当俱轮泊之西是也。”明谓阔滦海子，源出肯特山阳[5]。东流为克勒伦河，古名胪朐河，至黑龙江乌拉总营驻处之西二百五十里。会乌尔孙河之水，汇为池，方数百里，产五色盐，不煮可食。

注释

［1］阔连海子：湖名。又作“阔连纳浯儿”“阔滦海子”等，即今内蒙古境内的呼伦湖。［2］金幼孜：明朝大臣。名善，以字行，号退庵，江西临江府新淦（今属江西省峡江县罗田镇徘山村）人。著有《北征录》《后北征录》，后人集其遗文辑成《金文靖集》。［3］永乐：明朝第三位皇帝明成祖朱棣的年号。［4］室韦：中国古代东北民族。又作“失韦”“失围”等，北魏时始见于记载。源于东胡鲜卑，与契丹同出一源。以兴安岭为界，南部为契丹，北部号室韦。居地在今黑龙江中上游两岸及嫩江流域。［5］山阳：山南水北谓之阳，山阳即山的南边。

今译

“阔连海子。”明人金幼孜撰写的《北征录》称：“永乐八年（1410）六月初二日午间，经过阔滦海子，皇帝下令前往观看。距离军营大约五六里的路程，有一座像长堤一样的高山限制住湖水。这个湖泊非常广阔，一眼望不见对岸。远远望去水面像山一样高，但能看见白浪隐隐从高处慢慢流下。皇帝说：此水周围千余里的范围内，有斡难胪朐等七条河注入其中，因此十分宽大。”《水道提纲》记载：“枯伦湖，为古时的俱伦泊，也被称为阔滦海子，如今被人们称为呼伦池。”《黑龙江外纪》称：“呼伦池，以前被称为俱轮泊。”《唐书·室韦》称：“西面有乌素固部族，应当是俱轮泊的西面。”明人称之为“阔滦海子”，它发源于肯特山的南面。向东流为克勒伦河，古名胪朐河，一直流到黑龙江乌拉总营驻处西面二百五十里。汇合乌尔孙河的河水，形成一个大湖，面积几百里，盛产彩色的食盐，不用烹煮即可食用。

“两个海子中间的河，名兀儿失温。”今喀尔喀河源出蒙古特尔根山[1]，流入贝尔池[2]。又从贝尔池东出，为鄂尔顺河。《水道提纲》谓之“乌顺河”。《黑龙江外纪》作“乌尔孙河”。兀儿失温，即乌顺，与鄂尔顺、乌尔孙皆对音也。

注释

[1]特尔根山：古山名，或译作忒里葛山，在今内蒙古自治区鄂温克族自治旗南伊敏河源处。 [2]贝尔池：今贝尔湖，即前文中的“捕鱼儿海”。

今译

“两个海子中间的河，名叫兀儿失温河。”今喀尔喀河发源于蒙古特尔根山，流入贝尔池。又从贝尔池向东流出，为鄂尔顺河。《水道提纲》称其为“乌顺河”。《黑龙江外纪》写作“乌尔孙河”。兀儿失温，即

"乌顺"，与鄂尔顺、乌尔孙等词语都是对音。

"那边住的塔塔儿[1]一种人。"《辍耕录》："蒙古七十二种氏族，有塔塔歹，有塔塔儿，均即此也。今地图塔里泊之南有卡伦[2]，名哲格勒图，是其地也。"塔里即塔塔里，此泊以塔塔儿得名矣，元时本亦名答儿海子。《特薛禅[3]列传》曰："至元七年，斡罗陈万户及其妃囊加真公主请于朝曰：本藩所受农土[4]，在上都东北三百里。答儿海，实驻夏之地，可建城邑以居。帝从之，遂名其城为应昌府[5]。二十二年改为应昌路。大德元年名其城为全宁路。"

注释

[1] 塔塔儿：又称鞑靼部，它是13世纪蒙古兴起以前漠北地区人数众多、强大、富有的部族。该部的分支很多，驻牧地主要分布于阔连海子、捕鱼儿海子一带。 [2] 卡伦：亦作喀伦、卡路、喀龙，为"台"或"站"的满语音译。清朝特有的一种防御、管理设施，它在清代的社会治安、生产、资源管理，以及边防建设、疆域形成等方面均起到了不可忽视的作用。 [3] 特薛禅：又作德薛禅，姓孛思忽儿，弘吉剌氏，世居朔漠。本名特，跟从铁木真起兵有功，赐名薛禅，义为智者，故又称特薛禅。其女儿孛儿帖后来成了元太祖成吉思汗的皇后。 [4] 农土：用于耕作的土地。 [5] 应昌府：古地名。蒙古至元七年（1270）置，属中书省。治所在今内蒙古克什克腾

旗附近。

今译

“另一边生活着名叫塔塔儿的部族。”《南村辍耕录》记载：“蒙古七十二种氏族，有塔塔歹、塔塔儿，都是指这个部族。今地图塔里泊的南部有卡伦，名哲格勒图，是他们的活动范围。”塔里也就是塔塔里，这个湖泊因为塔塔儿部族在此生活而得名，元代时原本被称为答儿海子。《特薛禅列传》记载，“至元七年（1270），斡罗陈万户及其妃囊加真公主向朝廷请奏：我们族人得到的耕作农田，位置在上都东北三百里。答儿海，实际上是夏季放牧的地域，可以在那儿建城邑居住。皇帝答应了他们，于是将这座城命名为应昌府。至元二十二年（1285）改为应昌路。大德元年（1297）将这座城的名字改为全宁路。”

“俺巴孩将女儿嫁与他，亲自送去。被塔塔儿人拏了送与大金家。”此金世宗[1]大定间事也。《金史·本纪》曰：“金之先出靺鞨氏，本号勿吉，古肃慎地也。”元魏时，勿吉有七部。唐初，有黑水靺鞨、粟末靺鞨。开元中，置黑水府。其后渤海盛强，黑水役属之。五代时，契丹尽取渤海地，黑水属于契丹。其在南者，籍契丹，号熟女直[2]。在北者，号生女直。金之始祖谓函普，生二男，长乌鲁，次斡鲁。乌鲁子跋海，跋海子绥可，绥可子石鲁，石鲁子乌古迺，自始祖至此六世矣。第二子是为世祖劾里钵，卒。母弟[3]肃宗颇剌淑袭，卒。母弟穆宗英格袭，卒。兄子乌雅舒袭，卒。世祖第二子阿骨打袭为都勃极烈[4]。辽人尝言女直兵满万则不可敌，至是始满万云。收国元年[5]正月壬申朔，即皇帝位，上曰：“辽以宾铁为号，终亦变坏，惟金不变不坏，于是国号大金。”《蒙鞑备录》曰：“鞑人在本国时，金虏大定间，燕京及契丹地有谣言云：‘鞑鞑来，鞑鞑去，赶得官家没处去。’葛酋雍宛转闻之，惊曰：‘必是鞑人，为我国患。’乃下令极于穷荒，出兵剿之。每三岁遣兵向北剿杀，谓之灭丁[6]，迄今中原尽能记之。鞑人逃遁沙漠，怨入骨髓。至伪章宗立，明昌年间，不令杀戮。以是鞑人稍稍还本国，添丁长育。”云云。按孟珙所称，则俺巴孩所以被拏送与金人者，乃是灭丁之故也。

注释

[1]金世宗：指完颜雍，字彦举，女真名完颜乌禄，金朝第五位皇帝。金太祖完颜阿骨打之孙。其在位期间，镇压了北部的契丹起义，击退了南宋隆兴北伐，签署了《隆兴和议》，推动金朝转入和平发展轨道，因而被后人称为“小尧舜”。　[2]女直：女真。[3]母弟：此处应理解为“同母之弟”。　[4]都勃极烈：金朝官名，实际上是大酋长，即金国首领。　[5]收国元年：收国，即金太祖完颜阿骨打的第一个年号；收国元年，即1115年。　[6]灭丁：指减丁，杀死成年男子，是辽、金等国对蒙古人实行的残酷镇压制度。

今译

“俺巴孩将自己的女儿嫁给他，并亲自送行。不料被塔塔儿人掳走送给金人。”这是金世宗大定年间的事。《金史·本纪》记载：“金人的先祖出自靺鞨，原本号称勿吉，是古代肃慎的地方。”元魏时，勿吉有七个部族。唐初，有黑水靺鞨、粟末靺鞨。唐玄宗开元年间中叶，设置黑水府。其后渤海靺鞨强大起来，黑水靺鞨归附其中。五代十国时期，契丹人夺取了渤海的地域，黑水臣服于契丹。这些居住在南边的人，属于契丹，被称为“熟女真”。居住在北边的人被称为“生女真”。金人的始祖被称为函普，生了两个男孩，大的叫乌鲁，小的叫斡鲁。乌鲁生的儿子名叫跋海，跋海生的儿子名叫绥可，绥可生的儿子名叫石鲁，石鲁生的儿子名叫乌古迺，从始祖至此已经历了六代。第二个孩子是世祖劾里钵。劾里钵死后其同母之弟肃宗颇刺淑继承。颇刺淑死后，同母之弟穆宗英格继承。英格死后，其兄弟的儿子乌雅舒继承。乌雅舒死后，世祖第二子阿骨打继承，这就是金朝的大酋长。辽人曾说，女真的士兵如果超过一万人就不可能战胜，从阿骨打这儿开始，金人士兵超过了万人。收国元年（1115）正月壬申朔日（初一），即皇帝位，阿骨打宣布：“辽国用宾铁作为国号，最终是要变坏的，只有金不会改变、不会损坏，于是定国号为大金。”《蒙鞑备录》记载，“鞑人在本国时，金人大定年间，燕京及契丹附近有谣言称：‘鞑靼来，鞑靼去，赶得官家没去处。’葛酋雍宛转听到后，惊讶地说：‘一定是鞑人，为我们国家的祸患。’于是下令最远追到穷荒之地，出兵剿杀蒙古人。每隔三年派兵向北剿杀，并称这个行动为灭丁，直至今日中原人都能记起这件事。蒙古人逃到沙漠中，对金人的怨恨深入骨髓。到了金章宗继位，到了明昌年间，才下令不要杀害蒙古人。从此以后蒙古人小范围地回到自己的故地，人口增长并抚育族人。”等等。按孟珙所称，则俺巴孩之所以被掳走送给金人，是因为推行了灭丁的政策。

“俺巴孩去时，别速氏巴剌合赤[1]名字的人说将回去。”别速氏，出于海都孙别速台。**“说道，你对合不勒皇帝的七个儿子中间忽图剌根前，并我十个儿子内的合答安太子根前说。”**按，合不勒是时称罕耳，此以汉语译之，非其实。忽图剌者合不勒之第四子，阿勒坛之父，太祖从父行也。忽图剌第六子亦名合答安，故以我子别[2]之。**“我是众百姓的主人，为亲送女儿上头，被人拿了。今后以我为戒，你每将五个指甲磨尽，便坏了十个指头。也与我每报雠[3]。”**

注释

［1］巴剌合赤：指八剌哈赤，蒙古官名，主要职责是守卫城市仓库，掌管财物。［2］别：以……为区别。［3］报雠（chóu）：“雠”通“仇”，指报仇。

今译

“俺巴孩被掳走时，一个名叫别速氏巴剌合赤的人说将要回去。”别速氏，其来自海都之孙别速台部族。“并对他说，你要在合不勒皇帝的七个儿子中的忽图剌面前，以及我的十个儿子中的合答安太子面前讲。”按，合不勒在那个时候称汗，这用汉语来翻译并不是准确的。忽图剌是合不勒的第四个儿子，阿勒坛的父亲，成吉思汗的叔父。忽图剌第六个儿子也叫作合答安，于是用我子的称呼来区别。“我是众百姓的首领，为了亲自送女儿过来，被人捉拿了。今后要以我为戒，你每次把五个指甲磨尽后，十个指头也跟着坏了，就算这样也要给我报仇。”

阅读指南

《元秘史》（见画线部分）从“那时太祖的父也速该把阿秃儿，在斡难河放鹰”到“我儿子帖木真，快与我取来。说完死了”，这一部分主要讲述成吉思汗父亲也速该的事迹。

“那时太祖的父也速该把阿秃儿，在斡难河放鹰。”案，《契丹国志》：“每岁正月上旬，出行射猎，冰泮[1]即纵鹰鹘以捕鹅雁。泊多野鹅鸭，绕泊惊鹅鸭飞起，乃纵海东青击之。”

注释

[1] 冰泮（pàn）：冰冻融解。

今译

“那时太祖的父亲也速该把阿秃儿在斡难河边放鹰。”案，《契丹国志》记载：“每年正月上旬，冰化外出打猎时，就放鹰鹘来捕捉野鹅、野雁。这些湖泊里有许多野鹅、野鸭，人们围着湖泊将鹅鸭吓得飞起，然后放海东青来捉这些鹅鸭。”

“见篾儿乞氏[1]的人。”篾儿乞氏，达达之一种，居于鄂勒昆河色楞格河之间。《元史·太祖纪》作“篾里乞”部。《元史语解》《通鉴辑览》均改作“默尔奇斯”。虞集撰《句容郡王世绩碑》作“篾乞思”。《辍耕录》：“蒙古氏族有灭里吉歹，又有灭里吉。”均此种类也。**“名也客赤列都于斡勒忽讷氏行娶的妻引将来。”**也客赤列都[2]，《源流》作“伊克齐埒图”。斡勒忽讷[3]，《源流》作“鄂勒郭讷特”，塔塔儿之一种也，近捕鱼儿海子喀尔喀河而居。

注释

［1］篾儿乞氏：10世纪至13世纪生活在今大约西伯利亚一带的一个民族，属蒙古的四大兀鲁思之一，活动的范围大致在鄂尔浑河与色楞格河流域。　［2］也客赤列都：成吉思汗也遂皇后的父亲，蔑儿乞部兀都亦氏酋长脱黑脱阿的弟弟。　［3］斡勒忽讷：古代蒙古部落分支之一，系都儿鲁斤蒙古诸部之一弘吉剌部分支，又译为“斡勒忽讷兀惕”。该部同蒙古皇族乞颜·孛儿只斤氏具有世婚关系，成吉思汗之母月伦太后（前文之诃额仑）即属此部。

今译

“见篾儿乞氏的人。”篾儿乞氏，是达达部族中的一支，居住在鄂勒昆河与色楞格河之间。《元史·太祖本纪》中写作“篾里乞”部。《元史语解》《通鉴辑览》两书均改作“默尔奇斯”。虞集撰写的《句容郡王世绩碑》里面写作“篾乞思”。《南村辍耕录》记载：“蒙古氏族有灭里吉歹，又有灭里吉。”这些都是这个部族的名称。“名叫也客赤列都的人，从斡勒忽讷氏娶了一位妻子，将要过来。”也客赤列都，《蒙古源流》中写作“伊克齐埒图”。斡勒忽讷，《蒙古源流》中写作“鄂勒郭讷特”，是塔塔儿的一个族群，在靠近捕鱼儿海子的喀尔喀河居住。

“也速该把阿秃儿望见那妇人生得有颜色，随即走回家去，引他哥哥捏坤太子、弟答里台斡惕赤斤来了。他兄弟每来到时，也客赤列都见了恐惧。即便打着马，走过了一个岭，转过了一个山觜[1]，回来到他妻车子根前。其妻说：‘那三个人的颜色好生不善，必害了你性命。你快走去，你若有性命呵，似我这般妇人有也者。你想我呵，再取的妇人就唤做我的名字者。’说了，就脱下衫儿与他做记念。也客赤列都于马上方纔[2]接得衫儿，见也速该把阿秃儿兄弟三人来了，即便[3]打着马逆着斡难河走了。也速该把阿秃儿兄弟三人，随后赶[4]也客赤列都过了七个山冈。赶不上，回来了，将那妇人裹将去[5]。也速该牵着车子，捏坤太子引路，答里台傍着车辕行。那妇人名诃额仑。（《本纪》作月伦，《源流》作乌格）哭着说：‘我的丈夫头发不曾被风吹，肚腹不曾忍饿，如今走去呵，怎生般艰难。’哭的声将斡难河的水并川里林木都振动了。答里台斡勒赤斤对那妇人说：‘你丈夫岭过得多了，水也渡得多了，你哭呵他也不回头，踪迹寻呵也不得见了，你住声休要哭。’因此上将回去，与也速该把阿秃儿做了妻。”为塔塔儿毒死烈祖及篾儿乞夺太祖后孛儿帖张本[6]。

注释

［1］山觜："觜"同"嘴"，即山嘴。 ［2］方纔："纔"同"才"，即刚刚，刚好。 ［3］即便：立即就，马上就。 ［4］赶：追赶。 ［5］将那妇人裹将去：将这位妇女抢掠过去。这是古代多个民族盛行的"掠夺婚"（抢婚），即男子掠夺其他民族部落女子，然后同掠夺而来的女子缔结婚姻。成吉思汗的父亲也速该就是通过这种方式，掠夺了蔑儿乞惕部也客赤列都的新娘诃额仑，此后诃额仑为也速该把阿秃儿生下了成吉思汗。 ［6］张本：作为伏笔而预先说在前面的话。

今译

"也速该把阿秃儿看见那女人长得十分好看，随即走回家去，把他哥哥捏坤太子、弟弟答里台斡惕赤斤都叫来了。他们兄弟一同来到时，也客赤列都看见了很害怕。随后打着马，跨越了一个岭，转过了一个山嘴，回到他妻子的车子前面。他的妻子说：'那三个人的样貌十分不友善，一定会害了你的性命。你快跑，你如果有性命，像我这样的妇人有的是。你如果思念我，再娶的女人就叫作我的名字。'说完后，就脱下身上穿的衣服递给他做纪念。也客赤列都在马上刚好接过衣服，就看见也速该把阿秃儿兄弟三人过来了，立即打着马逆着斡难河逃跑了。也速该把阿秃儿兄弟三人，随后追赶也客赤列都过了七个山冈。还是追赶不上，（于是）回来了，将那妇人掳走了。也速该驾着车子，捏坤太子在前面引路，答里台跟着车辕前进。那妇人名叫诃额仑。（《本纪》写作月伦，《蒙古源流》写作乌格）她哭着说：'我的丈夫头发从来没有被风吹过，肚腹从来没有忍饥挨饿过，现如今走了，生活一定过得十分艰难。'她哭的声音把斡难河的水和平原里的林木都振动了。答里台斡勒赤斤对那妇人说：'你丈夫已经翻越了许多山岭，已经渡过了许多河流，即便你大哭，他也不会回头，就连踪迹也看不见了，你停下来不要哭了。'因此带回来，给也速该把阿秃儿做了妻子。"这段就为后来塔塔儿毒死烈祖及篾儿乞抢夺太祖后孛儿帖埋下伏笔。

"因俺巴孩合罕被拿时，将合答安、忽图刺两个的名字提说来上头，众达达泰亦赤兀百姓每［于豁儿豁纳川地面聚会着］。"《太祖纪》作"族人泰赤乌部"。《源流》作"岱齐郭特"。明郑晓[1]《吾学编》曰："鞑靼，北胡也，即夏獯鬻[2]，周猃狁[3]，秦汉匈奴，唐突厥，宋契丹。汉时匈奴最强，匈奴弱而乌桓遂盛。汉末鲜卑灭乌桓。鲜卑既衰，蠕蠕强大，与魏为敌。蠕蠕灭而突厥起，尽有西北地。唐李靖灭突厥，五代及宋，契丹为盛。女真灭契丹，号金，侵中国，称皇帝。其别小部曰塔塔儿、曰克列，各有分地"云云。据此，则太赤乌[4]亦蒙古一部落，克列即本书后文之王罕也。

注释

［1］郑晓：明代中期大臣、史学家。字窒甫，小字阿文，号淡泉。嘉靖二年（1523）进士，授职方主事。［2］獯鬻（xūn yù）：中国古代北方的一个民族，是匈奴在夏朝时的名称，也作薰育、荤粥、薰粥等。［3］猃狁（xiǎn yǔn）：古代族名，又叫犬戎，活跃

于今陕、甘一带。至春秋初期，犬戎成为秦国的强敌。后来犬戎的一支北迁到蒙古草原，成为蒙古草原最早的游牧民族之一。直到唐朝，中原还把一切西北游牧民族统称为“犬戎”和“戎狄”。［4］太赤乌：泰赤乌，蒙古部落之一。

今译

“因俺巴孩合罕被捉拿的时候，提起合答安、忽图剌两个人的名字，所有的达达泰亦赤兀百姓每次都会在豁儿豁纳川的平地上聚会。”《元史·太祖本纪》写作“族人泰赤乌部”。《蒙古源流》写作“岱齐郭特”。明代郑晓编撰的《吾学编》记载：“鞑靼，是北方的少数民族，也就是夏朝的獯鬻、周朝的猃狁、秦汉时期的匈奴、唐代的突厥、宋代的契丹。汉朝时，匈奴最强盛，匈奴势力衰弱后乌桓便强盛起来。汉朝末年，鲜卑消灭了乌桓。鲜卑衰弱后，蠕蠕逐渐强大，与北魏为敌。蠕蠕被消灭后，突厥迅速崛起，占领了西北的大片土地。唐朝名将李靖消灭了突厥，五代十国以及宋朝时期，契丹最为强盛。后来女真族灭掉契丹，定国号为大金，侵略中原，自称为皇帝。其中间有一些小部族如塔塔儿、克列等，各自有各自的土地”等等。从这段记载可以看出，泰赤乌也是蒙古一部落，而克列就是本书后文的王罕。

“于豁儿豁纳川地面聚会着。”即活儿活河也，《水道提纲》曰：“枯伦河[1]，有乌里顺河，自布伊尔湖会喀尔喀河诸水来会。喀尔喀河出阿鲁他拉奇岭西麓，合三源西南流。有活尔活河自南来会，折西北流，曰喀尔喀河。”**“将忽图剌立做了皇**

帝，就于大树下做筵席。众达达百姓喜欢绕这树跳跃，将地践踏成深沟了。”后文九卷称，此树为鬅松[2]树，盖又即三卷札木合[3]所居之鬅松树也。**“忽图刺做了皇帝，同合答安太子往塔塔儿处报仇。行了，与阔湍巴剌合札里不花两人（皆塔塔儿部首领）厮杀十三次，不曾报得仇。”**《蒙鞑备录》曰：“二十年前，山东河北，谁家不置鞑人为小奴婢，皆诸军掠来者。今鞑人大臣当时多有掳掠住于金国者，且其国每岁朝贡，则于塞外受其礼币而遣之，亦不令入境。鞑人逃遁沙漠，怨入骨髓。”云云。以孟珙著书在辛巳年计之，则忽图剌称罕，在宁宗嘉泰[4]二年以前。

注释

［1］枯伦河：指克鲁伦河，发源于蒙古国的肯特山东麓，注入呼伦湖，属于黑龙江水系。曾被称为弓卢水、卢朐河、庐朐河、胪朐河、饮马河、怯绿连河等，清朝至今，被称为克鲁伦河。［2］鬅松：形容树叶松散。［3］札木合：蒙古札达兰部首领，被称为古儿汗。札木合幼年时曾与铁木真结为安答，两人都希望统一蒙古。札木合是铁木真的主要对手之一，两人曾在蒙古草原上对立，最后被铁木真击败并被其处死。［4］嘉泰：南宋皇帝宋宁宗的第二个年号，共计四年。

今译

“在豁儿豁纳川的平地上聚会着。”豁儿豁纳川就是活儿活河，《水道提纲》记载：“枯伦河，有乌里顺河，从布伊尔湖汇聚喀尔喀河诸支流的河水。喀尔喀河发源于阿鲁他拉奇岭的西麓，汇聚三条河流向西南流。有活尔活河从南面来汇流，再折返往西北流，这条河被称为喀尔喀河。”“将忽图剌立做了皇帝后，就在大树下设置了筵席。众多达达百姓喜欢绕着这棵树跳跃，将地面都践踏成深沟了。”后文第九卷称：这棵树是鬅松树，大概也就是第三卷中提到的札木合所居住的鬅松树。“忽图剌做了皇帝后，同合答安太子前往塔塔儿部落所在之处报仇。到那儿后，与阔湍巴剌合、札里不花两人（都是塔塔儿部首领）厮杀十三次，最终没能报仇。”《蒙鞑备录》记载：“二十年前，山东河北，没有哪户人家不把蒙古人当作低贱的小奴婢，这些人都是各路军队掠夺过来的。那个时候蒙古大臣有许多被掳掠前往金国，并且蒙古每年都要向其朝贡，即便在塞外接受了蒙古朝贡的礼品和钱财后，也会将这些人遣散回来，不让他们入境。蒙古人只好逃到沙漠，怨恨深入骨髓。”等等。孟珙写书的时间在辛巳年［南宋绍兴三十一年（1161）］前后，则忽图剌在蒙古称汗的事情，应在宁宗嘉泰二年（1202）之前。

“与塔塔儿厮杀时，也速该把阿秃儿将他帖木真兀格[1]豁里不花等掳来。那时也速该把阿秃儿的妻诃额仑正怀孕，于斡难河边迭里温孛勒答黑[2]山下，生了太祖。”迭里温孛答，《元史》作“跌里温盘陀”。《朔方备乘》曰：“敖嫩河东流，集尔浑河自北来入之。集尔浑河出卡伦外巴彦珠尔克山，南流经集尔

浑卡伦东。”云云。集尔浑似即跌里温之对音，盘陀译言山也，孛答与盘陀为对音字矣。**“太祖生时，右手握着髀石**[3]**般一块血生了。”**《蒙鞑备录》曰：“鞑主忒没真乃旧牌子头[4]结娄之子。牌子头者，乃彼国十人之长也。”

注释

［1］帖木真兀格：蒙古统一之前塔塔儿部落的首领，也作“铁木真兀格”，附庸金国。他出卖俺巴孩可汗，导致俺巴孩可汗被金熙宗下令钉死在木驴上。金世宗大定二年四月十六日（1162年5月31日），乞颜部酋长也速该率部与塔塔儿部族作战，俘虏了铁木真兀格。按当时蒙古社会信仰，在抓到敌对部落勇士时，如恰好有婴儿出生，该勇士的勇气会转移到该婴儿身上。也速该于是杀掉了铁木真兀格，把自己刚出生的儿子命名为“铁木真”，这就是成吉思汗“铁木真”的名字之由来。　［2］迭里温孛勒答黑：古地名。其地在今鄂嫩河旁，距肯特山六日程。今俄罗斯赤塔州鄂嫩河中游的察苏切伊村亦有同名地，传为成吉思汗诞生地。据考古报告，其地系一古居民点，曾发现青铜器、瓷器等遗物。方位与史书记载亦合。　［3］髀石：我国古代北方少数民族的狩猎用具，常见于少数民族。人们亦用此做成挂件或手链，以驱除邪恶、避免灾祸等。　［4］牌子头：亦作“牌头”。蒙古早期基层军官，统十夫，又称十夫长。元朝建国后，内迁蒙古军中的十夫长仍有此称。

今译

“与塔塔儿部族厮杀时，也速该把阿秃儿将帖木真兀格、豁里不花等掳来。那时也速该把阿秃儿的妻子诃额仑正怀有身孕，在斡难河边迭里温孛勒答黑的山下，生了太祖。”迭里温孛答，《元史》中写作“跌里温盘陀”。《朔方备乘》记载：“敖嫩河向东流去，集尔浑河自北面流过来相汇聚。集尔浑河发源于卡伦外巴彦珠尔克山，向南流经集尔浑卡伦的东部。”等等。集尔浑似乎是跌里温的对音，盘陀译为“山”，“孛答”与“盘陀”两词是对音词。“太祖出生时，右手握着髀石般的一块血。”《蒙鞑备录》记载：“蒙古首领忒没真是原来牌子头结娄的儿子。牌子头这个称号，相当于那地方的十个人的长官。”

“因掳将帖木真兀格来时生，故就名帖木真。”《元史·本纪》作“铁木真”。《语解》改作“特穆津”，谓铁之最精者也。《本纪》曰：“烈祖征塔塔儿部，获其部长铁木真。宣懿太后月伦适生帝，手握凝血如赤石[1]。烈祖异之[2]，因以所获铁木真名之，志[3]武功也。”《蒙鞑备录》曰：“今成吉思皇帝甲戌（应为壬午）生，所传帖没真乃小名尔，初无姓氏，亦无名讳。”**“诃额仑生了四个儿子，一名帖木真，一名合撒儿，一名合赤温，一名帖木格，一个女儿名帖木仑。”**“合撒儿”，《源流》作“哈萨尔”。“帖木格”，后文每称曰“斡赤斤”，译言少子也。

注释

［1］赤石：红色的石头。　［2］异之：认为……怪异。
［3］志：记录、宣扬。

今译

“因为正好赶上将帖木真兀格抓获时出生，于是给这个孩子起名帖木真。”《元史·本纪》中写作“铁木真”。《元史语解》改作“特穆津”，是铁里面最精良的意思。《元史·本纪》记载：“烈祖在征讨塔塔儿部族时，俘获他们部落的首领铁木真。宣懿太后月伦（诃额仑）正好在那个时候生了（成吉思汗），（成吉思汗）手中握着像赤石一样的凝血。烈祖感到十分惊奇，于是把所抓获的首领铁木真的名字当作儿子的名字，其目的在于宣扬自己的武力和功绩。”《蒙鞑备录》记载：“成吉思皇帝是壬午年（1162）出生的，所流传的帖没真是他的小名，最初成吉思汗没有姓氏，也没有名讳。”“诃额仑生了四个儿子，一个名叫帖木真，一个名叫合撒儿，一个名叫合赤温，一个名叫帖木格，一个女儿名叫帖木仑。”“合撒儿”，在《蒙古源流》中写作“哈萨尔”；“帖木格”在后面的记录中一般被称为“斡赤斤”，在蒙古语中是幼子的意思。

“帖木真九岁时，合撒儿七岁，合赤温五岁，帖木格三岁，帖木仑女子正在摇车内有来。”《蒙鞑备录》曰：“成吉思皇帝以甲戌生，兄弟凡四人，成吉思居长。大皇弟阵亡，二皇弟名便古得那，三皇弟名忒没葛真。”案，“忒没葛真”即帖木格便古得那，当即别勒古台。大皇弟似即合撒儿。后文八卷札木合称为拙赤合撒儿。“拙赤”即大太子也。《辍耕录》曰：“烈祖讳也速该，生太祖皇帝；又生淄王搠只哈撒儿；又生济王哈赤温；又生铁木哥斡赤[1]国王，即斡真那颜；又生广宁王别里古台[2]，即孛鲁古歹。”《元史·宗室世系表》：“烈祖神元皇帝五子，长太祖皇帝；次搠只哈儿；三哈準大王；四铁木哥斡赤斤，所谓皇太弟斡嗔那颜者也；五别里古台王。”

注释

［1］铁木哥斡赤：指孛儿只斤·铁木哥斡赤，也速该和诃额仑的幼子，成吉思汗铁木真的幼弟，又翻译为铁木哥斡赤斤、帖木格斡赤斤、帖木格、斡赤斤、斡亦赤斤，协助成吉思汗除去了通天巫阔阔出，因此，他深得哥哥铁木真和母亲月伦太后诃额仑的喜爱。成吉思汗死后，他与察合台等人支持窝阔台登上了汗位。窝阔台死后，贵由继位，将铁木哥斡赤斤处死。　［2］别里古台：指孛儿只斤·别勒古台，一作别里古台，也速该的第五子，成吉思汗异母幼弟。自幼追随成吉思汗出征，为其兄掌领从马，作战骁勇，任断事官之长。1206年斡难河（今鄂嫩河）源大会后，分封于斡难河与克鲁伦河流域。

今译

“帖木真九岁的时候，合撒儿七岁，合赤温五岁，帖木格三岁，而（妹妹）帖木仑尚且还在摇篮中。”《蒙鞑备录》记载：“成吉思皇帝在壬午年（1162）出生，他总共有兄弟四人，成吉思是长子。他最大的弟弟年轻时便阵亡，二弟名叫便古得那，三弟名叫忒没葛真。”案，“忒没葛真”即帖木格便古得那，也就是别勒古台。“大皇弟”似乎指的是合撒儿。后文第八卷中札木合被称作“拙赤合撒儿”。“拙赤”是大太子的意思。《南村辍耕录》记载：“烈祖讳名也速该，生了太祖皇帝；又生了淄王搠只哈撒儿；又生了济王哈赤温；又生了铁木哥斡赤国王，即斡真那颜；又生了广宁王别里古台，即孛鲁古歹。”《元史·宗室世系表》记载：“烈祖神元皇帝共有五子，长子就是太祖皇帝；次子名叫搠只哈儿；三子是哈準大王；四子名铁木哥斡赤斤，也就是所说的皇太弟斡嗔那颜；五子是别里古台王。”

案，“哈準”即合赤温，而无别克帖儿，所云阵亡或指此。邵学士远平[1]《元史类编》曰：“烈祖女帖木仑，适[2]孛秃亦乞列氏。孛秃善骑射。太祖初尝遣术儿彻丹出使，过也儿古纳河，孛秃知之。会[3]日暮，止宿，杀羊为食，复假以良骑。术儿彻丹归，具以告。太祖大喜，妻以皇妹。孛秃有马三千，请以半为聘。皇妹号昌国大长主，薨，太祖复以皇女火臣别吉[4]为继。”国朝吴振臣《宁古塔纪略》曰：“生子满月下摇车，如吾乡之摇篮。其制以筛板圈做两头，每头两孔，以长皮条穿孔内。外用彩画，并悬响铃之类，内垫薄板，悬于梁上，离地三四尺。用带缚定小儿使不得动，哭则乳之，不已则摇之，口念巴不力，如吾乡之嘎啱啱也。”

注释

［1］邵学士远平：指邵远平，清初官员，生卒年不详，字戒三，浙江仁和人。康熙三年至十八年，召试博学鸿词，授侍读学士。历任光禄寺少卿、翰林院侍读、江西学政、詹事府少詹事等职。其祖经邦曾著《宏简录》，起唐迄宋，附以辽、金，未遑及元。他乃循其例作《续宏简录》，并进而成《元史类编》。朱彝尊称其书非官局所能及。另著有《史学辨误》《戒三文存》《河工见闻录》《京邸》《粤行》等。　［2］适：嫁给。　［3］会：等到。　［4］火臣别吉：成吉思汗铁木真与孛儿帖之长女，又译作豁真别乞公主、火阿真伯姬公主，后嫁给昌忠武王孛秃。至治元年（1321），被追封为昌国大长公主，系金庸武侠小说《射雕英雄传》中成吉思汗之女华筝的原型。

今译

李文田案，“哈準”就是合赤温，而没有别克帖儿，前文记载中所说的“大皇弟阵亡”可能指的就是这个人。邵远平学士撰写的《元史类编》称：“烈祖的女儿名叫帖木仑，嫁给了孛秃亦乞列氏。孛秃十分善于骑马射箭。太祖最初曾派遣术儿彻丹出使，并渡过了也儿古纳河，孛秃知道这件事。等到日暮的时候，才停下来休息，杀羊作为食物，之后借给他一匹骏马骑了回来。术儿彻丹归来以后，把出使的事情全部向太祖报告，太祖十分高兴，把自己的皇妹许配给了他。孛秃拥有三千匹马，主动恳求将一半的马作为聘礼。太祖的皇妹号昌国大长主，去世以后，太祖又把自己的女儿火臣别吉许配给孛秃。”国朝（清朝）吴振臣撰写的《宁古塔纪略》称：“‘生子满月下摇车’一句中的摇车，就有点类似我们乡下民间的摇篮。它的制作，是用筛板圈做成两头，每头有两孔，把长皮条穿过这些孔。外面用彩画装饰，并悬挂着响铃之类的东西，里面垫着薄板，悬在摇车内的横梁上，离地三四尺。用带子把小孩子系住，固定好，使小孩子不能乱动，如果小孩子哭了则给他喂奶，不舒服就轻轻地摇动他，口中还念着‘巴不力’，就像我们民间的‘嘎喏喏’一样。”

“帖木真九岁时，他父亲也速该将他引往母舅斡勒忽讷氏处索女儿，与帖木真做妻。到扯克撒儿、赤忽儿古名字的两山间。”两山在克鲁伦河之旁。岷峨山人《译语》曰：“元还朔漠[1]，一传爱猷识里达腊[2]，再传脱古思帖木儿[3]，为也速迭儿[4]所弑。洪武中，天兵往讨其罪，追至撒撒儿山。”又曰：“撒撒儿山，洪武中总兵官周兴征胡[5]，自兀者河追至此山下，云云。”即此扯克撒儿山矣。

注释

［1］元还朔漠：指元朝被明朝打败后，1368年元顺帝孛儿只斤·妥懽帖睦尔（元朝第11位皇帝，也是元朝作为全国统一政权的最后一位皇帝，去世后庙号惠宗）出逃大都，迁都滦京，仍以“大元”为国号，史称“北元”政权（1368—1402）。由于退居朔方沙漠原野，故称“元还朔漠”。此后，“北元”蒙古贵族几度南征，都未能重占大都（北京）。　［2］爱猷识里达腊：指北元皇帝孛儿只斤·爱猷识理答腊，北元第一位皇帝。至正二十八年（1368），明朝将领徐达、常遇春进攻大都，他随惠宗出逃上都，旋又至应昌。至正三十

年（1370）四月，惠宗死，他继位。不久后明军破应昌，他逃奔和林，改元“宣光”。其在位期间力图中兴元朝，重新起用扩廓帖木儿，击退明军北犯，但亦无法重占中原，形成南北对峙的局面。［3］脱古思帖木儿：指孛儿只斤·脱古思帖木儿，北元第二位皇帝，因年号为天元，又称天元帝。［4］也速迭儿：指孛儿只斤·也速迭儿，北元第三位皇帝，汗号为“卓里克图汗”。原为北元皇帝孛儿只斤·脱古思帖木儿的部将，1388年，弑杀孛儿只斤·脱古思帖木儿父子，并夺走了大汗宝座，在位四年。［5］洪武中总兵官周兴征胡：指洪武二十五年（1392）夏，以都督周兴为总兵官，兴兵讨伐也速迭儿。明将蓝玉此前北征北元孛儿只斤·脱古思帖木儿，后者遁至也速迭儿部，为其所弑。故本年周兴进讨，追至撒撒儿山。这次远征塞北，搜捕残敌，“弭绝边患”，此后北元十余年未再扰边。总兵官，始设于洪武二年（1369）十月，为镇守地方的最高军事长官。因有利于提高军队的战斗力，而为清朝沿用。总兵官下设副总兵、参将、游击将军、坐营官、守备、把总、提调官等。

今译

“帖木真九岁的时候，他的父亲也速该把他带到母舅斡勒忽讷氏处迎请其女儿，好给帖木真做妻子。到古名叫扯克撒儿、赤忽儿的两座大山之间。”这两座山在克鲁伦河畔。明代岷峨山人苏志皋的《译语》一书称：“元朝人返回朔漠的时候，皇位第一次传给了爱猷识里达腊，皇位第二次传给了脱古思帖木儿，其后来被也速迭儿杀害。明朝初年的洪武年间，明朝的军队前去征讨他的罪行，将（也速迭儿）追赶到了撒撒儿山。”又称：“撒撒儿山，洪武年间总兵官周兴征讨蒙古人的时候，从兀者河追到了这座山下，等等。”它讲的就是这座扯克撒儿山。

“遇着翁吉剌氏人德薛禅。”《金史·地理志》：“抚州柔远县有昂吉泺。”即“翁吉剌”也，事物异名。“鸳鸯”蒙古语曰：“昂急儿”，盖其地有鸳鸯湖，蒙古语名“昂吉儿淖尔”。居其地之人，因以“翁吉剌”三字为姓氏也。《元史》纪传作“宏吉剌氏”。“薛禅”《源流》作“岱徹辰”，“徹辰”即“薛禅”对音。元黄溍[1]《文献集》《别里哥帖穆尔神道碑》曰：“薛禅者，华言[2]大贤也。”《木华黎传》：“薛禅，华言大贤也。”又《畏答儿传》曰：“薛禅者，聪明之谓也。”《辍耕录·蒙古氏族》：“有瓮吉剌歹，有瓮吉歹，又有永吉列思，皆翁吉剌氏也。”《特薛禅传》曰：“特薛禅姓孛思忽儿初，弘吉剌氏。孛思忽儿世居朔漠，本名特。因从太祖起兵有功，赐名薛禅，故兼称曰‘特薛禅’。女曰孛儿台，太祖光献翼圣皇后。子按陈[3]从太祖征伐，凡三十二战，赐号国舅按陈那颜[4]，赐银印，封河西王。”《蒙鞑备录》曰：“拙赤那邪儿封尚书，今乃成吉思正后之弟，部下亦有骑军。”

注释

[1] 黄溍：元代著名的学者、教育家、书画家。字晋卿，婺州路义乌（今浙江义乌）人，延祐二年（1315）进士。他文思敏捷，才华横溢，史识丰厚，诗、词、文、赋及书法、绘画无所不精。历任翰林直学士、知制诰同修国史等职。去世后追封江夏郡公，谥号“文献”，著有《文献集》等。 [2] 华言：汉语。 [3] 按陈：姓孛

思忽儿，弘吉剌氏，特薛禅之子，又译作按赤、按只、阿勒赤，追随铁木真统一蒙古诸部，灭西夏，断潼关道，取回纥寻斯干城等，数立战功，赐号“国舅按陈那颜”，赐银印，封为河西王，见《元史·按陈传》。［4］那颜：也作“那衍”“那延”，蒙古语官吏、王公、长官的音译，后为贵族的通称。

今译

“遇到了翁吉剌氏族的人德薛禅。”《金史·地理志》“抚州柔远县有昂吉泺”一句中的“昂吉泺”就是“翁吉剌”，这是事物不同的名字。“鸳鸯”蒙古语读作“昂急儿”。大概是因为这个地方有鸳鸯湖，所以蒙古语叫作“昂吉儿淖尔”。居住在这个地方的人，于是用“翁吉剌”三字作为姓氏啊。《元史》的《太祖本纪》写作“宏吉剌氏”。“薛禅”在《蒙古源流》中写作“岱徹辰”，“徹辰”就是“薛禅”的对音。元代黄溍《文献集》中的《别里哥帖穆尔神道碑》记载：“薛禅这个词的意思，就是指汉语中的德高望重之人。”《元史·木华黎传》也记载：“薛禅，汉语中大贤者的意思。”又有《元史·畏答儿传》称：“薛禅，是聪明的含义。”《南村辍耕录·蒙古氏族》也记载：蒙古氏族中“有瓮吉剌歹、瓮吉歹，又有永吉列思，指的都是翁吉剌氏”。《特薛禅传》称：“特薛禅姓孛思忽儿初，弘吉剌氏。孛思忽儿世代居住在朔漠地带，本名特。因为跟从太祖起兵有很大的功劳，赐名薛禅，因此他又被称为‘特薛禅’。薛禅的女儿叫孛儿台，是太祖的光献翼圣皇后。薛禅的儿子按陈跟随太祖征伐，共经历了大小三十二场战斗，赐号‘国舅按陈那颜’，赏赐银印，封为河西王。”《蒙鞑备录》称：“拙赤那邪儿被封为尚书，是成吉思正宫皇后的弟弟，率领的军队中也有骑军。”

“德薛禅问说：‘也速该亲家你往那里去？’”是时未为亲家，此史氏[1]追叙之词。**“也速该说：‘我往这儿子母舅斡勒忽讷氏索女子去。’德薛禅说：‘你这儿子眼明面光有，我昨夜梦见一个白海青[2]。’”**《契丹国志》曰：“女真东北与五国为邻，五国之东邻大海，出名鹰，自东海来者谓之海东青。小而俊健能捕鹅、鹙[3]，爪白者尤以为异。”《北盟汇编》[4]曰：“海东青者，出五国之东，每岁发甲马千余人，即东海巢穴取之，与五国战斗而后得。”《元史·地理志》曰：“合兰府水达达路有俊禽，曰海东青。由海外飞来，至奴儿干[5]，土人罗之以为土贡。”《辍耕录》曰：“白湛渊珽[6]诗曰，‘海青羽中虎，燕燕能制之。小隙沈大舟，关尹不吾欺。’海青俊禽也。”而群燕缘扑之即坠，物受于所制，无大小也。《柳边纪略》曰：“海东青者，鹰品之最贵者也，纯白为上，白而杂他毛者次之；灰色者又次之。”

注释

[1]史氏：写史书的人。　[2]白海青：白色的海东青。[3]鹙：鹙鸟，指凶猛的鸟类。　[4]《北盟汇编》：全称《三朝北盟会编》，是南宋徐梦莘撰写的编年体史书。全书250卷，起自北宋徽宗政和七年（1117），止于南宋高宗绍兴三十二年（1162）。该书汇集了两宋之际“三朝”（北宋徽宗赵佶、北宋钦宗赵桓、南宋高宗赵构）宋金和战的多方面史料，依照年月日标出事目，加以编排，具

有重大史料价值。徐梦莘字商老，南宋史学家，清江（今江西樟树）人，绍兴年间进士，官至直秘阁。［5］奴儿干：指奴儿干都指挥使司，是明代政府设置于黑龙江、阿速江（今乌苏里江）、松花江、脑温江（今嫩江）流域的地方军政机构。都司的主要官员初为流官，后为世袭。明政府在元代驿站的基础上，恢复了奴儿干通往内地的驿传，密切了奴儿干同明廷的政治联系、经济往来和各族人民之间的友好关系，促进了当地社会经济的发展。［6］白湛渊珽：白珽，字廷玉，元代诗人，钱塘（今杭州）人，自幼聪慧过人，雅好诗文，博通经史。白珽工诗赋，曾与当时名士结社“月泉吟社”。其诗，题材多为描绘自然风光、农居生活、民生疾苦以及时政，语言恬淡，格调高雅，深得时人推崇，与仇远同以诗名于世，人称“仇白”。存《湛渊遗稿》和《湛渊静语》。

今译

“德薛禅问他：‘也速该亲家，你要往哪里去？’”那个时候还没有“亲家”这种称呼，这是史官后来撰写时加上去的话。“也速该说：‘我要带儿子去他的母舅斡勒忽讷氏那儿讨索女孩（为儿子说亲）。’德薛禅说：‘你这个儿子眼睛和额头上发着亮光，我昨晚梦见一只白色的海东青。’”《契丹国志》记载：“女真东北部与五个国家相邻，这五个国家东邻大海，盛产名鹰，从东海飞来的名鹰被称为海东青。长得小但是身材俊健，能捕捉天鹅、鹜鸟，爪子白色的尤其难得。”《三朝北盟会编》称：“海东青，产自五国的东部，每年需要上千的人马，到东海边的巢穴中夺取，还要与五国战斗胜利后才能得到。”《元史·地理志》记载：“合兰府水达达路有猛禽，叫海东青。从海外飞来，到达奴儿干，当地的人捕捉它作为地方土产贡品。”《南村辍耕录》称：“宋人白珽的诗记载，‘海青羽中虎，燕燕能制之。小隙沈大舟，关尹不吾欺。’海东青是一种十分英俊的猛禽。”但是成群的燕子扑击它就会立即坠落，无论事物是大是小，都有受到限制的地方。《柳边纪略》称：“海东青，是老鹰中品质最高贵的，纯白色羽毛的为最上品，白色夹杂其他颜色羽毛的差一点，灰色羽毛的就更差点。”

“两手拏[1]着日月，飞来我手上立。我对人说：‘日月但曾眼见，如今这白海青拏日月来到我手上，必然好。也速该亲家，原来你今日这儿子来，应了我的梦，必是你乞颜人的吉兆。’”其称烈祖为乞颜者，以烈祖之兄忙格秃是时称乞颜也。**“俺翁吉剌家，在前日子里，不与人争国土百姓。”**《契丹国志》曰：“正北至蒙古里国，无军长所管，亦无耕种，以弋猎[2]为业，不当[3]其居。每四季出行，惟逐水草，所食惟肉酪而已，不与契丹争战。”

注释

［1］拏（ná）：同“拿”，拿着。 ［2］弋猎：弋为射鸟所用的系绳之箭，射中动物可以收线进而回收猎物，泛指打猎活动。 ［3］不当：没有固定的。

今译

“白海青两只爪子抓着太阳和月亮，飞到我的手上站立。我对人说：‘日月都曾经亲眼见到，如今这白海青抓着日月来到我的手上，必然是好事情。也速该亲家，原来你今天带着儿子过来，应了我昨晚做的梦，这一定是你们乞颜部族的吉祥的征兆。’”这句话中之所以把烈祖称为乞颜，就在于当时烈祖的兄弟忙格秃被称为乞颜。“俺翁吉剌家，在之前的日子里，不和其他人争夺土地和百姓。”《契丹国志》记载：“正北方到达蒙古里国，没有军队长官的管理，也没有粮食耕种，以打猎为生，没有固定的居所。每年四季都要外出，仅仅追逐水源和草场，他们吃的食物只有肉食、奶酪等，不和契丹发生战争。”

“但有颜色的女子，便献与您皇帝人家后妃位子里教坐有来。”《元史·后妃传》曰：“特薛禅子按陈赐号国舅，封王爵，有旨生女为后，生男尚公主，世世不绝。”明王光鲁[1]《元史备忘录》曰：“特薛禅，宏吉剌氏，从太祖起兵有功，女世为后。太祖、宁宗、世祖、二[2]成宗、武宗、仁宗、泰定、文宗、顺帝皇后，皆宏吉剌氏。”

注释

[1] 王光鲁：明代戏曲作家，字汉恭，号款思居士，生卒年不详，广陵（今江苏扬州）人，为周亮工的门人。精于考订，著有《阅史约书》《古今官制沿革图》《碧澌堂诗草》等。其中《元史备忘

录》一卷，收录于《学海类编》。 ［2］二：原文确有“二”字，查阅《元史备忘录》中亦有此字，应为“而”之意。

今译

“只要是漂亮的女子，便将她献给皇帝做后妃。”《元史·后妃传》称：“特薛禅的儿子按陈赐号国舅，封爵为王，有圣旨让他的女儿作为皇后，生的男子娶皇族公主，世世代代永不停息。”明代王光鲁撰写的《元史备忘录》一书记载：“特薛禅，宏吉剌氏，跟随太祖起兵有功劳，女儿世代作为皇后。太祖、宁宗、世祖、成宗、武宗、仁宗、泰定、文宗、顺帝的皇后，都是宏吉剌氏。”

“大凡[1]结亲呵，儿孩儿便看他家道，女孩儿便看他颜色。也速该亲家，我家里有个女儿年幼小哩，同去看来，就引到他家里去了。”“到他家里，见了他女儿，生得好，也速该心里喜欢。其女子十岁，大帖木真一岁，名孛儿帖。”《源流》作“布尔德”，是为光献翼圣皇后。《元史·后妃列传》曰：“太祖光献翼圣皇后，名旭真，弘吉剌氏特薛禅女也。特薛禅与子按陈从征有功，太祖赐号王爵以统[2]其部，约生女世世为后，生男尚公主。世祖至元三年十二月追谥。”

注释

［1］大凡：副词。用在句子开头，表示总括一般的情形，常跟“总”“都”等词呼应。 ［2］统：率领。

今译

“只要等到结婚的时候，男孩子便注重他的家境，女孩子就注重她的样貌。也速该亲家，我家里有个女儿年龄还小呢，你跟我一起去看看，于是就一同到他家里去了。”“到他家里，（也速该）见到了他的女儿，长得十分漂亮，也速该心里十分喜欢。那个女孩子十岁，比帖木真大一岁，名叫孛儿帖。”《蒙古源流》写作“布尔德”，这个女孩就是以后的光献翼圣皇后。《元史·后妃列传》记载：“太祖光献翼圣皇后，名叫旭真，是弘吉剌氏特薛禅的女儿。特薛禅与儿子按陈跟随太祖征战有功劳，太祖赐号王爵，以率领其部，并约定生出来的女儿世世代代作为皇后，生出来的男儿娶皇室公主。这是世祖于至元三年（1266）十二月追封的。”

“当日就在他家宿[1]了。第二日，也速该问他索这女子。薛禅说：‘岂多遍索了与呵便重，少遍索了与呵便轻。大凡女孩儿生了，老在家里的理[2]无。我将女儿与你儿子，你儿子留在这里做女婿。’两家相从了。也速该说：‘我儿子怕狗，休教[3]狗惊着。’就留下他一个从马做定礼，去了。”

注释

［1］宿：住宿，住下。［2］理：道理。［3］休教：休，不要，表否定；教，让。

今译

“当天就在他家里住了下来。第二天，也速该向他（薛禅）讨要这个女孩子。薛禅说：‘如果多次索要便会感觉太重要，如果索要的次数少便会感觉不重要。总地来说，只要是出生了的女孩儿，就没有在家里变老的道理。我准备把女儿许配给你儿子，你儿子留在我这里做女婿吧。’两家人相互同意了。也速该说：‘我儿子怕狗，你们不要养狗把我儿子惊吓着了。’（也速该）就给他留下了一匹骏马作为定礼，然后自己回家去了。”

“也速该回去到扯克扯儿的地面［即上文之扯克撒山］，遇着塔塔儿每[1]做筵席，因行得饥渴，就下马住了。不想塔塔儿每认得，说：‘也速该乞颜来了。’因记起旧日被掳的冤仇，暗地里和了毒药与喫了。也速该上马行到路间，觉身子不好了。行了三日，到家越重[2]了。也速该说：‘我心里不好，我近处有谁？’当有察剌合老人的子蒙力克[3]。”海都孙晃豁壇后也。“蒙力克”《源流》作“莽古里克”。《元史·忠义传》：“伯八儿祖明里也赤哥”，即“蒙力克”也。

注释

［1］每：表示一群人。［2］越重：病情越来越重。［3］蒙力克：蒙古晃豁塔歹氏人，察剌合之子，也作“明里也赤哥”。也速该托孤人之一，并从特薛禅家接回铁木真。蒙力克受到了铁木真的敬重，尊称其为“蒙力克父亲”。成吉思汗建立大蒙古国后，其子通天巫阔阔出凭借其大萨满的身份，挑起成吉思汗与拙赤合撒儿兄弟间的争执，并私自聚拢势力，后因逐渐失去成吉思汗的信任而失势。

今译

“也速该回到扯克扯儿山的地面（指前文的“扯克撒山”），遇到了塔塔儿部族的人正在举办筵席，因为行路很饥饿口渴，就下马停下来了。不想塔塔儿部族有人认得（也速该），说：‘乞颜部的也速该来了。’因为记起了以前被掳的冤仇，暗地里在也速该的食物中下了毒，给（他）吃了。也速该上马行走到路中间，感觉身子状况不好。行走了三天后，到家感觉病情越来越重了。也速该说：‘我的心情不好，我的身边有谁在？’当时，察剌合老人的儿子蒙力克正好在这里。”（蒙力克）是海都的孙子晃豁壇的后代。“蒙力克”在《蒙古源流》中写作“莽古里克”。《元史·忠义传》记载，“伯八儿的祖先叫明里也赤哥”，也就是“蒙力克”。

“就唤来对说：‘我儿子每幼小，将帖木真去做女婿，回时被塔塔儿家暗毒害了，我心里好生不好。你兄弟每行，嫂嫂行

照觑[1]的，你知者。我儿子帖木真，快与我取来[2]。’说完死了。”《元史·纪》曰：“也速该崩，至元三年十月，追谥烈祖神元皇帝。”

注释

[1] 照觑（qù）：照顾。 [2] 取来：叫来。

今译

“就呼唤他（指蒙力克）过来，对他说：‘我的每个儿子都还很幼小，原本想把帖木真送去（薛禅）那里做女婿，回来时被塔塔儿家的仇人暗中下毒害了，我的心里十分难过。你们兄弟每次出行，都有嫂嫂照顾，这你是知道的。我的儿子帖木真，快把他给我叫回来。’说完就去世了。”《元史·本纪》记载：“也速该在至元三年（1266）十月驾崩，后来被追封为烈祖神元皇帝。”

《〈朔方备乘〉札记》选读

题解

《〈朔方备乘〉札记》，是李文田关于西北史地研究的另一部重要代表作。

《朔方备乘》是清代中期何秋涛研究清代中俄关系史的史地学专著，刊行于光绪七年（1881）。李文田按照传统的读经及笺注方式，在审读之后，将自己的考证结果以及某些思考，以注释、批注的形式，撰写在书眉以及文字之旁。这些“札记”，经其弟子传抄后，形成了《〈朔方备乘〉札记》一书并流布于世。该书虽为李文田对《朔方备乘》的注释、批注，但是充满了其对中国西北地区安全、民族关系等的深层次思考；对于《朔方备乘》中的地名、人名、山川、河流等也多有补充和完善，纠正了原书讹误之处。

李文田的这一“札记”，既有严密的学术考证，又为清廷政治、军事服务，有力地维护了中国领土的合法权益，堪称经世致用的典型之作。

《异域录　朔方备乘札记》

该书推动了对《朔方备乘》、西北史地之学、清代中俄关系史等的研究，得到了学术界的高度评价。如有学者指出，是书考订《朔方备乘》讹误不确处，于书中少数民族语词尤多辨识，其他地名与诸书所载不同者多有考证，引书自《元史》《元秘史》外，又有《南村辍耕录》《长春真人西游记》《皇明四夷考》《旧唐书》《北史》《瀛寰志略》《职方外纪》等。故是书为读《朔方备乘》之必备参考书[①]，因而得到了学术界的广泛重视。

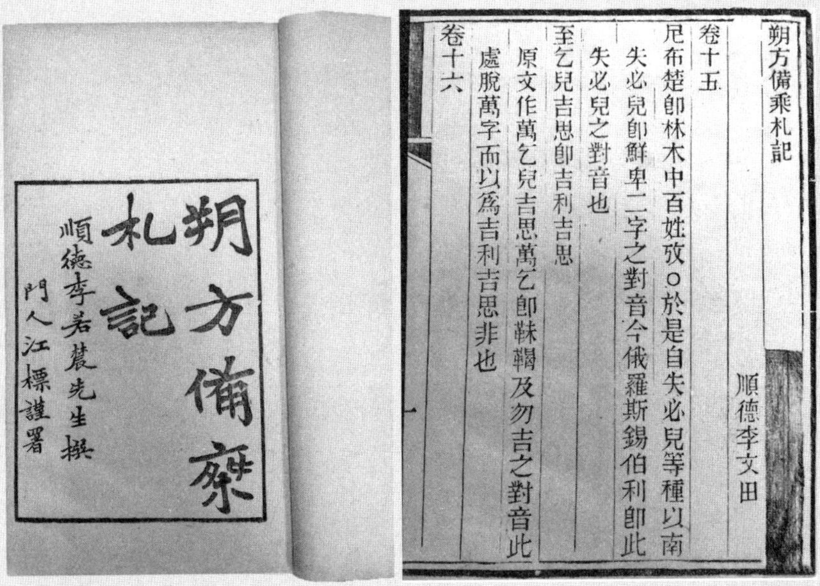

《朔方备乘札记》

① 续修四库全书总目提要编纂委员会：《续修四库全书总目提要·史部》，上海古籍出版社，2014年12月，第384页。

《〈朔方备乘〉札记》跋

此顺德李仲约师读《朔方备乘》[1]即校注于书眉及旁注者。甲午春[2]从师假得[3]。乙未秋[4]，长沙试[5]毕，属吴县孙伯南茂才宗弼[6]条最而录之，得一卷，亟付绣梓[7]，以饷同好[8]。师[9]精究朔方舆乘[10]，尚有《元秘史注》《元史地名考》《耶律楚材西游录注》《和林金石考》[11]，皆见传钞本，他日当汇而刻之，以亲今之好谭[12]方舆知今而不知古者，相去奚如？

光绪二十一年十月[13]，受业元和江标[14]谨记。

注释

［1］《朔方备乘》：清代学者何秋涛针对沙俄的侵华野心撰写的西北史地学的名著，也是中国近代第一部论述中俄关系的代表性巨著。全书重视探求“夷情”和民族团结，充满了爱国主义思想，史料翔实，论证缜密，影响深远。参阅蔡鸿生教授《〈朔方备乘〉俄罗斯馆纪事补正》（载《文史》第7辑，中华书局，1979年，第119—128页）的考证。　［2］甲午春：光绪二十年（1894）春。［3］假得：“假”通“借”，即借得。　［4］乙未秋：指光绪二十一年（1895）秋。　［5］试：科举制度的“乡试”，考取者为举人，可以次年北上参加会试，争取录取，甚至争夺第一名“状元”。［6］吴县孙伯南茂才宗弼：指孙宗弼，江苏省吴县（今为江苏省苏州市辖区吴中区）人，字伯南，早年考取秀才（“茂才”）功名，治经学及语言、文字学，精于书法，叶圣陶的表兄。　［7］绣梓：亦作“繡

梓”，即精美的刻版印刷。古代书版以梓木为上，故称。［8］同好：志趣相同的研究者。［9］师：指李文田。跋语作者江标系光绪十五年（1889，己丑）六月考取乡试的举人，时李文田任浙江乡试正考官，按照当时规矩，两人建立师生关系，故文末作者自称“授业”。［10］朔方舆乘：朔方，最早出自《尚书·尧典》“北方申命和叔，宅朔方，曰幽都”。朔方，即北方；舆乘，即古代出行的车马，此处代指地理知识。［11］《元秘史注》《元史地名考》《耶律楚材西游录注》《和林金石考》等书，均为李文田存世之著作。［12］谭：通假字，“谭”通“谈”，谈论、讨论。［13］光绪二十一年十月：指1895年11月17日—12月15日。［14］江标：字建霞，号师邧，江苏元和（今苏州）人，光绪十五年（1889，己丑）进士，清末维新人士，李文田的学生，历官翰林院编修等职。光绪二十年（1894）参加“强学会”，出任湖南学政、整顿校经书院。“百日维新”失败后被革职，永不叙用。次年去世。

今译

《〈朔方备乘〉札记》跋

这是我的老师广东顺德人李仲约（李文田）先生阅读《朔方备乘》时批注在书眉和文字旁边的注释。甲午年（1894）春天，我从老师处借得。乙未年（1895）秋天，我在长沙参加完乡试后，委托吴县人孙宗弼一条一条抄录下来，写了整整一卷，我迫切期待能印刷出版，以饷有共同爱好的学人。我的老师（李文田）擅长研究北方地区的历史地理，其撰写的《元秘史注》《元史地名考》《耶律楚材西游录注》《和林金石考》等书，在当今都能看到传钞的各种版本。以后我要将这些书籍收集起来一并刊印，以此犒劳今日那些喜欢谈论地理知识而又不知道历史沿革的人，不知我的想法怎样？

光绪二十一年（1895）十月，学生元和江标谨记。

卷十五

尼布楚即林木中百姓考

于是自失必儿等种以南。[1]失必儿即“鲜卑”[2]二字之对音，今俄罗斯锡伯利[3]即此失必儿之对音也。**至乞儿吉思，即吉利吉思**[4]**。**原文作万乞儿吉思，万乞即“靺鞨”[5]及“勿吉”之对音，此处脱[6]“万”字，而以为吉利吉思，非也。

注释

［1］画线部分为《朔方备乘》内容，后同。［2］鲜卑：中国古代族名。从东胡族分离出，游牧于今西拉木伦河流域，西汉时附属于匈奴。十六国时期，鲜卑各部落进入中原，在中原及北方先后建立了慕容氏诸燕、西秦、南凉、代国等国家。385年，鲜卑拓跋部建立北魏，并统一北方，493年北魏孝文帝拓跋宏迁都洛阳。此外，鲜卑慕容部分化出来的吐谷浑政权，一直活动在青海、甘肃一带，直到663年才被吐蕃吞并。此前，鲜卑诸部渐与汉族及其他各族融合。［3］锡伯利：今俄罗斯西伯利亚。［4］吉利吉思：今吉尔吉斯斯坦的大部分地区，也是民族名，在中国境内被称为“柯尔克孜族”。［5］靺鞨（mò hé）：又称“靺羯”，中国古代民族名，居住在东北地区长白山、松花江、黑龙江一带。先世是商周时代的“肃慎”、战国时期的

“挹娄”，北魏称“勿吉”，唐代分为白山、粟末、黑水靺鞨等部。其中“粟末靺鞨”首领大祚荣建立了号称“海东盛国”的渤海国，即后来女真（女直）族的祖先。［6］脱：缺少。

今译

尼布楚即林木中百姓考

于是，从失必儿这些民族往南边。失必儿就是中国古代“鲜卑”二字的对音，如今俄罗斯的西伯利亚，也是失必儿的对音。至于《朔方备乘》原文中的“乞儿吉思”，是现在的吉利吉思一带。原文中写成“万乞儿吉思”，“万乞”就是“靺鞨”和“勿吉”的对音，这个地方少写了“万”字，而把地名写为“吉利吉思”，（我认为）不是这样的。

卷二十四

额尔古纳河[1]

一曰胪朐河。一曰龙居河，一曰班朱纳海，见《元史·速不台传》。一曰巴渚纳海子，见《元秘史》。**一曰陆局河。**见《西游记》[2]。**有孙可勒河，亦曰僧库勒河，即僧库尔河也。**《元秘史》之桑沽儿河即此对音。**一作阔泺海子。**《元秘史》作阔连海子。**鄂尔顺河。**《元秘史》作兀儿失温河，即鄂尔顺对音。**即古捕鱼儿海。**见《元秘史》。**呼伦贝尔城总管**[3]。当云因地名设总管。**又西南**[4]**流百余里。**喀尔喀河[5]。**又西分为二支。**喀尔喀河。**又西流与北一支复合。**喀尔喀河。**又西流。**喀尔喀河。

又西南。喀尔喀河。**又西**。喀尔喀河。**又西**。喀尔喀河。**折西北流**。喀尔喀河。**又西北百余里**。喀尔喀河。**又西北二百里**。喀尔喀河。**其支河七，曰阿母巴哈尔浑**。即阿母巴哈儿浑。**曰伊阑色模**。即衣蓝塞漠。**曰喀尔札布鲁克图**。即噶儿查布鲁克图。**曰诃尔诃齐**。即活尔活。**曰呼鲁思泰**。即呼鲁思太。**曰喀尔喀**。即提纲之喀尔喀。

注释

［1］额尔古纳河：内蒙古自治区东北部呼伦贝尔市境内的河流，是黑龙江正源，中俄界河。［2］《西游记》：又名《西游录》，元代著名政治家和学者耶律楚材著。1218年3月，耶律楚材从永安出发，过居庸关、武川、云中（今大同），到达天山北面成吉思汗营地。翌年随成吉思汗率军20万西行，越阿尔泰山，过瀚海，经轮台、和州（古高昌）、虎司斡鲁朵、塔剌思、撒马尔罕，到达中亚花剌子模国首府今布哈拉，行程6万里，时间达6年之久。东归4年后写成《西游录》，共上、下两篇，记载了其当时游历西域的见闻。［3］总管：指总管府，是元朝地方行政机构。［4］西南：向西南，名词用作状语，下文西、西北等词均为此用法。［5］喀尔喀河：今译作哈拉哈河，为蒙古语“屏障”之意。河流发源于阿尔山的摩天岭北部，流经蒙古国注入贝尔湖，全长约400千米。清代将漠北蒙古族诸部称为“喀尔喀蒙古”。

今译

额尔古纳河

又叫胪朐河。又称龙居河，也称班朱纳海等，《元史·速不台传》有相关记载。又叫巴渚纳海子，可参阅《元秘史》。又叫陆局河，可参阅元人耶律楚材的《西游录》。有孙可勒河，也被称为僧库勒河，就是今日的僧库尔河。《元秘史》之桑沽儿河，就是这个词语的对音。又写作阔泺海子，《元秘史》中写为阔连海子。鄂尔顺河，《元秘史》中写为兀儿失温河，就是鄂尔顺一词的对音。也就是古代的捕鱼儿海，可参考《元秘史》。呼伦贝尔城总管，大概是因它的地名而设置的总管府。喀尔喀河，向西南流经百余里，然后向西分为两条河，又向西流与向北的那条支流再次合流，还是叫喀尔喀河，然后向西、西南等方向流，转折向西北流去一百多里。再向西北流经二百多里。喀尔喀河有七条支流，分别叫作阿母巴哈尔浑，也就是阿母巴哈儿浑。伊阑色模，也就是衣蓝塞漠。喀尔札布鲁克图，也就是噶儿查布鲁克图。诃尔诃齐，也就是活尔活。呼鲁思泰，也就是呼鲁思太。喀尔喀，也就是《水道提纲》所述之喀尔喀等。

卷二十五

鄂尔坤河[1]

东南流曰姑洛河。《辍耕录》曰："虞文靖公集撰《高昌王世勋碑》[2]曰，畏吾儿[3]之地有和林山，二水出焉，曰虎忽剌，曰薛灵哥。"按薛灵哥即色楞格河，其虎忽剌即姑洛之对音。**一自北麓东南流，曰阿木勒稽乌林塔河**。明郑大郁《四夷考》[4]曰："和宁即哈剌禾林。元初建都于此，名元昌路。"**哈拉河上源，曰通克拉河。**《元秘史》统格黎河即此通克拉河。**东北自阿即肯特山之西麓。**"阿即"二字似衍[5]，再考之下页，楚库河亦出阿即格肯特山，即此山也，此二字非衍。又考土拉河源所出，《水道提纲》谓："一源出于小肯忒山。"然则"阿即格"者，小也。

注释

［1］鄂尔坤河：今蒙古国境内的河流，大致位于蒙古国三音诺颜部东境及土谢图汗部西北境，其源头出自杭爱山脉东麓。 ［2］《高昌王世勋碑》：元代碑刻，亦称《亦都护高昌王世勋碑》，为研究元史、回鹘史、高昌史的珍贵史料。元代大儒虞集（祖籍仁寿，南宋丞相虞允文五世孙，历任大都路儒学教授、太常博士、翰林待制兼国史院编修、秘书少监、翰林直学士兼国子祭酒、奎章阁侍书学士、通奉大夫等职。病逝后卫元廷追谥"文靖"，追封为仁寿郡公）于文宗至顺二年（1331）奉诏撰文此碑。该碑全文收录于《道园学古录》《元文类》等典籍。1933年在甘肃武威北30里石碑沟发现原碑，正面汉文，背面回鹘文。碑文叙述回鹘人起源、西迁之历程，甚为详细。此外，对于元代亦都护（国主名，意为"幸福之主"）高昌王帖木儿补化先祖及其后裔事迹，记载亦甚为详尽。 ［3］畏吾儿：或写作"畏兀儿"，是元代对于"高昌回鹘"的称呼，源自突厥语Uighur的音译，日本学术界称为"西州回鹘"，其先祖由乌揭、丁零组成，唐朝称为"回纥"（"回鹘"）。 ［4］《四夷考》：全名为《皇明四夷考》，是明代嘉靖年间郑晓撰写的一部民族史书，共2卷。卷首有嘉靖

四十三年（1564）自序。书中收国名、地名九十余条，逐条叙录，记载了明代的“四夷”，包括国内边疆民族、朝鲜、日本、大小琉球、安南（越南）、真腊（柬埔寨）、暹罗（泰国）、苏门答腊、西洋爪哇、三佛齐、浡泥等处情况。如辽夷风俗，“鞑靼”蒙古，洪武朝以来“女直三卫”到永乐朝设立卫所，以及建州与明的关系等，记载道里远近、历史遗迹、风土民俗、中外交通等颇为周详，足为考史者所征。对研究明代中期西北地区边疆民族、对外关系有重要参考价值。郑晓字大郁，一字窒甫，号淡泉，明代海盐（今属浙江）人。嘉靖进士，历任职方主事、刑部尚书、兵部右侍郎兼副都御史、总督漕运等职，熟于边疆掌故，了解军事，协理戎政，颇有声名，为官刚正，以惠能称。以忤严嵩落职。［5］衍：衍生，多余的。文献学上的“衍文”就是多余的字，因后人传写传刻时不小心混入或者重复而造成。

今译

鄂尔坤河

这条河流向东南流，也被称为姑洛河。陶宗仪的《南村辍耕录》记载：“虞集撰写的《高昌王世勋碑》讲，回鹘人居住的地方有和林山，有两条河流从山中流出，一条叫作虎忽剌，一条叫作薛灵哥。”案：薛灵哥实际上就是色楞格河，虎忽剌三字就是姑洛二字的对音。另一条从山脉北麓向东南流，叫作阿木勒稽乌林塔河。明代郑晓所著《皇明四夷考》一书称：“和宁就是哈剌禾林。元代初年在此地建都，被命名为元昌路。”哈拉河的上源，叫作通克拉河。《元秘史》中记载的统格黎河就是通克拉河。东北自阿即肯特山之西麓。“阿即”两字似乎是多余的，在下一页中继续考证，楚库河也是发源于阿即格肯特山，也就是这座山，所以“阿即”两字并非多余。又考证土拉河发源的地方，齐召南撰写的《水道提纲》记载："源头之一出自小肯忒山。"于是知晓"阿即格"，就是"小"的意思。

克穆河

又西哈尔吉河入之。《元史·速不台传》："癸未年奏请讨钦察[1]，引兵绕宽田吉斯海[2]转至太和岭[3]，出不意至，则遇其部长方聚于不租河，遂收其境。又至阿里吉河[4]，与斡罗思[5]部遇，一战降之，大掠阿速部而还。"所云阿里吉河，即此哈尔吉河也。**经扎萨克图汗部所属乌梁海[6]一佐领境。**明郑大郁《四夷考图说》曰："自和宁北行三千里，名阿只里海子，自此又行五百余里，至欠欠州[7]，乞里吉里田地，又北行千里大泽云。"

注释

[1] 钦察：指钦察人，古代欧亚的游牧民族，阿拉伯人则称之为库蛮。13世纪上半叶，成吉思汗长子术赤的次子拔都结束西征后，建立了钦察汗国，又称"金帐汗国"、克普恰克汗国、术赤兀鲁思，东起也儿的石河（额尔齐斯河），西到斡罗思，南起巴尔喀什湖、里海、黑海，北到北极圈，地域广袤，是元代四大汗国之一。 [2] 宽田吉斯海：今里海。 [3] 太和岭：今高加索山脉。 [4] 阿里吉河：今译作卡里奇克河，位于日丹诺夫北部。 [5] 斡罗思：俄罗斯的音译。 [6] 乌梁海：一古代部族，亦作兀良哈。其活动范围北

至萨彦岭以北，南到唐努山，现今大部分属于俄罗斯联邦的图瓦共和国。 ［7］欠欠州：古地名，亦作谦州、谦谦州、俭俭州。在今俄罗斯图瓦共和国乌鲁克穆河与克穆齐克河汇流处南部的鄂依玛克古城。

今译

克穆河

又有西哈尔吉河流入。《元史·速不台传》记载："癸未年（1283）奏请讨伐钦察，率军绕过宽田吉斯海到达太和岭，前进路上，没有想到，遇到了钦察一个部族的首领们恰好在不租河（后文亦译为布租河）聚会，于是收复这片领土。又前进到了阿里吉河，与斡罗思部族相遇，通过一次战斗降服斡罗思，大肆掠夺阿速部后返回。"这里面记载的阿里吉河，就是上文中所说的哈尔吉河。经过扎萨克图汗部所属的乌梁海部族的领土。明代人郑晓撰写的《四夷考图说》记载："从和宁向北行走三千里，就到达了阿只里海子，从此地再行走五百余里，到达欠欠州，这是乞里吉里的地盘，再向北行走千里就是连绵不绝的大沼泽。"

卷二十八

俄罗斯奉天主教之始

大将绷标（原注一作潘沛）往剿。《志略·西班牙国》[1]篇云："其地为加尔达额人所据。汉初，意大里大将奔彪帅师征服之。"奔彪即绷标。**唐初回回教之摩哈默[2]，兴于阿剌伯[3]。**摩哈默即《旧唐书》[4]大食国之摩诃末也。

注释

［1］《志略·西班牙国》：指《瀛寰志略·西班牙国》，是《瀛寰志略》的部分内容。《瀛寰志略》是与魏源的《海国图志》齐名的中国近代早期的世界地理志，成书于道光二十九年（1849）。全书共10卷，作者为清代名臣、学者徐继畬。徐继畬，山西代州五台县（今山西忻州）人，道光六年（1826）进士，历任广西、福建巡抚，闽浙总督，总理衙门大臣，并为首任总管同文馆事务大臣。徐继畬是中国近代开眼看世界的先驱之一，近代著名的地理学家，在文学、历史、书法等领域也有一定的成就。　［2］摩哈默：指穆罕默德，伊斯兰教的先知。　［3］阿剌伯：指阿拉伯。　［4］《旧唐书》：后晋刘昫等撰写的纪传体史书。《旧唐书》共200卷，包括本纪20卷、志30卷、列传150卷，原名《唐书》，宋祁、欧阳修等编著的《新唐书》问世后，才改称为《旧唐书》。

今译

俄罗斯奉天主教之始

大将绷标（原注一作潘沛）往剿。徐继畬的《瀛寰志略·西班牙国》记载：“其地被加尔达额人占据。汉代初年，意大利大将奔彪率领军队前往征服。”这里面的“奔彪”就是原文所写的“绷标”。唐代初年，伊斯兰教的摩哈默，在阿拉伯地区兴起。这里的摩哈默就是《旧唐书》中大食国的摩诃末。

卷三十

乌孙[1]部族考

最奉佛。此说误。**奉者天主**[2]。此说是。**从安西**[3]**西北千余里，有勃达岭**。今博克达山[4]。**西南至葱岭**[5]**二千余里**。此似指木素尔岭。

注释

[1] 乌孙：两汉时期位于西北的游牧民族，兼营狩猎，养马业特别兴盛，建立了自己的国家。南北朝时，乌孙与北魏关系密切，410年被柔然灭亡。 [2] 天主：指天主教。 [3] 安西：指安西都护府，唐太宗贞观十四年（640）设置的管理西域的军政机构，统辖安西四镇。其最大管辖范围曾一度完全包括天山南北，并至葱岭以西至达波斯。 [4] 博克达山：今作博格达山、博格多山等，位于新疆中部，东西走向，是准噶尔盆地与吐鲁番盆地之间的界山。主峰博格达峰，海拔5445米，终年积雪，是北天山东段最高峰。 [5] 葱岭：今帕米尔高原。

今译

乌孙部族考

最虔信佛教。这个说法是错误的。信奉的宗教为天主教。这个说法才是正确的。从安西都护府向西北行一千多里，有名叫勃达岭的山。（勃达岭）就是今天的博克达山。从西南到葱岭有二千多里的行程。这里的葱岭似乎指的是木素尔岭。

卷三十一

匈奴[1]传

徙关东[2]贫民，处所夺匈奴河南地新秦中以实之[3]。今河套内阿拉善旗[4]。**呼韩邪单于[5]兄左贤王呼屠吾斯**。“呼韩”二字，其音近可汗，当即可汗称号之始。

注释

[1] 匈奴：古代蒙古高原游牧民族。《史记》《汉书》等均有记载。近代西方历史学家一般认为中原以北的匈奴人，是一些喜欢以马征战与结盟的混合游牧民族，但只是民族集团而非同种族群。 [2] 关东：通常指函谷关以东的地区。 [3] 实之：实，充实；之，指前文提到的匈奴占据的河南地界。 [4] 阿拉善旗：“阿拉善”系蒙古语“五彩斑斓之地”之意，大致位于今中国内蒙古西部，与中国的新疆、甘肃及蒙古等地接壤。 [5] 呼韩邪单于（？—前31）：西汉后期匈奴的统治者，前58—前31年在位，在位期间率部归降西汉王朝，系第一个到中原来朝觐天子的匈奴单于。他重新统一匈奴，并因迎娶王昭君而广为人知。

今译

匈奴传

迁徙关东地区的贫苦人民，到匈奴曾占据的河南地新秦中等地，来充实这些地方。其大致位置为今河套内的阿拉善旗一带。匈奴呼韩邪单于的兄长左贤王呼屠吾斯。“呼韩”两字的读音和“可汗”相似，这应当是可汗称号的开始。

鲜卑[1]传

别依鲜卑山。今兴安岭。

注释

[1]鲜卑：指鲜卑族，是继匈奴之后在蒙古高原崛起的古代游牧民族。兴于大兴安岭，为魏晋南北朝时对中国影响最大的游牧民族。秦汉之际，东胡被匈奴冒顿单于打败，分为两部。分别退保乌桓山和鲜卑山，均以山名为族名，称为乌桓族和鲜卑族，受匈奴奴役。所以鲜卑族的风俗习惯同乌桓、匈奴相似。

今译

鲜卑传

别依鲜卑山，就是今天的兴安岭。

柔然[1]传

于是自号丘豆代可汗。“可汗”二字，与《汉书》之“呼韩”对音。**投嚈哒[2]。**“嚈哒”即《元史》之“按荅”，谓交友也，即友邦之义。

注释

［1］柔然：4世纪后期至6世纪中叶鲜卑族别部在蒙古草原上崛起的部族，亦称蠕蠕、芮芮、茹茹、蝚蠕等，主要游牧范围为今蒙古国全境、俄罗斯贝加尔湖地区等。魏晋南北朝时期，柔然与南北朝各政权长期对峙并立。555年（北齐天保六年），灭于突厥。［2］嚈哒（yàn dā）：指嚈哒人，是古代生活在欧亚大陆的游牧民族，有学者称之为“白匈奴”。中国古代史书记载，其部原居长城以北，称滑国。5世纪30年代末建立了国家，有可汗、可敦、叶护、特勤等称号。可汗为男子，王位由子或弟继承。6世纪50年代末被突厥和波斯联盟灭亡。李文田在注释中将“嚈哒”解释为“友邦”，是不正确的。

今译

柔然传

于是，便自称邱豆代可汗。“可汗”二字，与《汉书》中的“呼韩”二字为对音。投奔嚈哒。“嚈哒”即《元史》中的“按荅”，是交朋友的意思，在这里含义为友邦。

高车[1]传

有突越失国[2]。突越失即突骑施对音。

注释

［1］高车：魏晋南北朝时期活跃于中国北部和西北部的游牧民

族，因其“车轮高大，辐数至多”而得名，又称“敕（chì）勒”“铁勒”“狄历”“丁零”，阿伏至罗当首领时，曾在车师前部（今新疆吐鲁番交河故城一带）建立高车国（487—541），共七主，后为柔然灭。［2］突越失国：指后文突骑施，是西突厥的一支，在当时隶属于北庭都护府管辖，8世纪苏禄可汗、吐火仙可汗时期，部落最为强大。

今译

高车传

有一个名叫突越失的国家。突越失就是突骑施的对音。

奄蔡[1]传

西与大秦[2]接。今土耳其。既云“西与大秦接”，是时大秦全有今土耳其地，则北临大泽[3]，决为里海可知。**临大泽无涯，盖即北海也。**此今黑海。

注释

［1］奄蔡：指阖苏，又作阿兰聊国、阿兰、阿伦，是古代亚洲西北部游牧渔猎民族建立的西域古国，位于西伯利亚西南部的欧洲和亚洲的交界处，其名称始见于《史记》。4世纪后半叶，受匈奴攻击而西迁。［2］大秦：古代中国对罗马帝国及近东地区的称呼。［3］北临大泽：北临，北部靠近；大泽，巨大的湖泊，此处指里海。

今译

奄蔡传

西边与大秦接壤。就是今日的土耳其。既然说“西与大秦接”，那个时候大秦占据了今日土耳其的全部地盘；于是，北部相邻的大湖，由此就可以推断一定是里海。相邻的大湖无边无际，这就是北海。（北海）也就是今天的黑海。

乌洛侯[1]传

其国西北有貌水（秋涛案，《北史》[2]作完水）。《北史》作“完水”，是也。**此必由“完”讹“儿”，由“儿”又讹“貌”。**

注释

［1］乌洛侯：中国古代北方民族名，为室韦之一部。南北朝时期游牧于今嫩江之西，与柔然等为邻。部落首领称莫弗，为世袭官号。自北魏至唐多次遣使朝贡，唐代史书中将其称为“乌罗浑”或“乌罗护”。 ［2］《北史》：隋唐时代李大师、李延寿父子对记载北朝历史的《魏书》《北齐书》《周书》《隋书》进行汇合并删节而编成的纪传体史书，记述了从北魏登国元年（386）到隋义宁二年（618）的历史。与《南史》为姊妹篇，系“二十四史”之一。

今译

乌洛侯传

这个国家西北部有一条名叫“貌水”的河流（何秋涛案：《北史》中却写作“完水”）。《北史》写作“完水”，是正确的。这一定是后人将“完”字错写成“儿”字，然后将“儿”字又错写成“貌”字的缘故。

卷三十二

突厥传

菴逻[1]**降，居独洛水。**独洛水即土拉河之对音。**颉利以什钵苾为突利可汗。**“什钵苾”即上文之“室钵苾”，乃始毕可汗吐吉之子也。**伊吾城**[2]。今哈密。**灵州**[3]。今灵夏。**窜金山之北。**今阿勒坦山，译言金山也。**诏建狼山都督府统之**[4]。狼山即汉狼居胥山[5]。**张仁愿于河北**[6]**筑三受降城。**今河套之北。**战独乐河。**独乐河即独洛水，今之土拉河也。**拔悉密今在北庭**[7]。唐北庭都护府在今济木萨之北。

注释

[1] 菴（ān）逻：突厥统治者佗钵可汗之子，581年，佗钵可汗去世，被沙钵略可汗立为第二可汗。 [2] 伊吾城：古地名，大致位于今新疆哈密一带。 [3] 灵州：古地名，大致位于今宁夏灵武境内。 [4] 统之：统，统率；之，代词，指西北部族。 [5] 狼居胥山：

指今肯特山，位于蒙古国首都乌兰巴托东侧，成吉思汗时被称为不儿罕山。［6］河北：河套以北。［7］北庭：指北庭都护府，中国唐朝设立于西域天山以北的行政单位。武周长安二年（702），武则天于庭州置北庭都护府，取代金山都护府，管理西突厥故地。

今译

突厥传

突厥首领菴逻投降后，居住在独洛水。独洛水就是今土拉河的对音。颉利以什钵苾担任突利可汗。“什钵苾”就是上文的“室钵苾”，是始毕可汗吐吉的儿子。伊吾城，今哈密。灵州，今灵夏。竄金山之北，今阿勒坦山，翻译中称之为金山。下诏建狼山都督府统领这个地方。狼山就是两汉时期的狼居胥山。张仁愿在河套以北修筑三座受降城。今河套之北。在独乐河进行了一场大战。独乐河为独洛水，就是今天的土拉河。拔悉密今在北庭都护府。唐朝的北庭都护府在今济木萨的北边。

西突厥[1]传

其国居乌孙之故地。今伊犁。**西至雷翥海**。今咸海。**东至金山**。今阿勒坦山。**西临西海**。今里海。**遂与北突厥[2]为敌**。今俄罗斯。**乃建庭于龟兹北三弥山**。龟兹今库车。**西拒波斯**。今白西。**南接罽宾[3]**。今克什米尔。**及移庭于石国[4]北千里**。今塔什罕。**自伊列河以西，属咄陆[5]**。伊列今伊犁。

注释

［1］西突厥：583年，突厥汗国分裂为东、西突厥，西突厥射匮可汗广开疆土，东起今山西到西海诸国都在他的统治之下，汗庭建在龟兹北面的三弥山。657年，唐朝派苏定方等征讨西域，俘获西突厥大将阿史那贺鲁，西突厥灭亡。　［2］北突厥：指今俄罗斯境内的部分部族。　［3］罽（jì）宾：古代中亚地区国名，又作凛宾国、劫宾国、羯宾国，大致位于今开伯尔山口附近。因位于喀布尔河流域，故而因河音译得名。在国力最为强盛之时，其疆域包括了卡菲里斯坦、喀布尔河中下游之间的河谷平原和克什米尔西部。7世纪末灭国。［4］石国：西域古国，昭武九国之一，粟特语"石"之意。石国位于今乌兹别克斯坦共和国首都塔什干市，唐代此地有九个君主均姓昭武的国家，称昭武九国，石国为其中之一。隋大业五年（609）、唐贞观八年（634），遣使朝贡。唐天宝十年（751），石国向大食（阿拉伯帝国）求救兵攻打怛逻斯城，引发怛逻斯战役，唐兵败绩，石国归附大食。　［5］咄（duō）陆：古代西突厥的部族。

今译

西突厥传

西突厥国位于原来乌孙的地盘范围内，今新疆伊犁一带。西边到达雷翥海，今咸海。东边到达金山，今阿勒坦山。西边临近西海，今里海。与北突厥相互敌对，今俄罗斯。于是，在龟兹北部的三弥山附近兴建了王庭，龟兹就是今日的库车。西面抵达波斯，今白西。南面与罽宾国接壤，今克什米尔。又将王庭转移到石国以北千里的地方，今塔什罕。从伊列河往西，属于咄陆部族。伊列就是今日的伊犁。

突骑施传

突骑施乌质勒者。突骑施即度尔格，及土耳其之对音。**初隶在**[1]**解瑟罗下**。《瀛寰志略》云："土耳其西土，古希腊十二国之地。""希腊"即"瑟罗"之对音，然则"解瑟罗"[2]即希腊也。**常屯聚碎叶**[3]**西北界**。《志略》云：土耳其东界黑海，然则碎叶川似即黑海。

注释

［1］隶在：隶属，归附。 ［2］解瑟罗：指阿史那斛瑟罗，西突厥继往绝可汗。685年，被武则天册封为蒙池都护、继往绝可汗兼右卫大将军，统辖弩失毕五部，以强化对西域的管理。690年，由于后突厥和吐蕃的攻击，阿史那斛瑟罗率所部入居内地，拜右屯卫大将军。700年，武则天再次任命阿史那斛瑟罗为左屯卫将军，回镇碎叶。因突骑施乌质勒兴起，703年，阿史那斛瑟罗入朝后，未再回到西域，阿史那斛瑟罗的领地遂为乌质勒占领。 ［3］碎叶：指碎叶城，是唐朝在西域设的重镇，位于今吉尔吉斯斯坦首都比什凯克以东，是中国历代王朝在西部地区设防最远的一座边陲城市，也是丝绸之路上的一个重要城镇。李文田在此处将碎叶川理解为黑海，不准确。

今译

突骑施传

突骑施是乌质勒，就是度尔格，今土耳其的对音。起初隶属斛瑟罗之下。《瀛寰志略》记载："土耳其西面的地盘，是古希腊十二国的范围。”“希腊”就是“瑟罗”的对音。所以，“斛瑟罗”就是希腊的意思。（突骑施）经常在碎叶城西北界附近聚集。《瀛寰志略》记载：土耳其东边界限为黑海，那么碎叶川似乎就是黑海。

铁勒[1]传

铁勒之先，匈奴之苗裔也。铁勒即韃靼之声转，宋人称元人为韃靼，元人自称曰达达，似即此二字。**伊吾以西。**哈密。**焉耆[2]之北。**喀喇沙尔。**金山西南。**阿勒坦山。

注释

[1]铁勒：中国北方古代民族名，又称狄历、丁零、敕勒、高车等。其分布东至大兴安岭，西到额尔齐斯河上游一带。546年突厥统一铁勒诸部，建立突厥汗国。后来突厥汗国携带大量大漠的游牧部落越过阿尔泰山西征中亚、东欧，于是铁勒人分布到东欧。[2]焉耆（qí shì）：西域绿洲古国，即焉耆国，又称乌夷、阿耆尼，位于塔里木盆地，其范围大约在今新疆维吾尔自治区焉耆回族自治县附近。

今译

铁勒传

铁勒部族的先祖，是匈奴的后代。“铁勒”就是“韃靼”的转音。宋人称元人为“韃靼”，元人自称“达达”，好像就是这两个字。伊吾的西边，是今哈密。焉耆的北边，是今喀喇沙尔。金山的西南边，是今阿勒坦山。

薛延陀[1]传

东鞑靼。今盛京。**北俱伦水**。今枯伦湖。**独逻水**。今土拉河。**西金山**。阿勒坦山。**经腊河**。今土拉河。**度诺真水**。今鄂勒昆河。

注释

［1］薛延陀：古代北方游牧民族名，铁勒诸部之一，其先民曾与“薛”姓部落杂居，后吞并了“延陀”部众，故号称“薛延陀”，其风俗接近突厥，后来建立了自己的国家；亦为汗国名。初在漠北土拉河流域从事游牧，役属于突厥。贞观二十二年（648），被唐朝灭亡。

今译

薛延陀传

东边靠近鞑靼，今盛京。北边紧挨俱伦水，今枯伦湖。独逻水，今土拉河。西面与金山相接，即阿勒坦山。经腊河，今土拉河。度诺真水，今鄂勒昆河。

大食[1]传

大食国本在波斯之西。以《唐书》所谓大食国考之，元以后之地名，盖即今西人所称阿剌伯也。《瀛寰志略》云：“阿剌伯东界波斯，及阿勒富海，西抵勒尔西海，亦称红海，产名马，驼尤良。”**有波斯牧驼胡人于俱纷摩地那之山，纠众[2]起兵。**“俱纷”当即“阿非利加”也，“阿非”即“俱纷”对音也。摩地那，《志略》作“麦地拿”，《明史稿》[3]作默德那。《瀛寰志略·卷三》：“波斯西界东土耳其，南抵阿勒富海，与阿剌伯毗连。唐初，回教兴于阿剌伯，波斯与之邻国，为所夺，由是为回回大部。”又曰：“唐初，阿剌伯人摩哈麦创立回教，因[4]起兵攻阿剌伯，夺其国。时波斯衰弱，为摩哈麦所兼并。”

注释

［1］大食：中古时期阿拉伯人建立的伊斯兰帝国。［2］纠众：纠，召集；众，民众。［3］《明史稿》：清人万斯同、王鸿绪编著的纪传体史书，成书早于《明史》，共310卷。［4］因：于是。

今译

大食传

大食国原本在波斯国的西面。用《唐书》中被称作大食国的文本考证得知，这是元代以后的地名，也就是今日西方人所称作的阿剌伯。《瀛寰志略》记载：“阿剌伯东部挨着波斯和阿勒富海，西面抵达勒尔西海，也被称为红海，这个地方盛产名马，骆驼品种十分优良。”有波斯放骆驼的胡人在俱纷摩地那的山里，纠集民众，起兵作乱。“俱纷”就是“阿非利加”的意思，“阿非”就是“俱纷”的对音。摩地那这个地名，《瀛寰志略》中写作“麦地拿”，《明史稿》中写作“默德那”。《瀛寰志略·卷三》记载：“波斯西边以东土耳其为界，南面抵达阿勒富海，和阿剌伯毗邻。唐朝初年，伊斯兰教在阿剌伯兴起，波斯作为阿剌伯的邻国，被其占领，成了该国的主要中心地域。”还讲道：“唐朝初年，阿剌伯人摩哈麦创立了伊斯兰教，于是起兵攻打阿剌伯，并侵占这个国家。那个时候，波斯的国力很衰弱，被摩哈麦兼并了。”

其姓大食氏，名噉密莫末腻。噉密，即马哈默，亦即穆罕默德，末腻即牟尼，亦即末尼。此即天主教[1]之祖也，末尼盖教主之称，犹曰和尚耳。《旧唐书·宪宗纪》：“元和二年正月，回纥请于河南府、太原府设摩尼寺。”摩尼即末腻对音。**土多沙石，不堪[2]耕种。**《志略》云：“阿剌伯中央皆戈壁。”**击破波斯，又破拂菻[3]，始有米面之属。又将兵南侵婆罗门[4]。**《志略》云：“摩哈麦据阿剌伯全土，尝翦灭波斯，荐食[5]罗马，据阿非之北境，裂瓯罗之西垂”云云。然则《唐书》所云“波斯”，是今波斯，拂菻今土耳其、法兰西也。云南侵婆罗门，今西人以意大利国为古之罗马故都也，是西人罗马二字，即唐代罗门二字之对音。《志略》又云：“唐初，摩哈麦兴回教于阿剌伯，阿非利加之厄日多与之接壤，遂为所夺”云云。此即《唐书》所谓“南侵婆罗门”者也。唐人所谓“婆罗门”，即今西人之阿非利加洲。

注释

［1］天主教：基督教的三大派别之一，亦称公教、罗马公教等。［2］不堪：不能够。［3］拂菻：中国古代史籍中对东罗马帝国的称谓。［4］婆罗门：原指印度最高级种姓祭司和学者的阶级，文中代指古代印度的西北部。［5］荐食：应为“不断吞食、吞并”之意。

今译

他们的姓为大食氏，名瞰密莫末腻。“瞰密”就是“马哈默”，也就是“穆罕默德”。“末腻”就是“牟尼”，也就是“末尼”。其在这里指的是天主教的宗师，“末尼”是教主的意思，就像叫作和尚一样。根据《旧唐书·宪宗纪》的记载：“元和二年（807）正月，回纥奏请朝廷在河南府、太原府设立摩尼寺。”文本中的“摩尼”就是“末腻”的对音。这里的土地沙石很多，不适宜耕种农作物。《瀛寰志略》记载：“阿刺伯的中部都是戈壁。”打败了波斯国，又击破拂菻国，才开始有米面等食品。又率领士兵向南入侵婆罗门。《瀛寰志略》记载：“摩哈麦占据阿刺伯全部领土，试图消灭波斯国，不断吞并罗马国的疆域，占据非洲的北境，分裂欧洲的西部边地”等等。但是，《唐书》中记载的“波斯”是今日的波斯，拂菻是今日的土耳其、法兰西等国，却为什么要说“向南入侵婆罗门”？今日西方人把意大利国视为古之罗马的故都，原因在于西方人口中的“罗马”二字是唐代“罗门”二字的对音。《瀛寰志略》又说：“唐朝初年，摩哈麦在阿刺伯创立回教，非洲的厄日多这个地方，因为与阿刺伯接壤，所以被侵占了”等等。《瀛寰志略》中的这段记载就是《唐书》中记载的“南侵婆罗门”啊。原来，被唐人称为“婆罗门”的地方，就是如今西方人口中的阿非利加洲。

东与突骑施相接焉。突骑施其国，在西突厥之西，即《职方外纪》[1]之度尔格，今西人所谓土耳其也。“度”与“土”即“突”字对音，“格”与“其”即“骑”字对音矣。**其奚深后有摩诃末者。**摩诃末即马哈默，亦即穆罕默德，此与噉密莫是一人，非两人，但译字不同，而修《旧唐书》者不悟耳，故以为又一说也。**兼剋[2]夏腊。**夏腊即希腊。**有呼罗珊木粗人，并波悉林举义兵应者。**土耳其之北，即俄罗斯地，此“呼罗珊”三字，当即“俄罗斯”三字之对音。其又云“木粗”者，似即阿母河[3]，“母”与“木”同音，“粗”与“楚”同音，西域以河为楚也，若[4]今布垒楚河即佛书缚芻[5]河，是其证也。

注释

[1]《职方外纪》：意大利耶稣会传教士艾儒略于明天启三年（1623）编译的地理著作，是首部用汉语编著的世界人文地理著作，开阔了中国人的眼界。 [2]兼剋（kèi）：兼并，攻克。 [3]阿母河：今译作阿姆河，是中亚流量最大的内陆河，咸海的两大水源之一，发源于帕米尔高原东南部。 [4]若：比如。 [5]芻（chú）：刍。

今译

东边与突骑施接壤。突骑施这个国家，在西突厥的西面，就是《职方外纪》中所称的度尔格，今西方人口中的土耳其。“度”与“土”是“突”字的对音，“格”与“其”是“骑”字的对音。其奚深后有叫摩诃末的人。摩诃末就是马哈默，也被翻译为穆罕默德，与暾密莫是一个人，不是两个人，但因为翻译的不同，撰写《旧唐书》的人没有领会到，所以认为这是另一个人啊。兼并夏腊。“夏腊”即“希腊”。有一群呼罗珊木粗人，在波悉林发动起义以兵响应。土耳其的北部，是俄罗斯的土地。这里的“呼罗珊”三字，应当是“俄罗斯”三字的对音。而文中所说的“木粗”，好像指的是阿母河。“母”与“木”同音，“粗”与“楚”同音，西域常常把“河”称为“楚”，比如今布垒楚河就是佛书缚刍河，这就是这一类的例证。

生擒末换杀之。《志略》云：“摩哈麦后为土耳其所攻，属藩尽失[1]，日就衰微[2]，卒乃纳贡于土耳其。”即此擒末换之事。**大食盛时，并石国、康国，直接坚昆。**案“食”“石”同音，盖其来中国自称大石，而译者书“石”为“食”，故与石国为二。在彼国中，只有阿刺伯之名而已，今西人并无称唐时大食国者，以此也。然唐时安史之乱[3]，汾阳[4]实藉黑衣大食之力以收两都，其烜赫[5]如此，不应西人不知。其所以不知大食国者，以中国所谓大食即大石，而西人所谓阿刺伯即石国故也。元初，尚有大石国耶律纯□[6]，当辽亡西走，即于大石立国，谓

之西辽，此亦大食即石国之证。盖阿剌伯灭石国，而来中土，遂冒其名，自称大石国，而译者书作大食耳。

注释

［1］尽失：全部失去。 ［2］日就衰微：逐渐衰弱下去。［3］安史之乱：唐代玄宗末年至代宗初年唐朝将领安禄山与史思明背叛唐朝发动的战争。这场内战使得唐朝人口大量丧失，边疆少数民族离心，国力锐减，为唐由盛而衰的转折点。 ［4］汾阳：指唐朝将领郭子仪。郭子仪率军平定安史之乱，先后收复洛阳、长安两京，智退吐蕃、回纥，晋为中书令，封汾阳郡王。 ［5］烜赫：同“煊赫”，形容名声大、声势很盛。 ［6］此处“纯”字后面原空一字，疑当作“达实”，耶律达实一作大石。

今译

生擒末换将其杀死。《瀛寰志略》记载：“摩哈麦后来被土耳其攻击，占领的土地、藩国全部失去，国力逐渐衰弱下去，最后只能向土耳其缴纳贡品。”这就是关于擒末换的记载。大食国强盛时，兼并了石国、康国，其领土与坚昆接壤。“食”“石”发音相同，其民众来到中国自称“大石”，而翻译书籍的人把“石”写成“食”，故认为石国之外还有另一个国家。在他们的国家内，只有阿剌伯的名称而已，现在的西方人并没有称唐朝时大食国的，就是这个原因。实际上，唐朝安史之乱的时候，郭子仪凭借着黑衣大食的帮助收复长安、洛阳两都，大食国的声势如此煊赫，西方人不应该不知道。而西方人不知道大食国的原因在于，中国人所说的“大食”即“大石”，而西方人所说的“阿剌伯”就是“大石国”啊。元朝初年，尚且有大石国耶律纯□，当辽国灭亡后向西逃跑，随即在大石建立国家，称之为西辽，这也是大食即石国的例证。阿剌伯消灭石国后来到中国，遂冒用他们的名称，自称“大石国”，而翻译的人书写为“大食”。（作者注：李文田在本段将“石国”“大食国”解释为一个国家的考证，不准确。）

卷三十三

报达传

报达国[1]**即唐波斯国也**。案《元秘史》云：“拙赤得了兀笼格赤城，捌儿马罕等三人说，这西边有巴黑塔惕种的百姓合里伯王。”“巴塔”二字即“报达”对音。故刘郁[2]《西使记》[3]以此称曰“报达国”。然则“报达”兼有今之波斯、阿里伯。

注释

［1］报达国：又译作白达国、缚达国等，其地约在今伊拉克巴格达。［2］刘郁：真定（今河北正定）人，金元时期的文学家，元至元五年（1268）召拜监察御史一职。元中统四年（1263），彰德府宣课使常德口授、刘郁实录完成了《西使记》。《元史》有刘郁与其兄刘祁合传。［3］《西使记》：系刘郁记录的蒙古宪宗九年（1259）彰德府宣课使常德出使记，二千余字。蒙古宪宗二年（1252），蒙

哥派六弟旭烈兀西征波斯（伊朗），宪宗八年（1258）攻下报达国（伊拉克巴格达），擒获哈里发穆斯塔西姆并遣使献捷。宪宗九年（1259），蒙哥派常德西使见旭烈兀。正月自和林西行，经阿尔泰山、中国新疆西北部、阿富汗、伊朗、伊拉克一直到达阿拉伯半岛麦地那。《西使记》对所经过的西亚各国的地理、民族民俗、动植物矿产、货币医药、建筑风情等均有记载。又据所闻记密乞儿（埃及）、富浪（法国）等国的情况，与《元史》等有颇多吻合之处。

今译

报达传

报达国就是唐人所说的波斯国。案，《元秘史》记载："拙赤得到了兀笼格赤城，搠儿马罕等三员大将说，这（兀笼格赤城，即玉龙杰赤，花剌子模都城）西边有巴黑塔惕种的百姓合里伯王。""巴塔"二字就是"报达"二字的对音。故刘郁记录的《西使记》中将其称为"报达国"。实际上，报达国兼有今天的波斯、阿里伯等地。

卷三十四

元诸王旭烈兀[1]传

自此而西伐木剌奚国。（秋涛案，即木乃兮国，今之布哈尔国地）。《元秘史》："太祖命马思忽惕[2]与镇守官一同管不合儿城。"即布哈尔之对音也。**又西破阿剌汀国。**阿剌汀即波斯国王之名，非国名也。《元史·太祖纪》曰："十七年西域主札拉丁出奔，与密里汗合[3]。帝自将击之，擒密里，札拉丁遁去。”**又取宾铁国。**宾铁，即西辽。盖辽初起时，以宾铁喻其坚。其地在东方。辽亡，耶律大石西奔寻思干，即今撒马儿罕地也，仍袭“辽”号，置河中府。及元太祖灭西辽，已隶版图。此云取者，当是[4]再叛再讨耳。**建庭于忽里模子[5]之地。**忽里模子今作“忽鲁谟斯”，即俾路芝也。

注释

[1]旭烈兀：指孛儿只斤·旭烈兀，成吉思汗之孙，拖雷之子，蒙哥、忽必烈、阿里不哥的兄弟。旭烈兀是伊利汗国的建立者，西南亚的征服者。1235年，他随拔都远征，横贯东欧大草原，一直打到了今匈牙利境内。1258年占领巴格达，灭阿拉伯帝国。 [2]马思忽惕：又译为麻速忽，元朝官员。其在任期间积极推进河中地区的恢复与建设，颇有治绩，深得蒙古统治者的信赖。 [3]合：会合。 [4]当是：应该是。 [5]忽里模子：指忽鲁谟斯，今译作霍尔木兹，今伊朗东南米纳布附近，临霍尔木兹海峡，扼波斯湾出口处，为古代交通贸易要冲。

今译

元诸王旭烈兀传

从那个时候起向西征伐木剌奚国。（何秋涛案，即木乃兮国，今布哈尔国的范围）。《元秘史》记载：“太祖命令马思忽惕与镇守官一同管理不合儿城。”其中的“不合儿”就是“布哈尔”的对音。又向西击败阿刺汀国。阿刺汀是波斯国王的名字，而不是国家的名字。《元史·太祖本纪》记载："十七年，西域国主札拉丁外出避难，与密里汗会合。太祖亲自率领兵马击败他，擒获了密里，札拉丁逃跑。"又占领了宾铁国。宾铁国就是西辽。辽国刚好兴起时，该国用宾铁比喻其军队的坚固。其土地在东方。辽国灭亡后，耶律大石向西逃往寻思干，（寻思干）就是今天的撒马儿罕地界，仍然沿袭"辽"的国号，在河中设立首府。等到元太祖灭西辽时，才将这片土地收归版图。这儿所说的夺取，应当指的是多次叛乱又多次讨伐的意思。在忽里模子这个地方修建首都。"忽里模子"今写作"忽鲁谟斯"，也就是俾路芝。

元诸王脱忽[1]传

叶儿的石河。即今额尔齐斯河。此说是。**元太祖自西域班师于叶儿的石河过夏。**说本《元秘史》。**次年乃归土拉河，地在金山之北。**此说非。案愿船[2]以土拉河有二，其说娓娓可听[3]。以予考之则非也，试以《元秘史》证之。《秘史》卷二云："他如今在土兀剌河边黑林子里住。"此土拉河为王罕所居，即今图拉河，发源喀尔喀忒勒儿岭者也。《秘史》卷十三云："太祖遂回至额儿的石地面过夏，第七年鸡儿年秋，回到秃剌河[4]黑林的旧营内。是由额尔齐斯河行，八个月后始回和林旧营。"则非俄罗斯地，且前后之土拉河，皆有"黑林"二字。"黑林"即"和林"，本王罕旧居，时已有此号也，安得有两土拉河乎？

注释

［1］脱忽：指脱忽察儿，成吉思汗的女婿，在与拖雷一起攻打呼罗珊时意外身亡。1220年6月，成吉思汗下令进击花剌子模国，呼罗珊降服。旋叛，拖雷奉命再次征服呼罗珊，脱忽察儿担任先锋，连续攻下奈撒、马鲁（今土库曼斯坦马里以西）、哈连答儿诸城之后，在进攻尼沙普然城时，中箭而亡。次年4月，拖雷率军破城，并屠城以报复。　［2］愿船：何秋涛，字愿船。　［3］娓娓可听：形容谈论不倦或说话动听。　［4］秃剌河：即后文中的土拉河，今译作图拉河，蒙古中北部的一条河流。该河发源于肯特山特热勒基，从蒙古国首都乌兰巴托南面流过，是鄂尔浑河的支流，经色楞格河流入贝加尔湖。

今译

元诸王脱忽传

叶儿的石河，就是今日的额尔齐斯河。这个说法，是正确的。元太祖从西域班师回朝时，在叶儿的石河度过夏天。这种说法出自《元秘史》。第二年才回到土拉河，地点在金山的北面。这个说法是不对的。案：何秋涛认为土拉河有两条，他的说法娓娓可听，似乎可以相信。但我考证以后认为是错误的，试以《元秘史》中的记载来印证。《元秘史》卷二记载：“他如今在土兀剌河边黑林子里面居住。”这里的土拉河是王罕居住的地方，也就是今天的图拉河，发源于喀尔喀的忒勒儿岭。《元秘史》卷十三也记载：“太祖于是回到额儿的石地面度过夏天，第七年也就是鸡年秋，才回到秃剌河黑林的旧营内。（太祖）是沿着额尔齐斯河向前，八个月后才回到和林旧营。”这里记载的地点则不在俄罗斯境内，况且前后记载的土拉河后面皆有“黑林”二字。“黑林”就是“和林”，原来是王罕所居之城，那个时候已经有这个称号了，怎么可能有两条土拉河呢?

卷三十五

元博尔忽月赤察儿传

博尔忽[1]。《秘史》谓之孛罗忽勒，征秃马惕[2]之役，为其截杀。**吐麻部主都剌莎合儿既附而叛**[3]。吐麻部，即今之土默特也，《元秘史》谓之“秃马惕”。都剌莎合儿，《秘史》作“歹都秃勒”。**《元速不台传》**。《元秘史》作“速别额台”。**大军至蟾河与战，获**[4]**其二将，部主霍都奔**[5]**钦察**。“蟾河”，即《元秘史》之勤勒豁河对音，今齐兰河，亦其对音也。然则钦察在今恰克图北耳。**其主灭里委国而去**。灭里，即上文蔑里乞部之对音，非部主之名也。其部主名脱黑脱阿，见《元秘史》。**转至太和岭，凿石开道**。《元秘史》“太祖命朵儿伯朵征秃马惕，种朵儿伯朵于先行把路截杀。孛罗忽勒[6]处虚张声势，却从忽剌安不合兽行的小径行去。每人又带锛斧锯凿，将树木除去。行至山顶，下视秃马惕地面，如天窗上看下面一般”云云。此似即太和岭事。**又至阿里吉河**。阿里吉河，似即哈尔吉河，其下流入克穆河，见本书色楞格河源流考。

注释

[1] 博尔忽：又作孛罗忽勒、博罗浑、孛罗浑等，大蒙古国大

将，成吉思汗“四骏”开国元勋之一，以战场上神武而著称，曾于战场上救出濒死的窝阔台而建立奇功。月赤察儿：博尔忽的曾孙，曾跟随蒙哥西征钦察、斡罗思等地。 ［2］秃马惕：又作秃麻、秃满、途马、吐麻等，古代蒙古部族名，12世纪末活动在贝加尔湖以西山地。［3］既附而叛：先归附后反叛。 ［4］获：得到，俘获。 ［5］奔：逃跑，逃亡。 ［6］孛罗忽勒：上文博尔忽的音译。

今译

元博尔忽月赤察儿传

博尔忽，《元秘史》中称为孛罗忽勒，在征伐秃马惕的战争中，被当地军队截杀。吐麻部的首领都剌莎合儿先是归附，随后又反叛。吐麻部，就是今日的土默特，《元秘史》中称作“秃马惕”。都剌莎合儿，《元秘史》中称作“歹都秃勒”。《元史·元速不台传》，《元秘史》写作“速别额台”。蒙古大军到达蟾河与敌军交战，俘获敌军两名大将，部落首领霍都逃往钦察。“蟾河”就是《元秘史》中勤勒豁河的对音，今齐兰河，也是其对音。但是，钦察在今恰克图城的北面。其首领灭里抛弃国家而逃去。“灭里”就是上文“蔑里乞部”的对音，并不是首领的名字。其首领的名字是脱黑脱阿，可以参见《元秘史》的记载。转而前往太和岭，敲凿大石开辟道路。《元秘史》记载：“太祖命令朵儿伯朵讨伐秃马惕，种朵儿伯朵在前面将道路拦截。孛罗忽勒四处虚张声势，却暗中从忽剌安连野兽都不适合前进的小路行军。每个军人带着锛斧、锯凿等工具，将树木砍去。行至山顶后，往下看秃马惕的地面，就好比从天窗往下看一样”等等。这段好像就是关于太和岭战事的记载。又行军到达阿里吉河。阿里吉河，似乎是哈尔吉河，往下流入克穆河，可以参见本书《色楞格河源流考》这一章节。

元曷思麦里[1]传

与其主札剌丁战于月亦心揭赤[2]之地。《元秘史》："征札剌丁时，太祖于玉笼杰赤下营。"此月亦心揭赤，即玉笼杰赤地，无可致疑[3]也。亦心乃恋字之误分。可见明人作《元史》之粗疏[4]。**既而憨颜城亦下。**今安集延是其对音。**及阿速部。**今哈萨克。**令领奥鲁事。**《元秘史》："成吉思与塔塔儿四种对阵，战胜了。遂至兀勒灰河[5]，并四种奥鲁据尽。"则奥鲁似是白韃靼。

注释

[1]曷思麦里：西域谷则斡儿朵人，原为西辽阔儿罕近侍，后为谷则斡儿朵所属可散八思哈长官。成吉思汗西征时，率众迎降。从斩曲（屈）出律，攻花剌子模、钦察、斡罗思等处。数有功，为哲伯所重。累官至怀孟河南二十八处都达鲁花赤。 [2]月亦心揭赤："亦心"乃"恋"字的简体，"恋"误分为二，即中亚地名玉龙杰赤。 [3]无可致疑：没有可以怀疑的，形容毫无疑问的。 [4]粗疏：不细心，马虎，讹误很多。 [5]兀勒灰河：又作兀鲁骨河，位于今内蒙古东乌珠穆沁旗东北乌拉盖郭勒。元太祖曾与克烈部王罕激战于此，后为太祖弟合赤温封地。

今译

元曷思麦里传

太祖与其首领札剌丁在月亦心揭赤交战。《元秘史》中记载："征讨札剌丁的时候，太祖在玉笼杰赤这个地方安营扎寨。"这里的"月亦心揭赤"就是"玉笼杰赤"，这是毫无疑问的。"亦心"两个字是"恋"字错误的分写。由此可见，明代人编纂《元史》是十分粗疏的。没过多久，憨颜城也被攻占。今"安集延"是"憨颜"的对音。到了阿速部。阿速部是今哈萨克。下令让其掌管奥鲁的事宜。《元秘史》称："成吉思与塔塔儿四种奥鲁交战，战胜了他们。于是到达兀勒灰河，将四种奥鲁全部消灭。"从记载中可以看出，奥鲁应该指的是白鞑靼。

元土土哈[1]传

其主火都（秋涛按一作霍都）奔钦察。《速不台传》作霍都。**寻败之于斡欢河**[2]。欢字盖难字之误。**败诸兀鲁灰。**兀鲁灰《元秘史》五卷有"兀勒灰河"，七卷作"浯泐灰河"，故塔塔儿地也。

注释

［1］土土哈：蒙元军事将领，钦察人。祖先是蒙古的伯岳吾部，忽必烈时期，长期征战于漠北，屡有战功，先后被封为银青荣禄大夫、上柱国、同知枢密院事、钦察亲军都指挥使等。 ［2］斡欢河：指斡难河，今译为鄂嫩河，是一条主要位于蒙古国和俄罗斯境内的河

流，发源于蒙古小肯特山东麓，与音果达河汇合成石勒喀河，为黑龙江上游之一，也是蒙古民族的发祥地，1206年成吉思汗即位于此。

今译

元土土哈传

其首领火都（何秋涛按，一作霍都）逃亡到钦察。《元史·速不台传》中将“火都”写作“霍都”。不久在斡欢河打败了对手。句中的“欢”字是“难”字的误写。在兀鲁灰这个地方战败。兀鲁灰，在《元秘史》五卷中有“兀勒灰河”的记载，七卷作“浯泐灰河”，从中可以推断这是以前塔塔儿的地界。

卷三十七

俄罗斯互市[1]杂记

入海船而载至中国，计无不朽败者，通市之在陆而不由海，职是故也[2]。此语殊不[3]的确，盖陆运近便，故不劳[4]海运也。通市在陆而不在海，盖列圣隐寓防维界画之意，绩谿程秉钊[5]庶常[6]说。

注释

［1］互市：相互贸易往来。 ［2］职是故也：因此，由于这个原因。 ［3］殊不：十分不。 ［4］不劳：不用劳烦。 ［5］程

秉钊：晚清安徽绩溪名士，又名秉铦，字公勖，号蒲荪，自小立志求学，钻研“礼学”，兼及音韵、训诂，潜心研究金石，光绪五年（1879）举人，光绪十六年（1890）进士，钦点翰林院庶吉士，著有《绩溪志乘》《龚定庵年谱》《知一斋尺牍》《少思长室文存》等。

［6］庶常：庶吉士的代称，中国明、清两朝时翰林院内的短期职位。

今译

俄罗斯互市杂记

这些入海的商船载着货物到达中国，没有哪些货物是不腐败的，相互贸易主要靠陆运而不是海运，这才是其中的原因。这种说法十分不准确，如果陆运十分便捷，就不会劳烦海运了。通市的关键在陆运而不在海运，大概这就是列位圣者暗含国防的道理，绩溪庶吉士程秉钊这样讲过。

卷三十九

俄罗斯国进呈书籍总目

第六十一号，《平定空谷尔国[1]方略》二本。此即控噶尔国也。**第百三十三号，《莫斯廓瓦[2]南都志》一本。**明艾儒略[3]《职方外纪》，不列俄罗斯，而有莫斯哥未亚国者，盖莫斯廓瓦为俄罗斯旧都故也。

注释

［1］空谷尔国：指后文的控噶尔国，代指土耳其。 ［2］莫斯廓瓦：今译作莫斯科，俄罗斯首都。 ［3］艾儒略：明代意大利耶稣会传教士，其学识渊博，对天文、历学均有研究，且通汉学，有“西来孔子”之称。

今译

俄罗斯国进呈书籍总目

第六十一号，《平定空谷尔国方略》两本。这里的“空谷尔国”就是“控噶尔国”。第百三十三号，《莫斯廓瓦南都志》一本。明代艾儒略撰写的《职方外纪》中，没有列出俄罗斯，但列出了莫斯哥未亚国，其原因在于莫斯廓瓦为俄罗斯的首都。

卷四十

海国闻见录语多可采

民呀国。此书云“民呀”者，孟加拉之对音，乃印度一小地方。是时英吉利已据[1]孟加拉，其种类已坌集[2]于此。故反以孟加拉为印度之总名也。印度之东，即缅甸、暹罗等国。**民呀之北接哪吗。**“哪吗”本意大里亚古名，此以印度之地称罗马者，当是明万历[3]后。意大里及荷兰等国已窟穴[4]于此，直至国朝以后，英、佛遂亦盘踞之，此所以有哪吗之埔头[5]也。**曰纲**

买。纲买即孟买。**南接那吗。**那吗即意大里亚本国之地。

注释

［1］据：占据。 ［2］坌（bèn）集：聚集。 ［3］万历：1573—1620年，是明神宗朱翊钧的年号，明朝使用此年号共48年，为明朝使用时间最长的年号。 ［4］窟穴：贬义词，多指坏人隐藏的地方，此处名词作动词使用。 ［5］埔头：码头。

今译

海国闻见录语多可采

民呀国。此书中所记载的"民呀"是孟加拉的对音，孟加拉是印度的一个小地方。那个时候，英国已侵占孟加拉，孟加拉人已经聚集在那儿。因此反而把孟加拉作为印度的总名。印度的东部，是缅甸、暹罗（泰国）等国家。民呀国的北部接壤哪吗国。"哪吗"原本是意大利以前的名字，在这里用印度的地名称作罗马，应当是明后期万历年间以后的事情。意大利及荷兰等国已在印度占据了据点，一直到国朝（清朝）以后，英、法等国也相应在此占据据点，因而这里有与哪吗国贸易的码头。（码头）叫作纲买，纲买即孟买。南接那吗，那吗也就是意大利国家的称号。

卷四十二

奉使俄罗斯行程录

入城观甸城碑记[1]。元代以漠北[2]为甸，故曰甸城。

《长春西游记》[3]称曰“白骨甸”。**其所居地名土辣必喇（此见六月初九日注）。**土辣必喇者，土拉河[4]也，蒙古语谓河曰必拉。

注释

［1］甸城碑记：呼和浩特地区的元代古碑，建于延祐七年（1320）。碑文记述了古丰州地区的历史、地理方位、风土人情、名胜古迹、行政管理等，对研究呼和浩特地区的历史有重要价值。 ［2］漠北：蒙古高原大沙漠以北地区，自汉代以后常称之为漠北。 ［3］《长春西游记》：指《长春真人西游记》，元初著名全真道士李志常所著。李志常，字浩然，邱处机门下弟子，随同西觐元太祖。太宗五年（1233），奉诏教蒙古贵族子弟。太宗七年（1235），在和林筑道院。为朝廷所重，被称为“仙孔合识”（蒙古语，意为仙师）。太宗十年（1238）嗣掌全真道，被封为“玄门下派嗣法演教真常真人”，全真教大盛。《长春真人西游记》，共2卷，主要记载了长春真人丘处机1221年至1223年西行时的经过，记述了其历经的山川道里、风俗人情，系记载13世纪漠北、西域史地及全真道历史的宝贵资料。乾隆年间钱大昕首次将其从《道藏》中抄出，得到学术界重视。现流行较广的是王国维1926年校注本。 ［4］土拉河：蒙古中北部的一条河流。它是鄂尔浑河的支流，并经色楞格河流入贝加尔湖，是流入北冰洋的叶尼塞河系统的一部分。

今译

奉使俄罗斯行程录

进入城内观看《甸城碑记》。元朝的时候把漠北称作“甸”，于是叫作甸城。《长春真人西游记》把它称作“白骨甸”。它所处的地方叫土辣必喇（此处可参见六月初九日注释）。“土辣必喇”也就是土拉河，蒙古语把河叫作“必拉”。

卷四十三

柏海儿湖

色楞格河[1]，自西南流入，其巴尔古西穆河，自东南流入。《元秘史》：“脱黑脱阿顺著[2]，薛凉（同凉）格河走入巴儿忽真[3]地面。”巴儿忽真既在色楞格河下流，当即巴尔古西穆河上之岸也。

注释

［1］色楞格河：流经蒙古和俄罗斯中东部的河流。［2］著：者。［3］巴儿忽真：指巴儿忽真隘，古代蒙古地名，大致位于今贝加尔湖东巴尔古津河流域一带。

今译

柏海儿湖

色楞格河，从西南方向流入，巴尔古西穆河从东南方向流入。《元秘史》记载："脱黑脱阿顺的薛凉（同凉）格河进入了巴儿忽真地界。""巴儿忽真"就在色楞格河下游，也就是在巴尔古西穆河上游的岸边。

狄穆演斯科

空科尔汗。此空科尔，即匈牙利国，又即《七十一闻见记》[1]之控噶尔国，又即俄国进呈书籍中之《平定空谷尔方略》者也。

注释

[1]《七十一闻见记》：指《西域闻见录》，清代七十一撰成于乾隆四十二年（1777）的史料笔记，作者在新疆"库车办事"，认为记载西域的文献稀少，且"列史所载证以目之所见"又多龃龉，自己"居其地最久，考究最详，于是不辞冗俚，作为是编"。该书详细记录了当时西域的人文地理、物产民俗，颇为难得。作者为满洲正蓝旗人七十一，姓尼玛查，号椿园。乾隆年间任职于河南武陟县，后"西出阳关，逾河源三千余里"，居新疆十余年。乾隆五十年（1785）回京任职刑部。

今译

狄穆演斯科

空科尔汗。此处的空科尔，就是匈牙利，也是《七十一闻见记》一书中的“控噶尔国”，也是俄国进献的书籍中的《平定空谷尔方略》中所指的“空谷尔”。

托波儿

有一种人，俄名之曰塔塔拉，原系库程汗之人。《元史·地理志》[1]西北地附录有“苦先耶律希亮传亦到苦先语，解改库克新皆蒙古黑鞑靼族[2]”。库克新即“库程”之对音也。《元秘史》称：“元太祖亦曰鞑靼乃蛮云，莫不是鞑靼子的气运来了。”是元亦鞑靼，不独太祖所征之塔塔儿而已也。**齐尔给斯等打牲[3]人。**齐尔给斯亦作“克尔给斯”。此部以额尔齐斯河得名，亦名额尔齐斯城者是也。

注释

[1]《元史·地理志》：明代宋濂撰写的正史地理志。附录有《河源》《西北地》《安南郡县》《边氓服役》四篇文章。全志资料丰富，对了解元代的历史地理有着重要的参考价值。 [2]鞑靼族：东欧伏尔加河中游地区的居民，广义可指俄罗斯境内使用突厥语的各族的统称。 [3]打牲：泛指清代对渔猎民族的总称。

今译

托波儿

有一种人，其俄文名叫塔塔拉，原来是库程汗人。《元史·地理志》中的西北地附录记载有“苦先族人耶律希亮翻译成苦先语，把库克新归为蒙古黑鞑靼族”。这里的“库克新”就是“库程”的对音。《元秘史》记载：“元太祖也说，鞑靼就是乃蛮，难道是鞑靼子的气运来了。”所以元人也属鞑靼，不仅仅只有太祖所征讨的塔塔儿属于鞑靼民族。齐尔给斯等渔猎民族人。齐尔给斯也叫作“克尔给斯”，这个部落因居住在额尔齐斯河旁而得名，也叫作额尔齐斯城。

卷四十四

费耶尔和土尔斯科佛落克岭

自岭东流出者，谓之土拉河。此土拉河，在俄罗斯境，入额尔齐斯河。与蒙古之土拉河入鄂勒昆河[1]者，同名而异地。

注释

[1] 鄂勒昆河：指鄂尔浑河，是蒙古国最长的河流，发源于后杭爱省的杭爱山脉（中国古代称为燕然山），向北经过1124千米后注入蒙俄边界的色楞格河。

今译

费耶尔和土尔斯科佛落克岭

从岭东流出的河叫作土拉河。这条土拉河，在俄罗斯境内，汇入额尔齐斯河。它与蒙古的汇入鄂勒昆河的土拉河名字相同，但不在一个地方。

卷四十五

龙沙纪略方隅

元入中土[1]，沿脑温江[2]，黑龙江置驿[3]。岁与察罕汗[4]通问慰，江岸残址犹有存者。其王都曰脱博斯奇城，近边曰泥扑处城（秋涛谨按，即尼布楚城）、色楞额城、尼尔苦斯城。尼尔苦斯有总管驻守，入通市者皆泥扑处人。明神宗万历时，俄方得西皮里[5]半地。又明末造，方全有西皮里。然则当元时，又安得在嫩江与俄人通问慰，于泥布楚通商乎？误矣，区锷良[6]志。

注释

［1］中土：指中原。［2］脑温江：古名难水、那河，又名纳浯江、呼喇温江，即今黑龙江省嫩江。［3］置驿：设置驿站，蒙元时在所征服之地设置驿站，加快了国内各地、欧亚之间的交通往来。［4］察罕汗：察罕汗是清初中国对俄罗斯沙皇的称呼。察罕汗为蒙古人称呼，意为“白汗”（白人的大汗）。［5］西皮里：西伯利亚。

［6］区锷良：生卒年不可考，晚清光绪朝官员，曾出任广东某局总办，与康有为等人颇有交往。

今译

龙沙纪略方隅

元军在进入中原的途中，沿着嫩江、黑龙江设置驿站。每年和俄罗斯沙皇相互往来，江岸边仍存有残破的旧址。其首都叫“脱博斯奇城”，边境有泥扑处城（何秋涛谨案，就是尼布楚城）、色楞额城、尼尔苦斯城。尼尔苦斯有总管驻守，进入城内通商的都是尼布楚人。在明神宗万历年间，俄国只有西伯利亚一半的土地，在明末扩张之后，其占据了整个西伯利亚。然而在元代时，怎么可能在嫩江与俄国人通问慰、在尼布楚城通商呢？这种说法是错误的，区锷良予以了说明。

卷五十二

俄罗斯盟聘记

莫斯克洼斯科［1］**其新都也**。案《俄国志略》［2］，宋嘉定间，元太祖命其子拖雷等灭俄罗斯，仍立一人为主。是时所都，即今莫斯科洼也。并无北海之说，此默深之想当然语也。《职方外纪》称俄国曰“莫哥斯未亚”，此即明万历间都城未改之证。乾隆中，图理琛撰《异域录》亦云其都在莫斯科洼，则自元至国朝未有改也。其迁彼得罗堡［3］，则乾隆中叶以后事耳，新都二字不确。**然自准噶尔**［4］**为中国所灭，俄罗斯亦震我兵**

威[5]，故二百载无边患。彼自与欧洲各国战无虚日，非畏我也，和我尔。

注释

[1] 莫斯克洼斯科：指莫斯科。 [2]《俄国志略》：晚清"鹭江寄迹人"（笔名）著，根据俄国史书译纂而成。该书通过历史叙述，揭露俄国侵华阴谋，强调对沙俄"更须严防"，在当时的中国有重要的现实意义。 [3] 彼得罗堡：指圣彼得堡。 [4] 准噶尔：指准噶尔汗国。1676年，准噶尔首领噶尔丹打败卫拉特盟主鄂齐尔图汗之后，在1678年正式建立了准噶尔汗国。清朝建立后，为统一西北地区，与准噶尔贵族进行了多年战争。战争从康熙二十七年（1688）开始，至乾隆二十年（1755）结束，约70年。 [5] 震我兵威：被我军的威风震慑。

今译

俄罗斯盟聘记

莫斯克洼斯科是俄罗斯的新国都。据《俄国志略》，南宋嘉定年间，元太祖命令他的儿子拖雷等灭亡俄罗斯，并册封一人为国主。当时的都城，就是今天的"莫斯科洼"，并没有"俄罗斯的都城在北海"这一说，这是魏源（默深）想当然的结论。《职方外纪》把俄国叫作"莫哥斯未亚"，这就是明朝万历年间莫斯科都城没有更换的证据。乾隆中期，图理琛撰写了《异域录》，也说俄罗斯的都城在莫斯科洼。那么从元朝到乾隆中期俄罗斯的都城都没有更换。至于俄罗斯迁都圣彼得堡，那是乾隆中期以后的事情了，“新都”这两个字描述不确切。然而自从准噶尔部被中国消灭后，俄罗斯也慑服于中国的兵威，所以两百年来边疆无事。俄罗斯和欧洲各国屡屡发生战争，并不是畏惧中国，而是希望与中国保持和平。

土尔扈特，方[1]恨其上国征役之迫，播迁之劳，故其愬告[2]中国也。皆贬察罕[3]而张控葛[4]，谓控葛尔汗国在俄罗斯之北，征讨俄罗斯，察罕汗几为其所覆，城环万里，富雄八溟[5]，而中国搢绅亦辄信之，笔诸载籍，荒矣哉。贬察罕而张控葛之说则是，但谓控葛尔国语属荒唐，则殊不然。徐松龛[6]、魏默深、何愿船三君子，均不详考匈牙利本末耳。三君子之书，皆往往谈及匈牙利国之事，匈牙利即控噶尔对音也，以子之矛击子之盾何如。**徐继畬以控噶尔为土耳其国都城之名。**亦非也。

注释

[1]方：副词，正在，正当。 [2]愬（sù）告：诉说，告发。 [3]察罕：指俄罗斯。 [4]控葛：匈牙利国。 [5]溟：海。 [6]徐松龛：指徐继畬，晚清著名的地理学家，著有《瀛寰志略》等。

今译

土尔扈特部，当时对俄罗斯征兵和征发徭役的压迫、对其强制播种和迁徙的劳苦深含怨恨，所以向中国诉说。他们所说的都是贬低俄罗斯而夸赞匈牙利的话，说“匈牙利在俄罗斯的北边，它征讨俄罗斯，俄罗斯几乎被它覆灭，它的城墙长达万里，因富强而在海内称雄”，而中国的士绅也就相信了，把这些记载到典籍中，实在是荒唐啊。贬低俄罗斯而夸赞匈牙利倒是对的，但夸赞匈牙利的话比较荒唐，则不可信。徐继畬、魏源、何秋涛这三位先生，都没有详细考察匈牙利的始末。三位先生的作品，经常谈到的都是匈牙利国家的事情，匈牙利也就是控噶尔的音译，用你自己的矛击打自己的盾会怎样。徐继畬认为控噶尔是土耳其的都城的名字。这也是不正确的。

卷五十四

元代北方疆域考上

由布罕川必里罕城[1]追之，所历皆无水之地。既度川，先发千人为游骑，继以大军，昼夜兼进。至则蔑里已逃入海，尽获珍宝以献。癸未[2]，速不台[3]奏请讨钦察[4]，许之。遂引兵绕宽田吉斯海，展转至太和岭。（《元史》太和岭有二，一在开平，一在钦察）凿石开道，出其不意，遇其酋长玉里吉及塔哈尔方聚于布租河[5]。必里罕城，似即《长春西游记》之阿不罕山所历无水之地，即《西游记》“白骨甸”。所谓古战场，凡疲兵至此，十无一还之死地，乃满大势亦败于是者也。度川者，度今额尔齐斯河也。逃入海者，今咸海，即唐代雷翥海也。宽田吉斯海者，大腾纪斯海则今里海也。太和岭者，今俄罗斯之佛落克岭。布租河者，今俄罗斯托波尔河。出佛落克岭，东流入额尔齐斯河，此为钦察地也。阿里吉河[6]者，《俄国志略》之“卡尔戛河”，《异域录》之“佛儿格河”，其水西流入腾纪斯湖者也，此为阿速部地也。**至阿速灭怙思城[7]。**《俄国志略》：“成吉思之孙将兵伐俄，大获全胜，所有人民尽杀之。其时无人主国，至正间封地密致第二为王，迁于马司孤城作都。”按，马司孤即“灭怙思城”之对音。

注释

［1］必里罕城：指班勒纥城。今阿富汗北部的巴尔赫。［2］癸未：为干支之一，顺序为第20个。前一位是壬午，后一位是甲申。［3］速不台：蒙古兀良哈部人，成吉思汗的“四獒”之一。早年辅佐成吉思汗统一诸部，常任先锋，以骁勇善战著称，享有“巴特尔”（勇士）称号。蒙古建国时，被封为千户长，为十大功臣之一。［4］钦察：古代欧亚以游牧为主业的民族。俄国人称其为波洛维赤人，拜占庭人称其为科马洛伊人，阿拉伯人则称之为库蛮，匈牙利人称其为昆人。钦察人的领地西起第聂伯河，东北为伏尔加河中游地区直抵不里阿耳，东南到乌拉尔河。［5］布租河：今俄罗斯托波尔河。［6］阿里吉河：在今乌克兰东南部。［7］灭怙思城：亦作蔑怯思城、麦怯斯城等，为阿速国都城，其地在今俄罗斯高加索山北。

今译

元代北方疆域考上

元军从布罕川必里罕城追杀灭里，所经过的都是没有河流之地，渡过额尔齐斯河以后，元军先派一千名骑兵四处搜寻，后面大军跟进，白天、黑夜都行军。等到追兵赶到，蔑里逃入咸海，元军将所获得的全部珍宝献给大汗。癸未年（1283），速不台向大汗奏请征讨钦察，大汗同意了。于是速不台领兵绕过里海，辗转到太和岭。（《元史》中记载的太和岭有两处，一处在开平，一处在钦察）元军凿穿石头开辟道路，出其不意，正好碰到他们的酋长玉里吉和塔哈尔方在布租河聚会。必里罕城，似乎就是《长春真人西游记》中阿不罕山所经过的无河流之地，即《西游记》中的“白骨甸”。被称为古战场的地方，凡是疲劳的士兵来到这个地方，十个人没有一个能生还，就算凭借大势也会在这个地方落败。所谓“度川”，也就是渡过今天的额尔齐斯河。灭里逃入的海，也就是今天的咸海，就是唐代的雷翥海。宽田吉斯海、大腾纪斯海就是今天的里海。太和岭是今俄罗斯的佛落克岭。布租河是今俄罗斯的托波尔河，它流出佛落克岭，向东流入额尔齐斯河，就是钦察地界了。阿里吉河，就是《俄国志略》中的“卡尔戛河”、《异域录》中的“佛儿格河”，河水向西流入腾纪斯湖，就是阿速部地界了。到阿速灭怯思城。《俄国志略》记载：“成吉思汗的孙子率军讨伐俄罗斯，大获全胜，杀死了当地所有的人民。在那个时候没有人主持国政，到了至正年间（1341—1368）册封“地密致第二”为王，把都城迁到马司孤城。”按，马司孤就是“灭怯思城”的对音。

惟额纳噶泊最北，可当宽田吉斯海。宽田吉斯海，疑即今腾纪斯海子之对音，即里海也。《俄国志略》云，成吉思之子拖雷，率兵至俄国西咸海旁之地，后又带兵至里海，继又至尼泊河，征服小国无算[1]。俄国率众小邦战于卡尔戛河之上，该河入于阿萨夫海。是阿萨夫海即《元史》宽田吉思海无疑，今按入里海之水。《异域录》图名曰佛儿格河，康熙内府图[2]有地名萨拉托付；乾隆内府图[3]有地名萨拉多傅。西人雅裨理图作萨拉德夫，《地理备考》作萨拉德夫，此即卡尔戛河，入里海者也。里海即萨拉夫海。则拖雷所至之地，即腾纪斯海可知，又即宽田吉斯海可知矣。然则卡尔戛又即阿里吉河对音也。阿速部亦可即此而识矣。

注释

［1］无算：无数。　［2］康熙内府图：《康熙皇舆全览图》是聘请西洋传教士经过经纬度测量绘制而成的。该地图经过十年的实地测绘，于1718年初步完成。地图描绘范围东北至库页岛，东南至中国台湾，西至伊犁河，北至北海（贝加尔湖），南至崖州（海南岛即今天中国的海南省）。　［3］乾隆内府图：《乾隆内府舆图》是中国清代乾隆年间在《康熙皇舆全览图》的基础上修订补充而成的全国地图，又称《乾隆皇舆全图》。该图以纬差5度为一排，共分十三排，故又名《乾隆十三排图》。

今译

惟额纳噶泊的最北边，可以到达宽田吉斯海。宽田吉斯海，可能就是今天的腾纪斯海子的对音，就是里海。《俄国志略》说，成吉思汗的儿子拖雷，率兵到达了俄国西咸海旁边地界，后来又带兵到了里海，接着又到了尼泊河，征服很多小国。俄国率领众多小邦国与拖雷军在卡尔戛河上发生激战，这条河流入阿萨夫海。阿萨夫海无疑就是《元史》中的宽田吉斯海了，现在把它算进里海的流域。在《异域录》的图中它被叫作佛儿格河，《康熙皇舆全览图》中有萨拉托付这个地名；《乾隆内府舆图》中有萨拉多傅这个地名。西方人雅裨理图把它称作萨拉德夫，《地理备考》把它称作萨拉德夫，这就是卡尔戛河，流入里海。里海就是萨拉夫海。那么拖雷所到的地方，可以知道就是腾纪斯海，又可以知道就是宽田吉斯海；并且卡尔戛又是阿里吉河的对音。阿速部也可借此来辨明了。

元代北方疆域考下

又曰谦州[1]，以谦河[2]得名。《元史》谦州亦名欠欠州，有一极佳之证佐焉。《西游记》长春[3]往时至阿不罕山北[4]，选地为观。榜曰棲霞观。是时长春未至科布多，尚在今阿尔泰山东大干之东。则棲霞观当在此处可知。计其道里，只和林西一日程。东至陆局河[5]五千里有奇耳，及归途住棲霞观。则观之西北千余里，有俭俭州，出良铁，汉匠千百人居之，织绫罗绵绮。俭俭州即欠欠州，又即谦州也。

注释

［1］谦州：元置，属岭北行中书省，在今俄罗斯联邦图瓦共和国乌鲁克穆河与克穆齐克河合流处之南的鄂依玛克古城，又作欠州、欠欠州、谦谦州、俭俭州。谦河出其境，因河为名。《元史·地理志》记载，谦州："亦以河为名，去大都九千里，在吉利吉思东南，谦河西南，唐麓岭之北。居民数千家，悉蒙古、回纥人。有工匠数百，盖国初所徙汉人也。地沃衍宜稼，夏种秋成，不烦耘籽。"谦，近译为克穆，当地突厥语意为河。［2］谦河：古代河流名，亦作剑水，元代于此置谦州，因河得名，即今叶尼塞河上游。［3］长春：指长春真人丘处机，字通密，道号长春子，登州栖霞（今属山东省）人，道教全真道掌教领袖、思想家、政治家。［4］阿不罕山北：阿不罕山，元代山名，今蒙古国科布多省东南部宗海尔汗山。山北建称海城（又作镇海城），为岭北重要屯田基地和边防重镇。长春真人西行谒成吉思汗，回城路经此地。［5］陆局河：今蒙古国东部之克鲁伦河。

今译

元代北方疆域考下

又叫谦州，它因谦河而得名。《元史》中谦州也被称为欠欠州，有一个特别好的证据来佐证它。《长春真人西游记》中长春真人丘处机西行时曾经到过阿不罕山的北边，选了一块地建道观。观名叫棲霞观。当时长春真人丘处机还没有到达科布多，还在如今的阿尔泰山东大干的东边。那么可知棲霞观则位于此地。许算其里程，只距和林西一日路程。东边到陆局河就已经行了五千多里路了，等到回来的时候他曾住在棲霞观。棲霞观往西北一千余里，就是俭俭州，那里出产上好的铁器，成百上千的汉人工匠居住在那里，编织各种精美的丝织品。俭俭州就是欠欠州，也就是谦州。

附魏源[1]元代疆域沿革图说

或谓里海中有岛，疑即宽甸吉思海者，非也。此说证以俄罗斯人自述则至塙[2]，何说反非。

注释

［1］魏源：清代启蒙思想家、学者，名远达，字默深、汉士，号良图，湖南邵阳人。魏源认为论学应以“经世致用”为宗旨，提出“变古愈尽，便民愈甚”“师夷长技以制夷”等变法主张，倡导学习西方先进科学技术。 ［2］至塙（què）：“塙”通“确”，正确。

今译

附魏源元代疆域沿革图说

有的人说里海中有岛，怀疑里海就是宽甸吉思海，并不是这样的。这种说法证明俄罗斯人的自述是正确的，何秋涛的说法反而不正确。

卷五十五

康辖纪行[1]

北有箇拉散，似即陈图之噶尔丹也。此喀三及柯伤对音，即

碣石渴石。

注释

［1］《康輶（yóu）纪行》：清人姚莹撰写的有关康藏地区的考察游记。姚莹，安徽桐城人，清代官员、文史学者。字石甫，号明叔，晚号展和。该书对英法历史，英俄、英印关系，印度、尼泊尔、锡金入藏交通要道，以及藏传佛教（书中称“喇嘛教”）、天主教、伊斯兰教（书中称“回教”）的源流等问题都有所阐述，建议清政府加强沿海与边疆防务，以反抗外国侵略。

今译

康輶纪行

北边有箇拉散，似乎就是噶尔丹陈图部。这里的喀三和柯伤的对音，就是碣石和渴石。

卷五十六

西域闻见录

无跪拜揖让之仪，惟接吻以为礼。接吻为礼，泰西[1]诸国颇有之。鄂罗斯或亦有此俗。

注释

［1］泰西：泰西是一个词语，泛指西方国家。

今译

西域闻见录

没有跪拜、作揖的礼仪，只有接吻这种礼仪。接吻这种礼仪，西方国家都有。俄罗斯或许也有这种习俗。

卷六十

辨袁枚[1]新齐谐记鄂勒素北海之误

从者五十人，冻死者五十有二。从者五十人，死者五十二，若必吹毛[2]，何氏独无误乎？

注释

［1］袁枚：清朝乾嘉时期代表诗人、散文家，字子才，号简斋，晚年自号仓山居士、随园主人。袁枚倡导“性灵说”，与赵翼、蒋士铨合称为“乾嘉三大家”，与赵翼、张问陶并称为“性灵派三大家”，为“清代骈文八大家”之一。其文笔与大学士直隶纪昀齐名，时称“南袁北纪”。主要传世的著作有《小仓山房文集》《随园诗话》《随园食单》《子不语》等。［2］吹毛：比喻故意挑

剔别人的缺点，寻找差错，也可以指指摘细小的毛病，出自《韩非子·大体》。

今译

辨袁枚新齐谐记鄂勒素北海之误

随从有五十人，冻死的有五十二人。随从只有五十人，冻死的却有五十二人，如果一定要吹毛求疵，就何秋涛没有错误吗？

《和林考》选读

题解

李文田对于蒙元历史的爱好，对于“有元一代故都”即昔时大蒙古国早期首都“和林”的浓厚兴趣，使其诗文、书画中频现“和林”一词。

和林，又称和宁、哈剌和林、哈拉和林（突厥语“黑石”之意），处于蒙古高原的中心地带，是蒙元四都（和林、上都、大都、中都）中最早建立的都城，也是被明王朝打击而北遁的北元小朝廷的最后都城。其地，位于今蒙古国中部鄂尔浑河上游哈尔和林，蒙古国首都乌兰巴托西南约380千米的鄂尔浑河右岸平原上，杭爱山南麓，地理位置极为重要。

《元史·地理志》记载：“和林路，始名和林，以西有哈剌和林河，因以名城。”[①]和林原是突厥、回鹘，以及蒙古克烈部等族的都城。元代耶律铸《双溪醉隐集·取和林》一诗注云：“和林城，苾伽可汗之故地也。岁乙未（1235），圣朝太宗皇帝城此，起万安宫。城西北七十里，有苾伽可汗宫城遗址，东北有唐明皇开元壬申御制御书《阙特勤碑》。”蒙古崛起后，这里成为大蒙古国前四汗（成吉思汗、窝阔台、贵由、蒙哥）统治中心地域——漠北地区的中心。太宗窝阔台汗七年（1235）在此建都，大兴土木，建有万安宫（大汗居住）、寺院、教堂等建筑，疏通大道，修建广场等。和林是意大利旅行家马可·波罗（Marco Polo）、波斯史学家拉施特（Khadia

① 元史专家陈得芝考证，和林本是山名，后来用作河流名。见《元岭北行省建置考》（上），载陈得芝《蒙元史研究丛稿》，人民出版社，2005年2月，第124页。

突厥阙特勤碑（今存蒙古国）

Rashid al-Din Fadl Allah）、法国外交使节鲁布鲁克（Guillaume de Rubruquis）等曾光顾、记录的国际性城市，也是13世纪的世界名城。早在1220年，成吉思汗就选定此地为大蒙古国的首都，建有龙庭。作为大蒙古国的首都，和林历经窝阔台、贵由、蒙哥三位大汗的建设，总计36年。忽必烈自立为汗并打败阿里不哥后，定都上都（今内蒙古自治区锡林郭勒盟正蓝旗境内，多伦县西北闪电河畔），蒙古政治中心南迁到漠南汉地。但和林仍是重要城市，元廷派大臣出镇，调遣重兵布防，于其地建粮仓，屯田，开设学校、寺庙等。元亡后，北元继续以和林为政治中心。明初，和林受明军攻击，后在不断的内战中变为废墟。1948年，苏联C.B.吉谢列夫等人曾在和林废墟上进行大规模发掘，发现土墙、宫殿、市街、房屋等遗迹甚多，初步勘察了和林的城市布局与大型建筑的位置。[①]

《和林考》一文，是李文田详细考察蒙元古都和林所处地理方位的重要著作。依据《元史》等史籍的记载，《和林考》用准确、精练的语句考察了和林及其周边山脉、河流的走向，从而推断出和林古都的准确位置，纠正了明清以来舆图中的讹误之处，是一篇难得的考证性文章。在晚清浓厚“经世”色彩的学术背景下，以李文田为代表的西北史地学术界希望以文本研究为现实服务。这种思想是晚清经世思潮和乾嘉朴学方法的融会贯通，也是清代学术的逻辑发展，对此后中国学术界学者的学术研究的取向，产生了重要影响。

马可·波罗一家随同忽必烈一起外出打猎（选自《马可·波罗游记》）

① C.B·吉谢列夫著、孙危译：《古代蒙古城市》，商务印书馆，2016年10月。之后，还有苏蒙、中苏、蒙德、蒙日等多次联合的考古发掘报告，可参阅日本学者白石典之《日蒙合作调查蒙古国哈拉和林都城遗址的收获》（汉译本参见《考古》1999年第8期第86-91页）等文。

和林为有元一代故都，筑城鉴池，建立殿廷[1]，非同他处牙帐[2]行宫转徙无定者也。而近世诸家，纷纷辩论，终不能确指其地。虽博雅如魏默深、徐星伯、张石洲[3]诸先生，熟悉口外地形，而于和林遗迹，亦多悠移之词[4]。何缘今时所行之图本[5]，误将杭海山[6]移于鄂尔坤河之东，遂致燕郢易位[7]，地望无准矣。故必先知杭海山所在，而后可知和林所在。

注释

［1］殿廷：宫殿。　［2］牙帐：中国古代北方游牧民族首领的行营。　［3］魏默深、徐星伯、张石洲：魏默深，即魏源，清代启蒙思想家、政治家、文学家；徐星伯，即徐松，字星伯，原籍为浙江上虞，清代著名地理学家；张石洲，即张穆，山西平定人，近代爱国思想家、地理学家、诗人和书法家。三人皆致力于西北边疆地理和蒙古史的研究。　［4］悠移之词：含糊不清的语句。　［5］图本：流传的书籍、文本。　［6］杭海山：今名杭爱山，古名“燕然山”，位于蒙古国中部。　［7］燕郢易位：燕，燕国的都城；郢，楚国的都城，比喻颠倒正反、弄错顺序。

今译

和林这个地方过去是元朝的都城，元人在这里修建城邑，开挖水面，修建宫殿，与其他游牧民族首领的牙帐行宫经常迁徙、居无定所的情况不一样。近代许多学者对和林的位置辩论不休，最终却无法判定其准确的位置。博学多才的魏源、徐松、张穆等先生，虽然熟悉塞外的地理，但是，对于和林的遗址所在，也都含糊不清。究其原因，是当今流行的书籍、文本，错误地将杭海山移到了鄂尔坤河的东边，导致了将燕国的都城认为是楚国的都城的情形，地理位置就不准确了。因此，必须先知道杭海山准确的地理位置，然后才能清楚知道和林的位置。

考《一统志》[1]杭海一名“杭爱”，又名“顽霭”，《元秘史》作“康孩”，皆一音之转，即古之燕然山。北极出地[2]四十六度，偏西十四度。外蒙古赛音诺颜部[3]游牧，直陕西、宁夏西北二千余里。其山脉从阿尔泰山（一名按台山，即金山）来，绵络[4]科布多之西北，折东南为唐努岭[5]，至锡巴里分为二支，一东北趋[6]俄罗斯楚库柏兴[7]，一东南趋和林，为杭海山。

注释

［1］《一统志》：指《大清一统志》，是清朝官修地理总志，从清康熙二十五年（1686）至道光二十二年（1842），前后编辑过三部。 ［2］出地：从地面升起。 ［3］赛音诺颜部：亦作三音诺颜部、赛因诺颜部、赛盟，即喀尔喀中路，是清代、民国时的喀尔喀蒙古四部之一。 ［4］绵络：绵延弯曲到。 ［5］唐努岭：今蒙古国境内的高山。 ［6］趋：靠近。 ［7］楚库柏兴：今俄罗斯的色楞格斯克。

今译

考证《大清一统志》中，杭海一名“杭爱”，又名“颃靄”，《元朝秘史》中写为“康孩”，这些写法是相似读音的不同流传，就是古代典籍中的燕然山。在北极星高出地面四十六度，向西偏十四度的位置。今外蒙古赛音诺颜部游牧，到陕西、宁夏的西北部两千多里。杭海山的山脉发源于阿尔泰山（又叫按台山，即金山），绵延到科布多的西北部，又转向东南方向成为唐努岭，到达锡巴里分成两支山系，一支向东北方向延伸，靠近俄罗斯的楚库柏兴；另一支向东南方向延伸，靠近和林，这座山就是杭海山。

杭海，译言[1]从驼也，山形似之。元史大德五年[2]，叛王海都[3]犯边，武宗[4]讨之，师次[5]杭海，大破其众。海都败走，西踰[6]金山。又太祖之征乃蛮[7]也，塔阳汗至自按台，营于[8]杭海，帝与大战，擒之。是知按台杭海诸山连绵不断，实和林西北门户，海都入寇[9]之要道，和林根本重地，祖宗基业，势在必争。

注释

［1］译言：翻译的名称。 ［2］大德五年：大德，元成宗孛儿只斤·铁穆耳的年号，即1301年。 ［3］海都：孛儿只斤·海都，大蒙古国窝阔台汗之孙，孛儿只斤·合失之子，窝阔台汗国的实际创立者。他支持阿里不哥与忽必烈争汗位，统辖叶密立（今新疆额敏东南）一带

原窝阔台和贵由的封地，于至元五年（1268）发动叛乱，并建窝阔台汗国。［4］武宗：孛儿只斤·海山，元朝第三任皇帝，他是元世祖忽必烈的曾孙、裕宗真金之孙、顺宗答剌麻八剌之子、成宗铁穆耳之侄。［5］师次：挥师出兵。［6］西踰（yú）：向西逃走。［7］乃蛮：11、12世纪蒙古高原西部操突厥语的少数民族，又译乃马、乃满、廼蛮、奈曼、奈蛮，于11世纪开始居住在蒙古高原西部，牧地在阿尔泰山之阳，北接斡亦剌惕，西接回鹘。［8］营于：驻扎在。［9］入寇：入侵。

今译

杭海，今翻译为“丛驼”，山形相似。元史记载，成宗大德五年（1301），叛王海都侵犯边界，武宗出兵讨伐，挥师驻扎在杭爱山，大败海都的军队。海都失败逃走，向西逃亡到金山。又，太祖当年讨伐乃蛮族，塔阳汗自按台（今阿尔泰山）到来，在杭海山安营扎寨，太祖在这个地方与塔阳汗大战，并将其捉拿。从这些史书记载中可以知晓，按台杭海高山连绵不断，实际上是和林西北边的门户之地，海都侵略时的重要通道；和林是发展的根本重地、祖宗的基业，是有元一代势必争夺的地方。

《水道提纲》据康熙内府舆图[1]，以色棱格河[2]北源所出之山为杭海山顶，以鄂尔坤河南源所出之山为杭海山尾，而齐老图、塔米尔[3]诸水所出之山皆杭海顶南行支阜[4]。近图乃移[5]杭海山于鄂尔坤河之右，则在和林故都之东矣。海都大德五年之寇，和林尚未被兵[6]，不应寇从西来，而康里脱脱哈赞

赤诸军之逆战者反东出，有是理乎？海都岂能飞越和林而过，遂至鄂尔坤河之东乎？

注释

［1］舆图：古时记载地理方位的图纸，即地图。［2］色棱格河：流经蒙古和俄罗斯中东部河流，发源于蒙古境内库苏古尔湖以南，由伊德尔河和木伦河汇合而成。［3］齐老图、塔米尔：齐老图，即七老图，属燕山山脉支脉，蒙古语为“七堆碎石头”的意思，位于今赤峰市西部与河北省交界处；塔米尔，即今蒙古国后杭爱省的塔米尔河，源出杭爱山，其北源为霍伊图塔米尔河，南源为乌尔图塔米尔河，东北汇为一河，入于鄂尔浑河。［4］支阜：小的、次要的山脉。［5］移：把……移到。［6］被兵：卷入战火。

今译

《水道提纲》中根据康熙内务府编制的舆图，认为色棱格河北方源头之山是杭海山顶，鄂尔坤河南方源头之山是杭海山尾，而齐老图、塔米尔这些河流源头之山都是杭海顶向南方延伸的余脉。但是，近来的舆图却将杭海山移到鄂尔坤河的右边，就是在和林故都的东边了。海都大德五年（1301）的兵乱，和林尚未被战火波及，由此可知，康里脱脱哈赞赤这些叛军不应该从西面而来，反而从东面逃出，这合乎常理吗？海都难道能在逃亡中飞越和林，直接到达鄂尔坤河的东面吗？

《和林诗》选读

题解

李文田谙熟辽、金、元史实，搜藏三朝石刻甚多。和林古都原有包括突厥、回鹘、汉、蒙等文字的唐、辽、金、元等时代古碑十六种，如《苾伽可汗碑》（又译《毗伽可汗碑》）《阙特勤碑》《磨延啜碑》《九姓回鹘可汗碑》《和林兵马刘公去思碑》《大司农保厘朔方残石记》等。李文田尽得拓本并以此为考证，世人始知有“和林碑”。李文田辑录俄国突厥学者拉德洛夫所编的《蒙古古物图谱》（一译《蒙古图志》），而成《和林金石录》一卷。其中，李文田

突厥毗伽可汗碑（今存蒙古国）

《九姓回鹘可汗碑》（拓片）

对碑文款式、字体、缺文、碑阴刻字等均有所发明，释文得当，考证精详。他的《和林金石诗》14首，即来自对于这些古碑的题咏，为罗振玉等学者所看重。此外，他还著有《和林金石考》一卷，收入《灵鹣阁丛书》[①]。

李文田的《和林诗》收录诗作52首，包括《题俄人和林图印本》诗6首、《和林金石诗》14首、《和诗》14首、《万安宫遗址》4首、《附癸巳诗》14首（含《自古北口入关经居庸至宣化府杂诗》10首、《滦阳试院题画诗》4首）。民国徐世昌编撰的《晚清簃诗汇》评论李文田诗作，“存诗无多，略见其概”[②]。《晚清簃诗汇》精选了李文田诗9首，即《和林金石诗》3首、《万安宫遗址》2首、《附癸巳诗》4首。对这些诗，本书予以全部收录。本书共选取了李文田诗32首，即《万安宫遗址》4首、《和林金石诗》14首、《附癸巳诗》14首。仍然遵照原书名，命名为《和林诗》。

这些诗，述事、抒情、咏史，融汇历史典故（历史地理、历史人

① 毛庆耆等编著：《岭南学术百家》，广东人民出版社，2004年12月，第674页。

② 徐世昌编、闻石点校：《晚清簃诗汇》，中华书局，1990年10月，第6808页。

物、历史事件、典章制度、典籍文献等）于场景之中，感慨古今，边塞风情浓郁，融入了作者的深邃思绪，展示了作者对塞外史地之精通。这其中，组诗《万安宫遗址》4首、《和林金石诗》14首，是李文田的代表性诗词，属于“学人之诗”①，基本上是咏物诗、记事诗。

李文田诗作，寓意深刻，充满了思古之幽情，提出了历史之疑问，表现了一位诗人的学者本质。借用陈毅“将军本色是诗人”之语，李文田可谓“诗人本色是学者”。可以说，李文田的学人之诗，雄浑闳隽，诗风古朴，具有重要的历史文献价值和学术意义。

《和林兵马刘公去思碑》

李文田的诗作，多完成于他的中年甚至晚年。如《附癸巳诗》14首，他挥赋时已经60岁。这些诗作成熟、平稳，体现了他的文学创作水平。对这些诗，本书略加注释，使读者一窥李文田诗作风采。

① 清代中期诗人张际亮将诗作分为“学人之诗”“志士之诗”“才子之诗”等类型。见张际亮《答潘彦辅书》（载张际亮著、王飚校点：《思伯子堂诗文集》卷三，上海古籍出版社，2007年）。

和林诗·万安宫[1]遗址（其一）

阿尔台山[2]**白草肥，**

万安宫殿旧都畿[3]。（回鹘故宫[4]即在鄂尔昆河左岸，蒙古名喀喇阔木鲁城）[5]

当年突厥兼回鹘，

两代牙庭[6]**化夕晖。**

注释

［1］万安宫：于1236年（窝阔台时期）兴建的宫殿名，又称“万安阁”。这是一座中原式的宫殿，由安抚使刘敏主持兴建，专供大汗居住。万安宫，位于和林的西南隅，系和林城的中心建筑，包括大门殿、银树喷泉等，宫殿围墙呈不规则方形，长、宽约200米，内有5个台基，中央的台基高约2米，上有大型殿址，周围的4个台基的建筑面向中央大殿，类似唐宋宫殿的布局，后被毁。万安宫遗址是和林城现存最大的建筑遗址。 ［2］阿尔台山：今译为阿尔泰山，呈西北—东南走向，斜跨中国、哈萨克斯坦、俄罗斯、蒙古国境。 ［3］都畿：畿，国都附近的地区，都畿即都城。 ［4］回鹘故宫：指昔日回鹘可汗所居之所。 ［5］括号内的文字，系李文田在诗中的自注。后同。［6］牙庭：又称“牙帐”，指中国古代将帅所居营帐，也指匈奴、鲜卑、铁勒、柔然、回鹘、突厥、沙陀等中国历史上游牧民族的“首都”。康熙皇帝在1683年的中秋节赋诗言志有“牙帐受降秋色外，羽林奏捷月明中”之句。

今译

阿尔泰山的草地格外肥美，自古以来就是游牧民的宿营地。这里曾是昔日蒙古国的都城万安宫（回鹘故宫的旧址位于鄂尔昆河左岸，蒙古语称“喀喇阔木鲁城”）。当年突厥、回鹘这两个草原民族部落的牙庭先后在此建立。在阳光的余晖里，牙庭旧事烟消云散，都成为轶事。

和林诗·万安宫遗址（其二）

回合山川势不虚，（《水道提纲》：言和林城山水回合，亦以和林在此间也）

格坚叉罕[1]**定都余。**（伽坚茶寒殿[2]，《元史》亦作格坚叉罕）

图苏河[3]**畔凉楼地，**（图苏，蒙古语，凉也。耶律希亮[4]生于凉楼，故名曰秃忽思，汉语凉也。亮凉对音字，秃思图苏同音）

当日双溪[5]**此著书。**

注释

［1］格坚叉罕：指元英宗，名硕德八剌，元朝第五代皇帝，蒙古语称为格坚皇帝。因任用汉人，进行改革，引起了守旧蒙古族势力的嫉恨，在“南坡之变”中遇害。　［2］伽坚茶寒殿：元太宗于1237年在和林城北七十余里的春季游猎地建造的宫殿名，由伊斯兰工匠所

建。［3］图苏河：全名伊克托图苏河，今译为都斯兔河，是黄河的一级支流，位于宁夏与内蒙古的交界处。［4］耶律希亮：指元初大臣耶律楚材之孙，中书左丞相耶律铸之子，字明甫。《元史》列传第六十七卷《耶律希亮传》记载，“初，六皇后命以赤帖吉氏归铸，生希亮于和林南之凉楼，曰‘秃忽思’，六皇后遂以其地名之”。耶律希亮性至孝，重视中原礼仪，著有《愫轩集》，追谥“忠嘉”。［5］双溪，指元朝初年的著名政治家耶律铸，其号“双溪醉隐”，创作的诗集名《双溪醉隐集》。

今译

这里的山川蜿蜒、气势磅礴（《水道提纲》记载：和林城山川蜿蜒，也是和林位于这里的原因）。元代的格坚皇帝曾在这里定都，宫殿也是以他的名字来命名。在图苏河畔的凉楼这个地方（图苏，蒙古语“凉”的意思。元初昔年一代名臣耶律铸之子耶律希亮，就出生在凉楼，因此其小名为“秃忽思”，汉语就是“凉”的意思。亮、凉是同音字，秃思、图苏是同音字），名臣耶律铸撰述了《双溪醉隐集》这本名著。

和林诗·万安宫遗址（其三）

鄂勒昆河[1]**足射雕，**（今洋人作额尔欢河，不知即鄂勒昆也）

昔令哥[2]**水绿迢迢。**（《秘史》：薛凉格河今作色楞额河，明人朔漠图[3]作昔令哥）

金莲池醉温泉猎，（和林有金莲池，见《双溪集》；又有温泉，见朔漠图）

谁管元昌[4]**王气销。**（元太宗诗。和林名元昌路，见《地理志》）

注释

［1］鄂勒昆河：今译为鄂尔浑河，位于蒙古中部偏北，是蒙古最长的河流，发源于后杭爱省的杭爱山脉（中国古代称为燕然山）。［2］昔令哥：或为“昔合哥”的讹误。昔合哥河是古代中国史籍对蒙古色楞格河的译称。 ［3］明人朔漠图：指明人罗洪先《广舆图》中的《朔漠里》幅。 ［4］元昌：指元代治所“元昌路”，其管辖范围在和林一带，后改为“转运和林使司”，可参阅《元史·地理志》。李文田《题俄人和林图印本（其四）》自注：“和林，初定都名元昌路，后降行省，改和宁。盖以诸王海都等不靖也。”

今译

鄂勒昆河的广阔可以展大弓，射飞雕（现今洋人学者将鄂勒昆河写为额尔欢河，不知道就是鄂勒昆河）。千里蜿蜒的昔合哥河也泛着碧绿的水波（《元朝秘史》记载：薛凉格河，今作“色楞额河”，明人罗洪先《广舆图》中的《朔漠里》幅写为“昔令哥”）。昔日的王族在金莲池边醉酒，在温泉旁打猎（和林有金莲池，耶律铸的诗集《双溪醉隐集》有记载；和林一带还有温泉，见明人罗洪先的《朔漠里》幅）。哪儿还有人去理会旧时元昌路、和林都城皇家气象的消逝呢（元太宗窝阔台有相关的诗句。和林又名元昌路，参见《元史·地理志》）。

和林诗·万安宫遗址（其四）

断瓦残当[1]**岁月深，**［和林往往得宫殿绿甋（liù）瓦，可以作谱］

沿河翁仲[2]**草萧森。**（残翁仲沿河岸皆是）

残碑遍地无人拾，（有别儿怯不花德政残石，有平章政事蛮子题名）

叹息圭塘[3]**许翰林。**（《大元敕赐兴元阁记》[4]千余字，见《圭塘小稿》及《至正集》，今残石百余字，寺僧毁为香案。石犹有臣有壬及翰林承旨等字在焉，今俄人名为蒙古汗时代仆碑）

注释

［1］断瓦残当：泛指万安宫遗留下来的建筑材料。瓦当，中国古代建筑中覆盖建筑檐头筒瓦前端的遮挡物。　［2］翁仲：原本指的是匈奴的祭天神像，后来演变为陵墓前面及神道两侧的文武官员石像。李文田《题俄人和林图印本（其五）》有“沿河翁仲草森森”之句，李文田自注：“所云石人像者，古翁仲也。”　［3］圭塘：元朝重臣许有壬（rén）的私家园林，位于安阳城西。许有壬是延祐二年（1315）元代首开科举的进士，曾任翰林学士承旨等要职。他在元顺帝至正八年（1348）因病归籍时，用皇帝赐金修建了一处私人园林，

命名为“圭塘”。圭塘是元代私家园林的代表。［4］《大元敕赐兴元阁记》：指《敕赐兴元阁碑》，许有壬撰写于至正六年（1346），全文收录于《至正集》卷四十五，以千余字的篇幅记载了和林城的历史，以及“兴元阁”的兴建历程。“兴元阁”原名大佛寺，系蒙哥六年（1256），下令由藏传佛教噶玛噶举派第二世祖师噶玛拔希在和林主持修建，俗称“大阁寺”，元顺帝时重修后改名为“兴元阁”。这一建筑高三百尺，曾是和林城历史上最大的建筑。

今译

到如今，昔日的帝都和林城已变成一片断瓦残垣（和林宫殿旧址，往往可以找到当时宫殿的瓦当等物，可用作谱乐作曲），沿河散立的石人翁仲在荒草的衬托下显得格外萧森（残缺不全的石翁仲，沿河岸到处都是）。昔日的断字残碑到处都是，没有人去捡拾（其中有别儿怯不花德政碑的残石，其上刻有“平章政事”等官员的题名）。这样颓败的景象让我不禁感叹，昔日的大元帝国，当时是多么繁盛啊，为当时曾任翰林学士承旨、修建私人园林“圭塘”的名臣许有壬而叹息。（翰林许有壬的《圭塘小稿》及《至正集》收录了《大元敕赐兴元阁记》，原文有一千多字，目前尚残存一百余字，寺僧将碑石毁坏作为香案。石碑上，仍然可辨“臣有壬”及“翰林承旨”等字，俄人将其称作“蒙古汗时代仆碑”。）

和林金石诗[1]（其一）·阙特勤碑

处月[2]穷碑接暮云，

眩雷介弟[3]旧能军。
因思移刺[4]双溪集[5]，
字字分明阙特勤[6]。

注释

[1]《和林金石诗》：李文田考据和林金石文物，产生感慨而挥赋的诗句。李文田考据和林金石的遗稿现存北京，其最主要部分，可以参考陈一梅整理的《李文田金石稿》一文［载上海图书馆历史文献研究所编：《历史文献》（第十一辑），上海古籍出版社，2007年4月，第24—46页］。 [2]处月：唐时西突厥别部，在历史上比较活跃。一说即沙陀族，后与处蜜部加入西突厥十姓，成为十二姓之一。《阙特勤碑》汉文有“君讳阙特勤，骨咄禄可汗之次子，今苾伽可汗令弟也。孝友闻于远方，……北燮眩雷之境，西邻处月之郊”之句。 [3]介弟：出自《左传·襄公二十六年》“夫子为王子围，寡君之贵介弟也”一句，释义为对他人之弟的敬称，或对自己弟弟的爱称，也是《阙特勤碑》之“令弟”。 [4]移刺：元朝将领，金契丹人，居霸州（今属河北）。随父移刺捏儿降蒙古，从征战。元太宗元年（1229），袭职为高州等处达鲁花赤，兼征行万户。元太宗五年（1233），从征蒲鲜万奴。未几召还，从破兴州（今河北承德市西）。元太宗七年（1235），又从攻高丽，取西京（今朝鲜平壤），还擢征东大元帅。 [5]双溪集：元朝初年的政治家耶律铸的诗集《双溪醉隐集》。 [6]阙特勤：指《阙特勤碑》，19世纪末俄国学者于今蒙古国呼舒柴达木湖畔发现的碑文。碑文记述后突厥汗国创立者毗伽可汗与其弟阙特勤的事迹。《阙特勤碑》是突厥与唐友好关

系的历史见证，现存于蒙古国。中山大学蔡鸿生教授在《唐代九姓胡与突厥文化》（中华书局，1998年12月）等论著中，对此有精深的考证。

今译

晚上的月亮照在记载西突厥别部“处月”的残碑上，似乎与晚上的云朵连在一起；眩雷塞这个地方以前是行军打仗重要的地点。想着蒙古大将移剌的故事以及元朝初年政治家耶律铸诗集《双溪醉隐集》记载的元朝历史，字字分明的突厥文《阙特勤碑》仿佛能作为参考。

和林金石诗（其二）·苾伽可汗碑

遗址荆榛[1]默棘连[2]，
大唐祠像旧香烟。
李融[3]文字分明在，
拟共冰潮[4]较极妍[5]。

注释

[1] 荆榛（jīng zhēn）：亦作“荆蓁”。泛指丛生灌木，多用来形容荒芜情景。　[2] 默棘连：指后突厥汗国创立者毗伽可汗，全名阿史那默棘连（或译为阿史那默矩），任突厥左贤王，后任可汗，在位时间为716年至734年，重振突厥汗国。其父即东突厥立国之君骨咄

禄，其弟即著名的阙特勤。毗伽可汗即位之初，曾与唐作战，后来与唐的关系大为改善，毗伽可汗尊唐玄宗为父。731年，阙特勤卒，唐玄宗派专使吊唁，又令画师协助突厥立碑。唐开元二十二年，毗伽可汗卒，唐玄宗派专使吊唁，册立其子伊然为可汗，并为之树碑立庙，令李融撰写碑文，突厥人并以突厥文书写碑文，与汉碑同立，是为著名的《毗伽可汗碑》。耶律铸《双溪醉隐集·取和林》一诗注云："和林城，苾伽可汗之故地也。太宗于此起万安宫。城西北七十里有苾伽可汗宫城遗址。城东北有唐明皇开元壬申御制书《阙特勤碑》。"［3］李融：唐人。唐玄宗开元年间宰相裴光庭，推荐李融进入弘文馆，撰写《续春秋传》，后任监察御史。开元二十年（732），为起居舍人，兼修史。开元二十二年（734），毗伽可汗卒，玄宗"诏宗正卿李诠往申吊祭，并册立伊然，为立碑庙，仍令史官起居舍人李融为其碑文"。罗新的《走访突厥三大碑——蒙古国历史文化考察散记之一》记载，"毗伽可汗碑也是唐朝工匠建造的，碑阳的汉文部分由李融撰文，现在可以识读的文字已经不多。毗伽碑的突厥文部分，和阙特勤碑一样，是毗伽可汗与阙特勤的侄儿药利特勤所写"。该碑碑身碎裂严重，现在被拼接起来的碑身并不完整，特别是许多刻有文字的表层严重残损。毗伽可汗碑所在的毗伽可汗陵园，位于蒙古国首都乌兰巴托以西450千米的和硕柴达木湖畔。　［4］冰潮：指唐代书法名家李阳冰、李潮。李白有《献从叔当涂宰阳冰》一诗赞誉李阳冰书法。杜甫有《李潮八分小篆歌》一诗赞扬李潮书法。清顾炎武《金石文字记》云："阳冰，赵郡人，太白族叔。……阳冰工篆书，潮工八分。"　［5］妍：美丽。

今译

树立突厥毗伽可汗碑的遗址，已经埋没在荒草灌木之中；大唐帝国建造的祠庙里供奉着毗伽可汗的遗像，似乎还飘散着旧日烧香的烟雾。玄宗时的史官起居舍人李融为毗伽可汗撰写的碑文，至今清晰可辨；想要和李阳冰、李潮等唐代著名的书法家一较高下啊。

和林金石诗（其三）·九姓回鹘可汗碑

安史[1]邪氛鼎未移，
晚唐回鹘费操时。
嗢昆河[2]外真珠水，
此语还应醉隐[3]知。

注释

[1] 安史：指导致盛唐转衰的“安史之乱”。 [2] 嗢昆河：古水名，即今蒙古国的鄂尔浑河。唐为回纥驻牧地域。《唐会要·回纥》记载：回纥叶护逸标苾自立为九姓可汗，“居突厥旧地，依乌德健山、嗢昆河居焉”。 [3] 醉隐：指元朝初年的著名政治家耶律铸，号“双溪醉隐”，其创作的诗集名为《双溪醉隐集》。其《五湖别业诗注》云：“余先居和林，从寓隗台，今卜筑缙云五湖别业。”可见他对和林地理人文颇知悉。

今译

安史之乱的邪气不能够使唐王朝灭亡，晚唐时候的回鹘汗国又让唐人费事、操心。鄂尔浑河外面接着真珠水，这句话还只有到过和林、曾在和林居住过的“双溪醉隐”耶律铸才能知晓其中的含义。

和林金石诗（其四）·许有壬敕建兴元阁记

百字残碑识有壬[1]，
长篇磨灭草深深。
圭塘小稿[2]胜金石，
阁记兴元许翰林。

注释

[1]有壬：指许有壬，元代重臣、文学家，字可用，彰德汤阴（今属河南汤阴）人。元延祐二年（1315）首开科举的进士，授同知辽州事，后来历任中书左丞、吏部主事、翰林学士承旨、集贤大学士兼太子左谕德、枢密副使、中书左丞、参知政事等要职。许有壬一生，见证元朝三分之二的历程，臣事七朝，从政近五十年，“当权臣恣睢之时，稍忤逆意辄诛窜之，有壬绝不为巧避计，事有不便，明辨力诤，不知有生死利害”，是元朝中后期颇有影响力的政治人物，作出了较大的历史贡献。著作有《圭塘小稿》13卷、《至正集》81卷、《圭塘欸乃集》2卷等。时名士欧阳玄（欧阳修之后）谓其文章“雄浑

闳隽，涌如层澜，迫而求之，则渊靓深实”，后人赞誉其为元代馆阁钜手。［2］《圭塘小稿》：为名臣许有壬的文集之一。圭塘为其私家园林，是他因病归籍后修建的，经常邀请亲友聚会，吟诗作赋，可见前述。

今译

看见了只剩百余字的残碑才分辨出了“有壬”这几个字，碑文记载的长篇文字已大多磨灭，被幽深的野草覆盖。名臣许有壬留下的文集《圭塘小稿》，其价值却超过了金石，其中记载了兴盛元朝的许翰林的事迹。

和林金石诗（其五）·和林兵马刘公去思碑

兵马[1]**刘公**[2]**德政**[3]**存，**（名天赐）
碑刊至顺赏攒岏[4]。
左丞十载迁儒学[5]，（撰人张思明，《元史》有传。《宰相表》，前十年已为中书左丞）
此事教人耐[6]**讨论。**

注释

［1］兵马：指和林兵马司，维持社会治安的官职，元成宗铁穆耳于大德七年（1303）七月在和林设置。［2］刘公：指元代曾担任和林兵马司一职的刘天锡。刘天锡，字受之，汴梁人，曾于元泰定

帝致和元年（1328）赴任和林兵马司，在任三年，掌管和林地方治安工作，安抚众民，民怀之，称为德政。刘天锡去任，民感其德，专门立和林兵马刘公去思碑以纪念。所谓“去思碑”，即“德政碑”。［3］德政：指德政碑，时人和林兵马司儒学正张思明撰写了《和林兵马刘公去思碑》，立于至顺二年（1331）十月，以纪念刘天锡惠政于民。该碑现收藏于蒙古国哈拉和林博物馆，全文分析了蒙古旧都哈剌和林的行政机构及当时蒙古高原的政治局势。李文田的《和林金石录》对此碑有移录，并作了校勘。还可参阅日本村冈伦《从〈和林兵马司刘公去思碑〉谈起——元代和林地区行政机构管窥》（宫海峰译，载《江海学刊》2016年第3期）一文。作者张思明，在《元史》卷一百七十七有传。［4］攒屼：亦作“巑岏”，即雄壮美丽的高山。［5］儒学：学正，此处指元代的地方学官（主管地方学务的官员和地方官办学校的教师）。元代的路府州县一般都有学校，设立有地方学官，专管地方学务，包括设于各省儒学提举司的儒学提举，以及兼有教师职务、设于各路府州县学或书院的教官——教授，学正，山长，学录，教谕和主管学校（或书院）钱粮、房产、书籍的直学等。撰写《和林兵马刘公去思碑》的就是该地的学正张思明，碑上“书丹并篆盖”的是和宁路的学正彭诣。［6］耐：受得住，禁得起。

今译

元代和林兵马司总兵马刘天锡的“德政碑”还保存着，碑刻上写着元代至顺二年（1331）的年号，到如今也只剩下眼前雄壮美丽的高山风景。撰写碑文的张思明，当时官拜和林兵马司儒学正，他此前十年已经担任过中书左丞之职（张思明在《元史》中有传，在《宰相表》中也有记载），这件事颇值得后世之人讨论一番。

和林金石诗（其六）·三灵侯庙记[1]

直疑东汉建宁[2]中，
胥相[3]勋名杜伯[4]功。
作手离奇灵恍惚，
几人黄绢[5]识文雄？

注释

[1]《三灵侯庙记》：元世祖忽必烈至元五年（1268）刊刻的碑文，记载了三灵侯的神迹及兴建庙宇之因。三灵侯是北宋年间在华北兴起的地方神，源于传说中周朝三位谏官唐宏、葛雍、周武（也作“斌”）。李文田考证是碑为余良辅撰，丁元书，李塔失铁穆耳篆额。胥相、杜伯两人的事迹在碑文中均未见，故诗句应是借用胥相和杜伯的地位赞美三灵侯的功绩。 [2]建宁：东汉汉灵帝刘宏的第一个年号（168—172），建宁五年（172）五月改元熹平元年。 [3]胥相：指胥鼎，字和之，山西繁峙人。元兵围中都时，任知大兴府事兼中都路兵马都总管。金宣宗南迁时，任平阳知府兼河东南路兵马都总管。贞祐四年（1216），守平阳有功，拜枢密副使。兴定初，进平章政事，封莘国公。兴定四年（1220）致仕。金哀宗即位后复拜平章政事，封英国公。 [4]杜伯：西周周宣王时期贤臣，第七代杜伯字平浓，因劝谏周宣王不要滥杀妇女、女婴，未纳，后为周宣王杀害。[5]黄绢：黄绢字，指绝美的文字。唐人权德舆《送上虞丞》一诗云：“因寻黄绢字，为我吊曹盱。”李商隐《过故府中武威公交城旧庄感事》一诗云：“山下只今黄绢字，泪痕犹堕六州儿。”

今译

我一直怀疑这块石碑出自东汉建宁时期，碑文中对三灵侯的称赞，似乎可与胥鼎功勋的名声，以及周代杜伯的功绩相媲美。此碑的内容离奇而且十分难以理解，这世上能有几人识得上面的大气磅礴的碑文呢？

和林金石诗（其七）·大司农保厘朔方残石记

丙戌[1]秋刚至正逢，
平章光禄大司农[2]。
别儿怯不花[3]名字，
强半消磨乱草踪。

注释

[1] 丙戌：指元顺帝至正六年（1346）。 [2] 平章、光禄、大司农：平章，即中书平章政事，类似宰相；光禄，即光禄大夫，从一品，为掌议论之官；大司农，掌管农桑水利之事的官职。三者都为中央高级文官的官职名。 [3] 别儿怯不花：元朝政治家，蒙古族燕只斤氏，字大用，在任时救济灾荒，竭力安抚地方百姓。至正四年（1344），拜中书左丞相。死后追封上柱国、太师，追封冀王，谥号“忠宣”。

今译

以往的丙戌年恰巧是元顺帝至正六年（1346）的那年秋日，政治家别儿怯不花接连被封为平章政事、光禄大夫、大司农等，显赫一时，闻名遐迩。到如今，他的名字早已不为人知，宏大的功绩也被乱草湮没了踪迹。

和林金石诗（其八）·岭北省右丞郎中收粮记，中述和中事迹颇悉[1]

经世空闻大典夸，
典章通制半麻茶。
一朝食货[2]多良法[3]，
谁补和中[4]入史家[5]。

注释

［1］该诗是李文田对《岭北省右丞郎中总管收粮记》这一碑文的解读，该碑亦被称为“哈剌和林Ⅱ号碑铭”，立于元至正八年（1348），系汉蒙合璧碑文，今立于和林博物馆前。　［2］食货：古代用以称国家财政经济。出自《尚书·洪范》“八政：一曰食，二曰货”一句。　［3］良法：有效的政策与措施。　［4］和中：指“入中法”，即元代政府鼓励富民替政府运粮到边境地点以换取官盐的经济政策。《岭北省右丞郎中总管收粮记》一文中多次提到“和中”一

词。　［5］史家：史官，这里泛指历史。

今译

经世致用的思想只是历代大典中空泛的夸辞，典章制度的设计也如同半麻袋茶叶一样。哎，发展经济的宏大措施只能空闻历朝历代大典的夸夸其谈，典章通制也抵不过民众对茶饭的需求。每一朝代发展经济社会，都有很多有效的政策与措施，将来谁将元代和林城的“和中”良制补充记录到史书之中呢?

和林金石诗（其九）·三皇庙残碑二[1]

惠民良局[2]有官方，
羲后黄神[3]庙貌彰。
不读天台[4]辍耕录[5]，
元医谁悟祖三皇[6]?

注释

［1］该诗是李文田考证《三皇庙创建记碑》后的感悟，该碑立于元延祐五年（1318），叙述了谋划创建三皇庙的目的和经过，内容为颂扬轩辕等三皇及后世圣人救济民生的功绩。　［2］惠民良局：指元代的“大都惠民局”“上都惠民局”等掌管医学及医疗事务的官方医疗机构，源自宋代官方设立的专门经营药品的机构“惠民局”。

［3］羲后黄神：指伏羲、黄帝。［4］天台：指天台（tāi）县，浙江省台州市下辖县，位于浙江省中东部，五代时改名天台，属台州，此名一直沿用至今，此代指陶宗仪。陶宗仪，字九成，号南村，台州黄岩县（今台州市路桥区峰江街道）人。天台县、黄岩县，均属于台州。元代，实行"行省"制度，世祖至元十四年（1277），改台州为台州路，天台属江浙行省东道台州路。［5］辍耕录：指《南村辍耕录》，元代文学家陶宗仪撰写的一部有关元朝史事的笔记，共30卷，李文田在研究中屡次引用。［6］三皇：指中国传统信仰中的"三皇"，有"天皇、地皇、人皇""伏羲、女娲、神农""伏羲、神农、黄帝"等多种说法。

今译

治疗万民疾病的政府机构"惠民局"是惠及民生的好机构，由政府主持，后人仍然需要彰显先贤伏羲、黄帝庙堂的光辉。元代的医官们如果没有读过元代天台人陶宗仪的《南村辍耕录》，那么，谁会感悟到三皇"以医道为务、以济民生"的功德呢?

和林金石诗（其十）·渊潜胜槩残碑，以孛术鲁翀传考之，知元制有宗禋院

晓文八九失名称，（存字七十二）

胜槩[1]渊潜[2]想矩绳[3]。

孛兀鲁翀[4]全传在，

宗禋院[5]事有旁征。

注释

[1] 胜槩（gài）：“槩”同“概”，美好的境界。 [2] 渊潜：指潜伏深渊之中，比喻隐居不仕。 [3] 矩绳：曲尺、墨绳，比喻规矩和法度。 [4] 孛兀鲁翀（chōng）：又作“孛术鲁翀”，字子翚（huī），号菊潭，或以鲁为姓称鲁子翚，元代政治家、文学家，在上都时“尝奉敕撰碑文”。太宗时官拜汉中道廉访使，“除佥太禧宗禋院，兼祗承神御殿事，诏遣使趣之还”，著有《菊潭集》60卷，今已亡佚。卒后封南阳郡公，谥号“文靖”。《元史》卷一百八十三有《孛术鲁翀传》，苏天爵《滋溪文稿》等文献亦有记载。 [5] 宗禋（yīn）院：指太禧宗禋院，元朝官署名，掌管祭祀。元文宗天历元年（1328）设置太禧院，次年改名宗禋院，从一品。设置院使、同知、副使、佥院、院判、参议等官。下辖隆禧、会福、崇祥、寿福四总管府及隆祥使司等机构。

今译

这块古碑文上的文字十有八九已经遗失了（只残存七十二个字），从“胜槩”“渊潜”等残碑中可以想见元代的规矩和法度。儒者孛兀鲁翀深知中原礼法，谙悉祭祀之制，曾经供职宗禋院，他的全传在《元史》中有所记载，宗禋院的历史因此有了旁证。

和林金石诗（其十一）·和林仓碑，顺帝时立，然仓甚古

和林仓[1]在定都年，
朔漠遗图迹未迁[2]。
札古剌仓河旺吉[3]，
事当岭北[4]改名前。

注释

［1］和林仓：元朝在和林地区设置的官方粮仓。当时朝廷开垦了多处屯田，建立了和林、孔古烈、扎浑、昔宝赤等大仓库，直属和宁路总管府，由朝廷派官管理。［2］迁：改变。［3］河旺吉：指旺吉河，今蒙古国翁金河。［4］岭北：又称漠北，泛指长城以外。元仁宗孛儿只斤·爱育黎拔力八达在皇庆元年（1312）更改岭北等处行中书省的名称，和林改名和宁，作为行省的政治、军事中心，统辖整个鞑靼、瓦剌地区。

今译

和林仓的建立，这件事发生在蒙古定都那一年，朔漠遗留下来的地图表明地址依旧没有改变。旺吉河畔建立札古剌仓，这件事应该发生在皇庆元年（1312）岭北行省改名之前。

和林金石诗（其十二）·岭北省和林路题名二碑

行省[1]多官有伯颜[2]，
和林岭北总堪观。
孛罗帖木儿[3]何物，
此是元家断送官。

注释

［1］行省：全称为“行中书省”。蒙古人入主中原时效法金朝制度，设立行尚书省统辖一个大区的路府州县，后来演变成地方最高行政机构。元世祖中统年间，尚书省并入中书省，地方机构也改称为“行中书省”，简称“行省”。“岭北省”详称“岭北等处行中书省”。［2］伯颜：元朝初年名臣，蒙古族八邻部人，智略过人，深明大义，善于用兵筹谋。　［3］孛罗帖木儿：指孛儿只斤·孛罗帖木儿，元朝宗室，魏王阿木哥之子，约元顺帝至元二年（1336）袭爵魏王。至正十三年（1353）参与镇压红巾军起义，被红巾军夜袭俘获，虽求饶但仍被杀。

今译

行省之中的著名官员有伯颜这个人，和林路、岭北行省这两处地方的领土广袤、壮观。孛儿只斤·孛罗帖木儿是什么货色呢？原来此君就是断送元朝的那个官员。

和林金石诗（其十三）·汉塚石[1]

卜兆[2]谁从汉俗[3]求，
韩陵片石[4]朔方留。
千秋挂剑高情在，（碑言徐君于和林东北三十里得小山）
禅智山光[5]此首邱[6]。

注释

［1］汉塚石：汉人墓葬的石块。岭北行省是元代十大实土行中书省之首，和林是政治、军事中心。岭北行省的经济以农牧业为主、渔猎业为辅，农业有很大发展，境内先后兴建了许多城市，从事屯田、渔猎的主要是汉军以及从汉地和西域迁来的农民、工匠，建有各种寺院和儒、医学校。元政府还为诸王所部配备了儒学教授以及医学、阴阳学学者，对促进蒙汉两族的文化交流起了一定作用。因此，当地汉人渐多，死后所葬地为汉塚。［2］卜兆：指占卜时甲骨上预示的吉凶征兆。［3］汉俗：中原的文化习俗。［4］韩陵片石：今河南省安阳市的一大景致，距今已有一千多年的历史。“韩陵”得名，源于汉初名将韩信。《彰德府志》记载，“汉韩信尝屯兵焉，故号韩陵”。该书又载，因山上有一个名叫韩陵的大墓，山因墓得名，称韩陵。“韩陵”之名始于西汉，“片石”之称源于南北朝。［5］禅智山光：指隋唐名寺禅智寺、山光寺。禅智寺，在扬州东北五里，原隋炀帝故宫，后施舍为寺。山光寺，在扬州东北湾头镇前，古运河之滨，隋大业中建，原隋炀帝行宫，后亦施舍为寺。禅智、山光二寺一带，风光旖旎，被视为最好的墓田。唐代诗人张祜七绝《纵游淮南》

有“人生只合扬州死，禅智山光好墓田”之句。 [6] 首邱：即首丘，比喻归葬故乡，或怀念故乡。

今译

“卜兆”这一习俗，谁人会从汉族的习俗中去寻找呢，“韩陵片石”一般的中原美景留在了漠北。古代挂剑高雅的情趣依旧流传，我看见的这座汉人坟墓的石碑，记载墓主“徐君于和林东北三十里，有一座小山”。唉，这类似江南的禅智寺、山光寺美丽的风光，正是死后归葬的好墓田。

和林金石诗（其十四）·四世同居立石

四世同居义可钦，
洛阳门第重和林。
寻思奇渥温[1]家事，
至竟[2]华风[3]末造[4]深。

注释

[1] 奇渥温：元太祖成吉思汗一族的蒙古人的姓，是乞颜的另一种译法。 [2] 至竟：副词，究竟。 [3] 华风：指汉族或中原的习俗。 [4] 末造：指末世，朝代末期。

今译

元太祖成吉思汗奇渥温大家族四世同堂的情义，十分值得后世钦佩。都城和林重视门第，犹如当年定都洛阳的魏晋两朝。反复寻思着奇渥温一族的家事，他们深受汉族风俗的影响，直到末世（还保留着四世同堂的中原风俗）。

自古北口[1]入关经居庸至宣化府杂诗（其一）·永平郡楼作

渔阳[2]东郡古藩屏，
城阙苕荛[3]锁渤溟。
岚气[4]宵深连海白，
烧痕春暖入关青。
天临碣石[5]星分尾[6]，
地接巫闾[7]屋建瓴。
且喜兴中[8]烽火静，
麦畴残雪润郊垧[9]。

注释

［1］古北口：位于密云县东北部古北口镇，距离北京约120千米，地处燕山山脉，蟠龙、卧虎两山南面的浅山丘陵区。古北口地势

险要，在山海关与居庸关中段，山陡路险，自古为京都锁钥重地，故有北京东北门户之称。此指古北口长城段，系山海关、居庸关之间的长城要塞。古北口长城中的一段就是闻名遐迩的司马台长城（以惊、险、奇、特著称，被长城研究专家罗哲文教授赞为长城之最）。古北口为辽东平原和内蒙古通往中原地区的咽喉，属历代兵家必争之地，在辽、金、元、明、清五朝，争夺古北口的战役从未停止过，战略地位尤为重要。［2］渔阳：战国燕国郡名，行政治所在今北京密云附近，秦二世发闾左陈胜、吴广戍守此地，后世诗人常用渔阳为意象，意为征戍之地。［3］苕荛：传说中的鬼物，此处表示雄伟壮阔。［4］岚气：山林间的雾气。［5］碣石：位于辽宁省葫芦岛市绥中县境内，由三块高出海面20米左右的巨大礁石组成，东边一块礁石从远处望去如一人矗立在海中。碣石在中国历史上名声甚大，秦始皇嬴政、汉武帝刘邦、魏武帝曹操、晋武帝司马懿、唐太宗李世民等多位帝王都曾光临，望碣石感慨古今。［6］星分尾：此处"尾"应对应二十八星宿中东方七宿的"尾火虎"，北京在旧时被称为幽州，幽州对应的星宿为尾、箕两星宿。［7］巫闾：指医巫闾山，古称于微闾、无虑山，今简称闾山，地处今辽宁省境内。相传舜时把全国分为十二州，每州各封一座山作为一州之镇山，即祭祖之地，闾山被封为北方幽州的镇山。［8］兴中：指兴中府。地处辽西大凌河中上游河谷最宽阔处，属辽宁地区腹地，是辽代南面官中除京府外仅有的三个府级行政单位之一。金代沿袭辽代仍设兴中府，隶属北京路。元代撤府，降为兴中州，隶属大宁路。明永乐初，城废。［9］郊坰：泛指郊区。

今译

渔阳的东部自古以来便是保护中原的重要屏障，这儿的城墙十分雄伟，锁着渤海之溟。山林间的雾气连着海平面，显得十分幽深，火烧过的痕迹在入关后春日的暖阳里逐渐迎来绿色。我行走在去宣化府的道路上，夜晚的天幕临近海中碣石，这正是传统星象学说中尾火虎星宿守护的幽州地界；大地连接着巫闾山，地势显得越来越高峻。十分欣慰的是，兴中府的战火已经平息，麦田中的残雪将郊区滋润得更加美好。

自古北口入关经居庸至宣化府杂诗（其二）·顺义县怀古

牛头山[1]畔石槽西，
故垒[2]当时化缕隄[3]。
恩重杯池营第宅，
勋铭街塔纪招提[4]。
传闻白海屯军尽，
想像红桥战马嘶。
重向陀罗台[5]上望，
翠岑千垒总凄迷。

注释

[1] 牛头山：在今北京市密云县北境。《元史·文宗纪》记

载，致和元年（1328），燕帖木儿大兵继至，转战四十余里，至牛头山，擒孛罗帖木儿、蒙古塔失等。［2］故垒：古代战争的堡垒。［3］缕隄：顺河流靠近主槽修建的小堤。［4］招提：民间私造的寺院。［5］陀罗台：元朝时驿名。元泰定帝致和元年（1328）八月，回鹘斡都蛮自上都逃来，丞相燕帖木儿任裨将，率壮士百人，围灭里帖木儿等于陀罗台驿，擒之以献，特赐衣、甲、金束带，以及白金一百两，钞二百锭。

今译

在牛头山的旁边，石槽的西面，旧时战争的堡垒已经变成了弯弯曲曲的河堤。旧时的恩情显现在杯池营地的房屋，以前的功绩铭刻在民间寺院的街塔上。口耳相传的白海边上的屯兵早已没有了踪迹，却想象着当年红桥战马嘶鸣的场景。再次向陀罗台远远望去，那翠绿山色掩盖的连绵战垒总是让人感到凄迷。

自古北口入关经居庸至宣化府杂诗（其三）·宣化道中作

左临虎北[1]右飞狐[2]，

旧国千年忆霸图[3]。

绝塞关山秦上谷[4]，

极天岚采汉军都[5]。

明昌[6]废苑生禾黍，

统漠[7]荒台长桦榆。
樵牧不知兵燹[8]事，
沙陀[9]斜日觅湛卢[10]。

注释

［1］虎北：指虎北口，今称古北口。 ［2］飞狐：指飞狐口，今河北涞源北、蔚县南。 ［3］霸图：指霸业，称霸的雄图。 ［4］上谷：指上谷郡。始建于战国燕昭王姬平二十九年（前283），位于今河北省张家口市境内。秦始皇统一天下分为三十六郡，其中亦有上谷郡，郡治在河北怀来县大古城北。 ［5］军都：指军都山，北京市境内主要山脉，属燕山山脉，处于燕山山脉和太行山山脉的接合部位，居庸关则雄踞其上。 ［6］明昌：金章宗的第一个年号。金章宗使用明昌这个年号一共七年，即1190年至1196年。 ［7］统漠：古镇名。唐初高开道（隋朝末年河北农民起义军领袖）据怀戎时所置，即今河北省怀来县东土木乡，后称土木堡。 ［8］兵燹（xiǎn）：战争导致的焚烧破坏等灾祸。 ［9］沙陀：中国北方少数民族部落，原名处月，西突厥别部。 ［10］湛卢：古代名剑。《吴越春秋》记载，春秋时著名工匠欧冶子善铸，曾铸有鱼肠等五大名剑，湛卢居首。

今译

左边靠近古北口，右边临近飞狐关，这里有昔时强国称霸千年的宏图大业。地势险峻、气势壮阔的雄关要数秦时的上谷关，而山势险峻的话，则要数汉时的军都山了。金代明昌年间修建的院子，如今已经荒芜，里面长满了禾、黍等植物；旧时统漠古镇留下的荒台，也长满了桦树和榆树。到这里打柴、放牧的民众不知道当年战争的故事；望着斜阳照在大地上，不禁让人想起当年强悍的沙陀人为了征战到处寻访湛卢宝剑的情形。

自古北口入关经居庸至宣化府杂诗（其四）·多伦诺尔怀古

上都[1]宫殿槩烟霞，

巡幸[2]年年说帝家。

龙虎平台称捺宝[3]，

鸳鸯名泺[4]近亨嘉[5]。

陪京四达兴和路[6]，

恨事千秋恍忽叉。

惆怅声明刚未造，

铺张文集徧[7]中华。

注释

［1］上都：元代的夏都，位于今内蒙古自治区锡林郭勒盟正蓝旗境内。元朝实行两都制度，以大都（今北京）为首都，上都为夏都。元宪宗六年（1256）春，忽必烈兴筑新城，三年后建成，取名开平府。元世祖中统四年（1263），升开平府为上都，以取代和林。［2］巡幸：指帝王巡视各地。［3］捺宝：亦作“纳宝”。契丹语译音，即汉语“行在”。辽、金、元时国君的行营。［4］鸳

鸯名泺：指元时著名湖泊“鸳鸯泊”，蒙古语曰昂吉尔图，亦称安固里淖尔，在今河北省张北县西北境内，为帝王狩猎之所。明后称集宁海子。［5］亨嘉：即嘉会，众美之会。［6］兴和路：古地名。元世祖中统三年（1262）在宣德路抚州设置隆兴路。皇庆元年（1312），更名兴和路，其治所相当于现在河北、陕西、内蒙古的交界一带。［7］徧：同“遍”。

今译

上都的宫殿是一道美丽的风景，似乎在诉说着帝王每年巡幸的情景。那些颇有龙虎气派的平台是帝王巡幸所居之地，被称作“捺宝”；著名的湖泊“鸳鸯泊”，辽金历代君王曾在此狩猎，欢乐得如同嘉会。元代的陪京交通方便，四通八达，均可通往兴和路；遥想千年以前那些遗憾的事情，不觉神思恍惚，思路堵塞。康熙年间的“多伦诺尔会盟”，让我对元代的末世无比惆怅；我要写下此事，让它传遍中华大地。

自古北口入关经居庸至宣化府杂诗（其五）[1]

过街石塔偎嵌岑，
泰定[2]三年鏧字深。
书法畏吾兼蒙古，（杨万里集，知是前朝蒙古书，读作去声）
眼明谁似顾亭林[3]。

注释

［1］李文田《题俄人和林图印本（其六）》与此诗基本相同。编纂该诗时，两处均予以了收录。《题俄人和林图印本（其六）》为："过街石塔偲嵌岑（过街塔，见录于《昌平山水录》），泰定三年鎜字深（《泰定本纪》：遣兀都蛮刻经咒于过街塔，事在三年本纪中。余亲至其下，时至正丁酉，不云泰定三年也）。书法畏吾兼蒙古（杨士奇东里集扈从诗，尽是前朝蒙古书。读作去声，今蒙古人读上声，音如猛古），眼明犹有顾亭林（右过街塔图，俄人以为万里长城门额）。"兹并抄录，供读者参考。 ［2］泰定：元泰定帝孛儿只斤·也孙铁木儿的年号。 ［3］顾亭林：指顾炎武，明末清初杰出的思想家、经学家、史地学家，与黄宗羲、王夫之并称为明末清初"三大儒"。顾炎武主要著作有《日知录》《天下郡国利病书》《肇域志》《金石文字记》《亭林诗文集》等，对后世产生了较大影响。

今译

街上遗留下来的石塔仅留有嵌进去的寥寥数字；其中"泰定三年"刊刻的字，依然留有深深的刻痕。上面的字体有畏吾和蒙古文，有没有眼光独到如同大学者顾炎武一样的人进行解读呢？

自古北口入关经居庸至宣化府杂诗（其六）

一统皇元志[1]不虚，

热河八到采[2]无余。
当年传是楼中物，
世上还疑有此书。

注释

［1］一统皇元志：原名《大元大一统志》，元朝官修地理总志。元世祖至元二十二年（1285）由札马剌丁、虞应龙等开始编纂，后经重修，至成宗大德七年（1303）完成，共1300卷，定名为《大元大一统志》。书成后，藏于秘府，元顺帝至正六年（1346）始由杭州刻版，名臣许有壬作序。［2］采：收录，采纳。

今译

《大元大一统志》这部典籍果然名不虚传啊，其编者先后八次来到热河，将其中的材料罗雀殆尽。此书过去口耳相传是阁楼收藏的珍稀之物，看过的人不多，因此世上还有人怀疑是否有这本书。

自古北口入关经居庸至宣化府杂诗（其七）

兴中故郡令公祠[1]，
苦被宁人笑十姨[2]。
却有钱塘厉樊榭[3]，

为繙[4]原父[5]集中诗。

注释

［1］令公祠：指杨令公祠，祭祀杨令公的祠堂，始建于辽代，位于密云古北口北门外的半山坡，原称“杨无敌庙”，距京城约100千米，1992年古北口镇政府拨款重建。该庙坐北面南，占地面积约1200平方米，由前后两院，以及山门、角门、前殿、后殿、东西禅房组成。杨令公，即北宋名将杨业，字重贵，戏剧中称杨继业，麟州新秦（今陕西神木）人，生于并州太原，善骑射，忠烈武勇，甚有智谋。历任北汉、北宋的高级军职，以骁勇闻名，屡立战功，号为“无敌”。太平兴国五年（980）在雁门关大破辽军，威震契丹。雍熙三年（986）随军北伐，力战而死，追赠太尉、大同军节度使。［2］十姨：宋俞琰《席上腐谈》上卷记载，“温州有土地杜拾姨无夫，五撮须相公无妇。州人迎杜拾姨以配五撮须，合为一庙。杜十姨为谁？乃杜拾遗也。五撮须为谁？乃伍子胥也。”杜甫曾官左拾遗，故世称杜拾遗，旧村学究戏作杜十姨。后以“杜十姨五髭须”比喻传讹之语，无稽之谈。［3］钱塘厉樊榭：指清代初年的文学家厉鹗，号太鸿、樊榭、雄飞、樊榭山民、西溪渔者、南湖花隐，浙江钱塘（今杭州）人，家贫，性孤峭，康熙五十九年（1720）举人屡试进士不第，乾隆初举鸿博报罢。爱山水，尤工诗，浙西词派之中坚人物，著有《樊榭山房集》《宋诗纪事》等。［4］繙：同“翻”。［5］原父：宋人刘敞，字原父，一作原甫。《宋史·刘敞传》记载，“（敞）奉使契丹，素习知山川道径，契丹导之行，自古北口至柳河，回屈殆千里，欲夸示险远。”又，厉鹗《宋诗纪事》卷十六收刘敞诗十余首，

《铁浆馆》题下注云："以下二首奉使作。"《檀州》"孤城平望遥"句下注云："自古北口，山至此都尽。"乃此二句所指。

今译

兴中故郡的杨令公祠的主人杨令公一家的故事，已经被当地人以讹传讹，面目皆非了（杨令公及其子忠心报国，正史有记载，信而有征；坊间流传的所谓佘太君、穆桂英、十二寡妇征西等为民间故事、戏剧等，于史无据）。幸而我朝钱塘厉鹗的《宋诗纪事》中，还记载有北宋刘敞奉使出使此地的诗篇。

自古北口入关经居庸至宣化府杂诗（其八）

昌平[1]山水记堪征，
断甃残当[2]十四陵[3]。
南北并时论纪载，
千秋文集有崑绳[4]。

注释

［1］昌平：西汉设县，现属于北京市的一个区，位于北京西北部，北与延庆区、怀柔区相连，东邻顺义区，南与朝阳区、海淀区毗邻，西与门头沟区和河北省怀来县接壤，有"京师之枕"美称。 ［2］断甃（zhòu）残当：甃，砖砌；当，瓦当。指断墙碎瓦。

［3］十四陵：14位明朝皇帝的陵墓。其中，北京昌平天寿山明十三陵葬有13位皇帝，北京玉泉山金山口有明代宗朱祁钰（景帝）墓。
［4］崑绳：指清初杰出的学者王源，字崑绳，又字或庵，直隶大兴（今北京市）人，“颜李学派”学者，康熙三十二年（1693）举人。著有《兵法要略》《舆掌指图》《平书》等，大都散失，现存《居业堂文集》20卷。

今译

昌平的山水风景令人神往，足以用来考证历史；地上遗留的瓦当碎片表明这一带分布着明代皇帝的十四座陵墓。有关南北两个政权相互并立的记载，能够千秋流传的文集当属王源的著作。

自古北口入关经居庸至宣化府杂诗（其九）·倒流水[1]，在怀来县东十里

说与凭谁更不疑，
倒流山水太离奇。
元明两代裒[2]行录，
异事无人解入诗。

注释

［1］倒流水：指河流名，在河北省怀来县东十里。［2］裒（póu）：指聚，取出。

今译

与其他人说谁不会感到疑惑，倒流水的景象真是太离奇了。翻阅元朝、明朝两代文人撰写的纪行，没有将这种奇怪的事情记载下来的。

自古北口入关经居庸至宣化府杂诗（其十）

冶铁关门[1]布蒺藜[2]，
衔枚[3]宵畏大金知[4]。
甲申三月居庸[5]道，
不用纡途[6]札八儿[7]。

注释

［1］冶铁关门：古北口城北，山势险峻，东、西分别有蟠龙山、卧虎山，崖壁陡立，两山紧锁潮河，河岸之路仅容一辆车可通。金代曾于此处修建铁门扼守，故称“铁门关”。清代在古北口河西村增设柳林营，建提督府，开辟御道，修行宫，置重兵驻守关口。［2］蒺藜：指铁蒺藜，中国古代一种军用的铁质尖刺的撒布障碍物，可起防

备突袭等作用。 ［3］衔枚：古代作战士兵秘密行动时嘴里含着枚，防止说话，以免敌军发觉。枚，军械，形似筷子，两端有带，可系于颈上。 ［4］畏大金知：元太祖八年（1213），蒙古军队攻打居庸关，金兵以精锐死守，难以攻下。猛将札八儿火者建议，“自此而西有第3隘，名紫荆口，黑树林中有间道，可容单骑，臣尝过之。若勒兵衔枚鱼贯而行，终夕可至。”铁木真纳之，令札八儿火者率军夜袭，金兵大败，蒙古军队乘势夺取居庸关。元太祖十年（1215），蒙古军队攻入中都（位于今河北省张北县），铁木真谓众将：“朕今日得此者，札八儿火者之功也。”铁木真北归，令札八儿火者留守中都。［5］居庸：指居庸关，是北京长城沿线上的著名古关城，“天下九塞”之一，位于北京市昌平区境内。 ［6］纡途：指迂回的道路。［7］札八儿：指蒙古名将扎八儿火者，回鹘人，“火者”是波斯语，意为显贵或富有者。骁勇善战，勇猛在前，战功赫赫，《金史》专传谓其去世时118岁，赠太傅、上国柱，追封凉国公，谥号“武定”，极尽哀荣。

今译

金朝修建的铁门关，门口布满了铁蒺藜；札八儿火者大将率军衔枚夜袭时急行军，唯恐防守的金朝守军知晓。清光绪十年（1884），即甲申年的春三月，再通向居庸关的道路，就不用重复当年扎八儿火者大将夜袭行军时迂回的道路了。

滦阳试院题画诗（其一）

热河[1]秋景总如春，
绿意红情色色新。
街署上头行殿[2]近，
消闲谁似画中人。

注释

［1］热河：其名源自承德避暑山庄内的温泉，温泉水流入武烈河后，冬季亦不结冰，蒸气升腾，故名“热”河，后用作地名。清初直隶于朝廷。雍正元年（1723），设立热河厅，以后州、厅、府数有变易。嘉庆七年（1802）建立热河督统署，督统署府所在地在承德。

［2］行殿：可以移动的宫殿，指古代帝王出行时居住的行宫。

今译

热河秋天的景色，往往与春天相似，绿色和红色交杂在一起十分清新。街道上昔时皇帝的行宫越来越近，消闲地寻找谁才像这些画中的人物。

滦阳试院题画诗（其二）

虎北严关[1]斗可摩，
难逢皴法[2]小坡陀[3]。
滦平县[4]侧滦河畔，
一幅横屏似此多。

注释

［1］虎北严关：这里指重要关口——虎北口，即今北京密云境内的古北口。　［2］皴（fū）法：中国画的一种表现手法，用以表现山石、树皮的纹理。　［3］坡陀：形容山势起伏状。　［4］滦平县：隶属于河北省承德市，位于承德市西部，处于北京、河北、内蒙古“金三角”交汇点，素有北京“北大门”之称，是沟通北京、河北、内蒙古的交通要冲。

今译

虎北口高大雄伟的关隘随着日月星辰的变化被慢慢磨灭，难以再碰到用如此娴熟绘画技法来表现山势的起伏。滦平县旁边的滦河畔，一幅横屏的画卷就如同这儿的景物一样丰富多彩。

滦阳试院题画诗（其三）

德胜峰头十八盘，
宋人行纪叹巑岏[1]。
熙朝[2]驿路纡徐[3]甚，
新馆雕窠[4]景一般。

注释

[1]巑岏：指山高势锐之貌。 [2]熙朝：指兴盛的朝代。[3]纡徐：表示从容缓慢的样子。 [4]雕窠：指装饰、装潢。

今译

德胜峰的山头有十八弯，宋人撰写的纪行惊叹这里的山高路险。兴盛朝代的驿路迂回得太多了，新驿馆的装饰、景色不一般。

滦阳试院题画诗（其四）

前明[1]尤有旧墩台[2]，
千里松林岭路迴。
今日升平无界限，
行宫深处万山开。

注释

［1］前明：指明朝。 ［2］墩台：明末清初于各省边境扼要处设立的墩台营房，有警则守军举烟为号，有寇至则挂席鸣炮以报讯，类似于烽火台。

今译

明朝过去了，当时守军修建的墩台，至今依在；眼前千里的松树林，一眼望不到尽头，松林边大道环绕。今天的太平盛世没有终点，就像这滦阳宫一样，即使到了最深处仍然可以开启新的万山（新的天地）。

附录

李文田编年事略

道光十四年（1834）　一岁

八月二十日，李文田生于广东省南海县佛山镇一寻常之家。父李吉和，顺德均安上村乡人，在佛山镇染布坊任财务。

道光二十七年（1847）　十四岁

父李吉和卒，寿六十九。李文田一度拟弃学经商，何铁桥先生慨然相助，得以继学。

咸丰元年（1851）　十八岁

参加南海县县学考试，李文田获第一。

咸丰四年（1854）　二十一岁

太平军起义，李文田勷（ráng）办团练，直至咸丰五年（1855）。

咸丰六年（1856）　二十三岁

补行乙卯（1855）科乡试，李文田中第十九名举人。

咸丰九年（1859）　二十六岁

三月，会试发榜，中第三十四名贡士。

四月，殿试，李文田中一甲第三名进士，俗称“探花”，授翰林院编修。

同治三年（1864）　三十一岁

八月二十六日，奉旨在南书房行走；十二月，署日讲起居注官。

是年，获慈禧太后赏识，赐“龙、虎”及“福、寿”牌匾两幅。

同治五年（1866）　三十三岁

十二月，编辑《文宗显皇帝圣训实录》告成，加五品衔。

同治六年（1867）　三十四岁

五月二十二，授四川乡试副考官，直至十二月初五日差竣。

同治七年（1868）　三十五岁

正月二十二日，擢詹事府右春坊右赞善。

同治八年（1869）　三十六岁

三月二十二日，赴宁寿宫听戏，见安南（今越南）使臣，相与唱和。

同治九年（1870）　三十七岁

六月十二日，授浙江乡试副考官，典试浙江。

八月朔，提督江西学政。

同治十三年（1874）　四十一岁

六月七日，上疏请停圆明园工程，有《奏为上天垂象可畏，请敕下明诏停园工事》，约三千言。疏入，留中不报。

六月二十八日，奏请回籍开缺养亲，许之，有《奏请开缺回籍养亲事》。

七月二十九日，重修圆明园之事因工程浩大，加之群臣进谏，方停止。

光绪四年（1878）　四十五岁

是年，李文田督工修筑清远石角围，筑旧堤长百一十余丈。又在西关建屋，是为“探花楼”。

光绪五年（1879）　四十六岁

夏，李文田主持修复三水大路围。乡人感戴，誉三水莘田为“探花围”。

光绪七年（1881）　四十八岁

六月二十九日，李鸿章为李文田请奖，有《李文田等劝赈救灾请奖片》。

光绪十年（1884）　五十一岁

李文田奉旨督办广州团防事宜，筹饷以助刘永福，并保举冯子材出任军务。

光绪十二年（1886）　五十三岁

二月初七日，李文田补原官，补授翰林院侍读学士。

光绪十三年（1887）　五十四岁

三月十一日，赴选陵址。

四月三十日，李鸿章保举李文田出使外洋，有《密保洪钧李文田崔国因李兴锐四员片》。

光绪十四年（1888）　五十五岁

六月二十二日，充江南乡试正考官。

光绪十五年（1889）　五十六岁

正月二十八日，皇帝大婚礼成，李文田获奖叙。

六月十二日，充浙江乡试正考官。

八月，为端方跋《兰亭序》，首次质疑《兰亭序》。

光绪十六年（1890）　五十七岁

正月二十九日，清德宗谒东陵，李文田受吏部派，随扈。

四月，升内阁学士，兼礼部侍郎衔，奉旨为殿试阅卷官。

年底，擢礼部右侍郎，兼管钱法堂事务；署经筵讲官，领阁事。

光绪十七年（1891） 五十八岁

三月十九日，赴吏部考试翰林院孔目汉荫生阅卷，同事者翁同龢等。

八月朔，提督顺天学政。

光绪十八年（1892） 五十九岁

六月二十六日，赴乾清宫，贺德宗万寿。

闰六月十八日，与昆冈、李鸿藻、张荫桓等人同奏《朝鲜与奥国定约折》。

光绪十九年（1893） 六十岁

五月，从古北口入关，视学顺天，经居庸关至宣化府赋诗。

光绪二十年（1894） 六十一岁

七月，顺天学政差竣回京，仍直南书房。次月署工部右侍郎兼管钱法堂事务。

八月，与张百熙、吴树梅等同疏请起用恭亲王奕䜣，有《请起用恭亲王折》。

八月，兼署工部侍郎。

九月十四日，以慈禧皇太后万寿节铺张过度，奏《请停点景折》劝谏。

光绪二十一年（1895） 六十二岁

春，充会试副考官、殿试读卷官。

五月，奏《请罢赏倭款》附片奏《裁撤防兵不宜偏重》。折留中，片交督办军务处。

闰五月，康有为上《上清帝第四书》，李文田阻之。

闰五月二十八日，考汉荫生，充阅卷官。

十月二十日（公历12月6日）戌时，李文田病逝，时年六十有二。

李文田卒后以侍郎例赐恤，子渊硕，服阕后，以员外郎分部学习行走。

光绪二十二年（1896）

子渊硕扶李文田柩南归，葬于广州小西竺冈；民国二年（1913）再迁于栖霞山；民国七年（1918）三迁于广州白云山象牙峰。李文田夫人卒于宣统二年（1910），寿七十五，封一品夫人，与李文田合葬。

民国三年（1914）

八月二十二日，退位的宣统帝采纳了梁鼎芬等人的请求，追谥李文田“文诚”谥号。

延伸阅读推荐书目

1. 《清代朴学大师列传》，支伟成著，岳麓书社，1986年版。

2. 《广东历代状元》，邓长琚、陈广杰著，广州文化出版社，1989年版。

3. 《西北史地文献》，中国西北文献丛书编辑委员会编，古籍书店，1990年版。

4. 《万里行程记（外五种）》，［清］祁韵士撰、李广洁整理，山西人民出版社，1992年版。

5. 《翁同龢日记》，陈义杰整理，中华书局，1993年版。

6. 《俄罗斯馆纪事》，蔡鸿生著，广东人民出版社，1994年版。

7. 《湘绮楼日记》，［清］王闿运撰、马积高主编，岳麓书社，1997年版。

8. 《广东历史名人传略》，陈泽泓编著，广东人民出版社，1998年版。

9. 《唐代九姓胡与突厥文化》，蔡鸿生著，中华书局，1998年版。

10. 《〈蒙古源流〉研究》（中国蒙古学文库），乌兰著，辽宁民族出版社，2000年版。

11. 《元蒙史札》，周清澍著，内蒙古大学出版社，2001年版。

12. 《绝域与绝学：清代中叶西北史地学研究》，郭丽萍著，生活·读书·新知三联书店，2007年版。

13. 《李文田》，梁基永著，广东人民出版社，2008年版。

14. 《清儒学案》第5册，徐世昌等编纂，中华书局，2008年版。

15. 《岭南书法史》，陈永正著，广东人民出版社，2009年版。

16. 《碑帖鉴藏》，赵海明著，天津古籍出版社，2010年版。

17. 《中国近三百年学术史论》，章太炎、刘师培等撰，上海古籍出版社，2006年版。

18. 《李文田》（广东历代书家研究丛书），梁达涛著，岭南美术出版社，2017年版。

19. 《珠江近代学说学派：千年南学涅槃期》，周永卫、王德春编著，广东旅游出版社，2018年版。

后记

对于晚清学者李文田人生的认识，是伴随着我对于科举制度、“探花”的浓厚兴趣而产生的；我对于李文田学术的研究，是伴随着治学的机缘而推动的。

中学时读课文《范进中举》，为故事情节所吸引的同时，又为一个读书人获得了传统社会的“举人”功名居然会发狂而感到不解，甚至会嘲笑：这是一种什么功名体制，会让人如此异化？随着本科阶段读了一些西方记述中国的译著，包括利玛窦《中国札记》，才知道在明末西方人眼中，中国古代的举人相当于西方的硕士，故考取举人并不是件容易事。我于是较早决定报考硕士研究生，设身处地体会“范进中举”的感觉。1991年成了全国3万名硕士研究生中的一员，到“华南第一学府”中山大学读研后，我并没有体会到范进中举的那种感觉，反而感觉在重商氛围浓厚的广州，如若没有经济上的独立，一切空谈。

于是，为了逐步实现经济自立，我开始了多种方式的努力，勤工俭学即其一。我1992年抽空做家教，每周两次到广州西关老城区，辅导蔡氏表兄妹。那时与蔡氏长辈交谈中偶然得知，附近的“探花第”就是清代广东籍进士（利玛窦《中国札记》认为进士相当于西方的博士）中的佼佼者——“探花”李文田的藏书楼“泰华楼”（现广州恩宁路多宝坊27号）。去了几次“探花第”后，“探花”李文田引起了我的兴趣。

硕士毕业留校工作后，我在职攻读博士学位。在博士研究生课程的课堂上，李文田是蔡鸿生老师口中的常客，反复被提起；在老师的多本专著里，李文田及其专著更是不可或缺的内容——这加深了我对李文田学术尤其是其“西北之学”的了解，当时还经常在张荣芳老师家里翻阅《西北史地》杂志。这也是后来我主持《广州大典》与广州历史文化研究课题项目“李文田与‘西北史地之学’研究”的远因。

2019年春，广州大典研究中心赵晓涛博士联系我，征询我的意见，希望我在“李文田与‘西北史地之学’研究”课题结项成果的基础上，编写《广州大典》普及书系中的《大清探花的诗文人生——李文田作品选读》一书，以便于更多普通读者走近这位岭南先贤。我受到友人诚意的感召，最终应承了本书的编写。

在拟订编写计划后，我制定提纲，选裁史料，请由我指导的硕士研究生刘朋乐根据我的提纲协助整理相关资料，我在2019年8月底完成了本书初稿。在撰写过程中，西华大学中文系王燕飞副教授帮忙解读了李文田诗句意蕴；西南大学历史文化学院陈志刚副教授帮忙复制了该校图书馆所藏的稿本《李文田日记》；四川师范大学田利军教授帮忙审读并提出修改建议；中国书法学实践与理论研究名家、四川师范大学王兴国教授，应邀题签了书名，令本书增色良多，在此一并致谢。感谢家中母亲、妻子创造了舒适的条件，使我能够安心于笔耕。

在2020年1月下旬以来举国抗疫的特殊寒假期间，我进一步核对了史料，修改、打磨了字句；感谢四川师范大学讲师陈鹤博士帮忙核对文献；儿子令我也帮忙查核《康熙字典》，最终全书定稿。这本小册子对于读者了解李文田经典诗文，推广中华传统优秀文化，特别是传播岭南文化、我国少数民族历史文化，若能发挥一点指引作用，就达成了我撰写此书的最大心愿。

王　川

2020年2月20日，于四川师范大学中华传统文化学院